Madeleine Klose und Shadi Mozaffari

Stationäre Erziehungshilfe im biographischen Verlauf

Beziehungs- und Konfliktdynamiken von Mädchen und Jungen in der Fremdunterbringung

Madeleine Klose und Shadi Mozaffari

STATIONÄRE ERZIEHUNGSHILFE IM BIOGRAPHISCHEN VERLAUF

Beziehungs- und Konfliktdynamiken von Mädchen und Jungen in der Fremdunterbringung

ibidem-Verlag
Stuttgart

Bibliografische Information der Deutschen Nationalbibliothek
Die Deutsche Nationalbibliothek verzeichnet diese Publikation in der Deutschen Nationalbibliografie; detaillierte bibliografische Daten sind im Internet über http://dnb.d-nb.de abrufbar.

Bibliographic information published by the Deutsche Nationalbibliothek
Die Deutsche Nationalbibliothek lists this publication in the Deutsche Nationalbibliografie; detailed bibliographic data are available in the Internet at http://dnb.d-nb.de.

∞

Gedruckt auf alterungsbeständigem, säurefreien Papier
Printed on acid-free paper

ISBN-10: 3-8382-0001-2

ISBN-13: 978-3-8382-0001-9

Printed in Germany

Inhaltsverzeichnis

1. Einleitung

> *„Und da wollte ich dann überhaupt nicht mehr weg. Ja, aber dann bin ich ja hierhin gekommen und hier ist ja jetzt die Schule. Hier würde ich nicht mehr freiwillig wieder weggehen und so, auch nicht. Weil hier hab ich jetzt auch Freunde. Ich hab auch keine Lust mehr irgendwie von irgendwo wieder weg zu gehen."*

Dieses Zitat aus einem unserer Interviews hebt den Wunsch der Heranwachsenden nach Stabilität in ihrem weiteren biografischen Verlauf hervor. Es verweist auf einen Bruch in der Biografie, mit dem Kinder und Jugendliche aufgrund ihrer Unterbringung in der stationären Erziehungshilfe und dem damit verknüpften Verlassen ihrer Herkunftsfamilien in unterschiedlichen Ausprägungen konfrontiert sind. Das Hauptanliegen dieser Untersuchung ist es, die Beziehungs- und Konfliktdynamiken von Mädchen und Jungen durch ihre subjektiven Rekonstruktionen im Kontext ihrer Lebensgeschichten nachzuzeichnen. Ein verstehender Zugang zu ihren subjektiven Perspektiven liegt dem zugrunde. Sie werden aufgrund ihres biografischen Hintergrundes und ihrer Heimunterbringung mit unterschiedlichen Problemkonstellationen konfrontiert und zeigen individuelle Handlungs- und Bewältigungsmuster.

Die Suche nach einer Einrichtung der stationären Erziehungshilfe, welche unserem Forschungsvorhaben offen gegenüber stand, erwies sich als ein sehr schwieriger Prozess, der sich über einen längeren Zeitraum erstreckte. So möchten wir der Einrichtung danken, die es uns durch ihre Kooperationsbereitschaft ermöglichte, diese Untersuchung durchzuführen. Unser besonderer Dank gilt jedoch den Jugendlichen, die sich der besonderen Herausforderung stellten, uns von ihren Lebensgeschichten zu erzählen.

Im Folgenden wird in Kapitel 2 ein theoretischer Überblick über das Kinder- und Jugendhilfesystem unter besonderer Berücksichtigung der rechtlichen, strukturellen und konzeptionellen Rahmenbedingungen der stationären Erziehungshilfe gegeben. In Kapitel 3 erfolgen eine Darlegung der Prinzipien qualitativer Forschung und eine theoretische Einbettung unserer Erhebungs- und Auswertungsmethode. Anschließend werden die Lebensgeschichten in Kapitel 4 anhand der am Ankerfall entwickelten biographischen Themenfelder in ihren individuellen Ausprägungen nachgezeichnet.

In Kapitel 5 werden die Ergebnisse der Fallrekonstruktionen zunächst zusammenfassend dargestellt und anschließend miteinander kontrastiert. Abschließend werden in Kapitel 6 diese Ergebnisse aus theoretischer Perspektive beleuchtet.

2. Theoretische Einblicke in die Fremdunterbringung von Kindern und Jugendlichen

2.1 Kinder- und Jugendhilfe – ein Überblick

An dieser Stelle sollen zunächst der gesetzliche Rahmen und das damit einhergehende Spektrum an Unterstützungsmaßnahmen im Bereich der Kinder- und Jugendhilfe überblicksartig dargestellt werden. Anschließend stehen die Hilfen außerhalb der Familie im Fokus der Betrachtung, wobei insbesondere die unterschiedlichen Formen der stationären Unterbringung von Kindern und Jugendlichen und die damit verknüpften Rahmenbedingungen ausführlich behandelt werden.

2.1.1 Rechtliche Grundlagen und Unterstützungsmaßnahmen

Die Kinderfürsorge hat ihre Wurzeln im 13. Jahrhundert und durchlief seitdem zahlreiche Veränderungsprozesse (vgl. Jordan/Sengling 2000, 18f.).[1] Die letzte gravierende Umgestaltung ging mit der Neuordnung des Kinder- und Jugendhilferechts einher, die am 1. Januar 1991 in der gesamten Bundesrepublik in Kraft trat. Damit wurde das bis dahin geltende Jugendwohlfahrtsgesetz als rechtliche Grundlage der Jugendhilfe abgelöst. In dem neuen Gesetz wurden erstmals auch die ambulanten und teilstationären Hilfen verankert, die nun neben den klassischen Formen der Pflegefamilie und der Heimunterbringung einen gleichberechtigten Stellenwert erhielten und Hilfsangebote ohne Fremdunterbringung darstellten (a.a.O., 67f.).

Die Kinder- und Jugendhilfe hat laut Wiesner einen komplexen Auftrag, der sich an der jeweils individuellen Lebenssituation des Kindes oder des Jugendlichen und an den Erziehungskompetenzen der Eltern orientiert. Hierbei stehen junge Menschen[2] im

---

[1] Auf die geschichtlichen Entwicklungslinien der Kinder- und Jugendhilfe kann im Rahmen dieser Arbeit nicht weiter eingegangen werden. Einen Einblick geben Trapper (1996) und Post (1997).

[2] Als junge Menschen werden in diesem Kontext Kinder und Jugendliche betrachtet, die noch minderjährig sind und unter elterlicher Sorge stehen. Darüber hinaus gibt es auch Leistungen, die bis zur Vollendung des 27. Lebensjahres in Anspruch genommen werden können, da die juristisch festgelegte Volljährigkeit häufig nicht mit der individuellen Persönlichkeitsentwicklung übereinstimmt (vgl. Wiesner 2004, 50).

Fokus der Bemühungen. Wiesner benennt vier Ziele, die durch unterschiedliche Maßnahmen der Kinder- und Jugendhilfe erreicht werden sollen:

- „junge Menschen in ihrer individuellen und sozialen Entwicklung fördern und dazu beitragen, Benachteiligungen zu vermeiden oder abzubauen
- Eltern und andere Erziehungsberechtigte bei der Erziehung beraten und unterstützen
- Kinder und Jugendliche vor Gefahren für ihr Wohl schützen
- dazu beitragen, positive Lebensbedingungen für junge Menschen und ihre Familien sowie eine kinder- und familienfreundliche Umwelt zu erhalten oder zu schaffen." (Wiesner 2004, 49f.)

Im Rahmen der konkreten Förderung und Unterstützung von Kindern und Jugendlichen und ihren Familien lassen sich zwei Teilbereiche voneinander unterscheiden. Der eine Bereich verfolgt das Ziel, Kinder und Jugendliche in ihren Entwicklungsmöglichkeiten und der Ausbildung ihrer Fähigkeiten zu unterstützen. Diese eher allgemeine Förderung und Unterstützung soll durch unterschiedliche Maßnahmen erreicht werden. Hierzu zählt unter anderem die Arbeit in Familienbildungsstätten, Kindergärten oder Jugendzentren. Des Weiteren existieren Angebote, die zur Verringerung von sozialer Benachteiligung oder Ungleichheit beitragen sollen, zum Beispiel in Form von heilpädagogischen Kindergärten.

Im anderen Teilbereich kommen Maßnahmen zum Einsatz, wenn bereits eine akute Problemlage besteht (vgl. Jordan/Sengling 2000, 12f.). Die Einleitung von Hilfen zur Erziehung, die den Sorgeberechtigen bei seiner Erziehungsaufgabe unterstützen sollen, sind daran gekoppelt, dass „eine dem Wohl des Kindes oder Jugendlichen entsprechende Erziehung nicht gewährleistet ist und die Hilfe für seine Entwicklung geeignet und notwendig ist"(§27 KJHG). Hierbei besteht der Grundsatz, dass ambulante Hilfen gegenüber stationären Maßnahmen Vorrang haben, was maßgeblich mit der Bedeutung der Familie als zentraler Sozialisationsinstanz zusammenhängt. Die Kinder und Jugendlichen werden dabei in ihrem gewohnten Lebensraum belassen. Diese Handlungsweise geht mit dem Prinzip der Lebensweltorientierung[3] einher. Außerdem stehen hier mögliche Verhaltensauffälligkeiten des Kindes oder des Jugendlichen

[3] Auf das Prinzip der Lebensweltorientierung wird in Kapitel 2.2.2. dieser Arbeit eingegangen.

nicht im Fokus der Betrachtung, sondern das soziale Umfeld und die damit verknüpften entwicklungshemmenden Faktoren (a.a.O., 157ff.).

Die Tendenz, ambulante Maßnahmen gegenüber teilstationären oder stationären Maßnahmen zu bevorzugen, hat sich laut Statistischem Bundesamt seit der Einführung des neuen Kinder- und Jugendhilfegesetzes am 1. Januar 1991 verstärkt. Demnach ist die Zahl der ambulanten Erziehungshilfen im Zeitraum von 1991 bis 2001[4] von 57% auf 69% gestiegen, wobei die Erziehungsberatung hierbei am häufigsten in Anspruch genommen wurde. Der Anteil der stationären Erziehungshilfe ist hingegen von 40% auf 27% gesunken. Die teilstationäre Hilfe liegt bei 4% und hat sich somit um einen Prozentpunkt erhöht (vgl. Statistisches Bundesamt 2003, 6).

Die Hilfen zur Erziehung können grob in die drei Teilbereiche ambulante, teilstationäre sowie stationäre Erziehungshilfen aufgeteilt werden. Zu den Hilfen innerhalb der Familie, welche auch als ambulante Erziehungshilfen bezeichnet werden, zählt unter anderem die Erziehungsberatung. Diese soll die Kinder und Jugendlichen sowie ihre Eltern bei der Bewältigung individueller und familiärer Schwierigkeiten unterstützen. Es existieren außerdem unterschiedliche Angebote der Betreuung einzelner junger Menschen. Zum einen soll durch den Erziehungsbeistand beziehungsweise Betreuungshelfer die Verselbstständigung des jungen Menschen gefördert werden, indem er bei der Bewältigung von Entwicklungsproblemen unterstützt wird. Zum anderen gibt es die Möglichkeit der sozialen Gruppenarbeit, die Kinder und Jugendliche durch intensives soziales Lernen in der Gruppe bei ihrer Entwicklung und der Überwindung von Problemlagen unterstützen soll. Durch die sozialpädagogische Familienhilfe sollen Familien mit minderjährigen Kindern langfristig ambulant bei der Bewältigung von Alltagsproblemen und familiären Konflikten unterstützt werden (a.a.O., 5ff.).

Die Hilfen außerhalb der Familie umfassen sowohl stationäre als auch teilstationäre Maßnahmen. Die Erziehung in der Tagesgruppe kann als teilstationäre Form der Heimerziehung betrachtet werden. Hierbei liegt der Schwerpunkt auf dem sozialen Lernen, der schulischen Förderung sowie der Elternarbeit. Bei der Vollzeitpflege werden Kinder und Jugendliche in einer anderen Familie untergebracht. Somit kann ihnen je nach Bedürfnislage eine befristete oder auf Dauer angelegte Lebensform geboten werden. Im Rahmen der Heimerziehung findet eine stationäre Unterbringung im Heim oder einer sonstigen Wohngruppe statt. Diese Hilfemaßnahme soll die Ent-

---

[4] Aktuellere Zahlen liegen laut dem Statistischen Bundesamt nicht vor.

wicklung der Kinder und Jugendlichen durch die Verknüpfung von Alltagsleben und pädagogischen sowie therapeutischen Angeboten fördern. Die intensive sozialpädagogische Einzelbetreuung unterstützt junge Menschen mit besonderen Problemlagen, wie zum Beispiel Drogenabhängigkeit. Hierbei steht die Förderung der sozialen Integration und eigenverantwortlichen Lebensführung durch eine intensive Unterstützung im Mittelpunkt (a.a.O., 5ff.).

Der Maßnahmenkatalog der Hilfen zur Erziehung soll demnach ein breit gefächertes Angebot zur Unterstützung von Familien in schwierigen Lebenslagen umfassen. Jede Hilfeform zielt in ihrer Wirkungsweise auf bestimmte familiäre und individuelle Gegebenheiten und die damit verknüpften Problemkonstellationen ab. Dennoch ist es von zentraler Bedeutung, die unterschiedlichen Hilfeformen als ein miteinander vernetztes Hilfesystem zu betrachten, in dem sich die verschiedenen Angebote im Unterstützungsprozess ergänzen sollen (vgl. Jordan/Sengling 2000, 159f.). Die Hilfe zur Erziehung basiert auf dem Grundsatz der Freiwilligkeit, wobei es durchaus Situationen gibt, in denen die Jugendhilfe zum Schutz des Kindes oder des Jugendlichen auch gegen den Willen der Eltern eingreifen kann (a.a.O., 16).

Der Hilfeprozess ist somit in den meisten Fällen ein kooperativer Vorgang, in dem sowohl die Kinder beziehungsweise die Jugendlichen als auch ihre Eltern ein Mitspracherecht haben und sich im Dialog mit den Fachkräften über geeignete Maßnahmen verständigen. In regelmäßigen Abständen werden die gewährten Hilfen gemeinsam mit allen Beteiligten auf ihre Angemessenheit überprüft und gegebenenfalls modifiziert. Insbesondere bei der Unterbringung außerhalb der Familie ist die Berücksichtigung sowohl der Interessen der Minderjährigen als auch ihrer Sorgeberechtigten besonders hervorzuheben (a.a.O., 215f.). Hierbei sind die Einflussmöglichkeiten der Heranwachsenden und ihrer Eltern auf die Wahl des neuen Lebensortes von zentraler Bedeutung, da so möglicherweise ein intensiver Kontakt zu dem bekannten sozialen Umfeld aufrechterhalten werden kann. Eine Rückkehr in die Herkunftsfamilie wird dann nicht als erneute Diskontinuitätserfahrung erlebt, die mit Beziehungsabbrüchen einhergeht. Außerdem erhalten die Eltern so weiterhin die Gelegenheit, kontinuierlich am Entwicklungsprozess ihrer Kinder teilzunehmen (a.a.O., 217).

Die Rückkehr in die Herkunftsfamilie kann ein mögliches Ziel der Fremdunterbringung sein. Dazu sollten sich durch die Unterstützung der Familie die Erziehungsbedingungen dort soweit verbessern, dass das Kind oder der Jugendliche dorthin zurückkehren kann. Es muss jedoch berücksichtigt werden, dass bei einem längeren

Verbleib des Kindes beziehungsweise des Jugendlichen in einer Fremdunterbringung die Rückführungsperspektive insoweit eingeschränkt werden kann, als dass ein erneuter Wechsel des Lebensortes zu einer Entwurzelung führen könnte und somit nicht zu empfehlen ist. Außerdem sind Rückführungsbemühungen lediglich in den Fällen sinnvoll, in denen die Beziehungen zu der Herkunftsfamilie positiv gefärbt sind und das Kind beziehungsweise der Jugendliche selbst das Bedürfnis verspürt, dort wieder leben zu wollen. Ein Familienklima, was zum Beispiel von andauernder Vernachlässigung, Gewalterfahrungen oder sexuellem Missbrauch geprägt war, hat die familiären Beziehungsgestaltungen wahrscheinlich negativ beeinflusst und lässt eine Rückkehr in die Herkunftsfamilie als wenig sinnvoll, wenn nicht sogar entwicklungshemmend erscheinen (a.a.O., 217ff.).

2.1.2 Hilfen außerhalb der Familie unter besonderer Berücksichtigung der stationären Erziehungshilfe

Die Fremdunterbringung von Kindern und Jugendlichen in Einrichtungen der Heimerziehung oder in Pflegefamilien stellt das wichtigste Instrument der Jugendhilfe dar, um die Lebens- und Entwicklungsbedingungen von Minderjährigen zu sichern. In den meisten Fällen haben andere Jugendhilfemaßnahmen zur Verbesserung der Erziehungssituation in der Herkunftsfamilie keine ausreichende Wirkung gezeigt. Das Kindeswohl scheint somit im familiären Kontext gefährdet zu sein (vgl. Jordan/Sengling 2000, 185). Dennoch dürfen stationäre Erziehungshilfen nicht als letzte Mittel nach gescheiterten ambulanten Maßnahmen betrachtet werden, sondern müssen als eigenständige Hilfeformen gesehen werden, die auf bestimmte schwierige Lebenslagen ausgerichtet sind (vgl. Bundesministerium für Familie, Senioren, Frauen und Jugend 1998, 46).

Im Sinne der Stärkung ambulanter und teilstationärer Hilfemaßnahmen machten stationäre Hilfen im Jahr 2001 lediglich ein Viertel der erzieherischen Hilfen aus. Von den drei stationären Hilfeformen Heimerziehung, Vollzeitpflege und intensive sozialpädagogische Einzelbetreuung wird wiederum die Heimerziehung am häufigsten eingesetzt[5] (vgl. Statistisches Bundesamt 2003, 5).

---

[5] Erzieherische Hilfen 2001 nach Hilfearten:

- Ambulante Hilfen: Erziehungsberatung (48%), Betreuung einzelner junger Menschen (7%), Sozialpädagogische Familienhilfe (14%)

Das Kinder- und Jugendhilfegesetz formuliert die Zielsetzung der Heimerziehung wie folgt: „Hilfe zur Erziehung in einer Einrichtung über Tag und Nacht (Heimerziehung) oder in einer sonstigen betreuten Wohnform soll Kinder und Jugendliche durch eine Verbindung von Alltagserleben mit pädagogischen und therapeutischen Angeboten in ihrer Entwicklung fördern. Sie soll entsprechend dem Alter und Entwicklungsstand des Kindes oder des Jugendlichen sowie den Möglichkeiten der Verbesserung der Erziehungsbedingungen in der Herkunftsfamilie

1. eine Rückkehr in die Familie zu erreichen versuchen oder
2. die Erziehung in einer anderen Familie vorbreiten oder
3. eine auf längere Zeit angelegte Lebensform bieten und auf ein selbstständiges Leben vorbereiten.

Jugendliche sollen in Fragen der Ausbildung und Beschäftigung sowie der allgemeinen Lebensführung beraten und unterstützt werden“ (§34 KJHG).

Die Heimerziehung geht heutzutage mit einer Vielfalt von Betreuungsangeboten und konzeptionellen Angeboten einher, weshalb man nicht mehr von einer einheitlichen Heimerziehung sprechen kann. Neben der institutionellen Betreuungsform werden im KJHG auch sonstige betreute Wohnformen benannt, zu denen beispielsweise Wohngemeinschaften und Formen des betreuten Einzelwohnens zählen. Großpflegestellen, in denen bis zu fünf Kinder außerhalb des Elternhauses betreut werden, sind von der Heimerziehung und den sonstigen betreuten Wohnformen abzugrenzen (vgl. Jordan/Sengling 2000, 196).

Die Differenzierung der Hilfsangebote hat das Ziel, sich an den individuellen Bedürfnissen der Betroffenen orientieren zu können. Einrichtungen der Heimerziehung sind heute oft in Wohngruppen außerhalb oder innerhalb der Einrichtung oder selbstständigen Wohngruppen unterteilt. Diese weisen ein großes Maß an Autonomie und Selbstversorgung auf (vgl. Bundesministerium für Familie, Senioren, Frauen und Jugend 1998, 4f.). Die ersten Außenwohngruppen entstanden in den 70er Jahren und

---

- Teilstationäre Hilfen: Erziehung in der Tagesgruppe (4%)
- Stationäre Hilfen: Heimerziehung (16%), Vollzeitpflege (10%), intensive sozialpädagogische Einzelbetreuung (1%) (Statistisches Bundesamt 2003, 5)

gingen mit der allgemeinen Dezentralisierung von Heimerziehung[6] einher (vgl. Günder 1995, 44).

Das Betreute Wohnen richtet sich dagegen an Jugendliche und junge Erwachsene, die in den stationären Formen der Jugendhilfe bereits ein hohes Maß an Selbstständigkeit und Eigenverantwortung erworben haben und dieses nun in einer eigenen Wohnung weiter ausbauen können. Somit kann das Betreute Wohnen als weiterführendes Betreuungsangebot nach dem Verlassen stationärer Jugendhilfeeinrichtungen verstanden werden (a.a.O., 47). Trotz des differenzierten Angebots der Heimerziehung ist jedoch allen Einrichtungen gemeinsam, dass Kinder und Jugendliche dort mittel- bis längerfristig stationär untergebracht werden, da sie ihre Entwicklungsmöglichkeiten in der Herkunftsfamilie aus unterschiedlichen Gründen nicht angemessen entfalten können (a.a.O., 6).

Bei der Vollzeitpflege werden Kinder und Jugendliche über Tag und Nacht in einer anderen Familie untergebracht. Diese Unterstützungsform kann sowohl eine kurzfristige, als auch eine auf Dauer ausgerichtete Unterbringung beinhalten. Bisher wurden vorrangig Kinder im Vorschulalter in Pflegefamilien untergebracht, da ihre Eltern zentrale Versorgungs- und Erziehungsfunktionen nicht wahrnehmen konnten. Jedoch lässt sich aufgrund des Ausbaus ambulanter Unterstützungsmaßnahmen eine Veränderung in der Zielgruppenstruktur feststellen. Diese führt dazu, dass sich das Unterbringungsalter erhöht hat und somit auch vermehrt Heranwachsende mit sogenannten Verhaltensauffälligkeiten in Pflegefamilien untergebracht werden. Bei mehr als fünf betreuten Kindern wird nicht mehr von Pflegefamilie, sondern von einer Betreuung in einer Einrichtung gesprochen (vgl. Jordan/Sengling 2000, 188ff.).

Die Unterbringung in Tagesgruppen kann als teilstationäre Form der Heimerziehung verstanden werden. Dort werden die Kinder und Jugendlichen meist nach der Schule bis abends betreut. In der Nacht und am Wochenende halten sie sich dagegen voll-

---

6 Im Zuge der Reformbemühungen der 70er Jahre wurden Strukturveränderungen in den Einrichtungen der Jugendhilfe angestoßen. Diese zielten auf eine Dezentralisierung größerer Einheiten ab, indem Gruppen ausgelagert oder Großeinheiten verkleinert wurden. Mit der Dezentralisierung und der damit verbundenen Differenzierung des Hilfeangebotes geht auch eine Regionalisierung einher. Demnach sollte Heimerziehung im Lebensumfeld des Betroffenen verortet werden, um einen intensiven Elternkontakt zu ermöglichen. Außerdem wird eine Vernetzung mit den regionalen öffentlichen Trägern und Institutionen angestrebt, welche die Heimunterbringung als Dienstleistungsangebot für die Region versteht (vgl. Bundesministerium für Familie, Senioren, Frauen und Jugend 1998, 45).

ständig in ihrem familiären Kontext auf. Schichtdienst ist in dieser Jugendhilfemaßnahme nicht üblich, was dazu führt, dass die Betreuungspersonen nicht permanent wechseln. Damit ist eine gute Grundlage für einen kontinuierlichen Beziehungsaufbau geschaffen (a.a.O., 44f.). Tagesgruppen bieten somit einen angemessenen Rahmen für eine lebensweltorientierte Jugendhilfe. Sie können für Kinder und Jugendliche einen alternativen Lebensort darstellen, in dem sie individuell in ihrer Entwicklung gefördert werden. Gleichzeitig kann diese Hilfemaßnahme eine entlastende Funktion für alle Familienmitglieder haben. Durch verstärkte Elternarbeit werden die Eltern als Kooperationspartner verstanden und gleichzeitig in ihrem Erziehungsauftrag unterstützt (vgl. Bundesministerium für Familie, Senioren, Frauen und Jugend 1998, 43f.).

An dieser Stelle muss außerdem auf die geschlossene Unterbringung verwiesen werden: „Eine geschlossene Unterbringung ist dadurch gekennzeichnet, daß besondere Eingrenzungs- und Abschließvorrichtungen oder andere Sicherungsmaßnahmen vorhanden sind, um ein Entweichen, also ein unerlaubtes Verlassen des abgeschlossenen oder gesicherten Bereiches, zu erschweren oder zu verhindern und die Anwesendheit des Jugendlichen für die notwendige pädagogisch-therapeutische Arbeit mit ihm sicherzustellen" (Bundesarbeitsgemeinschaft vom 16./17.2.1982, zitiert nach von Wolffersdorff/Sprau-Kuhlen 1990, 22).

Die geschlossene Unterbringung[7] Heranwachsender wird jedoch nicht durch das KJHG, sondern durch das BGB geregelt (vgl. Pankofer 1997, 63). Es existieren drei Möglichkeiten, Jugendliche in geschlossenen Einrichtungen unterzubringen: Im Jugendgefängnis, in der Psychiatrie oder im Heim. Bei der Verwahrung im Gefängnis wird die Buße durch Freiheitsentzug angestrebt. Bei der geschlossenen psychiatrischen Unterbringung liegt meist eine akute Eigen- oder Fremdgefährdung vor. Die geschlossene Heimunterbringung wird in Ausnahmefällen angewandt, wenn ein erhöhtes Fluchtrisiko besteht (a.a.O., 72).

---

[7] Im Zusammenhang mit der geschlossenen Unterbringung wird vermehrt diskutiert, inwieweit in einem Zwangskontext Hilfemaßnahmen greifen können. Diese Thematik kann im Rahmen dieser Arbeit nicht ausführlich diskutiert werden. Einen Überblick geben von Wolffersdorff/Sprau-Kuhlen (1990) und Post (1997).

2.2 Entwicklungslinien in der Heimerziehung – Zwischen totaler Institution und Lebensweltorientierung

Im Folgenden wird zunächst der Versuch unternommen, übergeordnete strukturelle Merkmale von Heimerziehung aufzuzeigen, die maßgeblich an institutionelle Rahmenbedingungen gekoppelt sind. Hierbei zeigt sich, dass sich Heimerziehung in einem Spannungsverhältnis zwischen totaler Institution, wie sie von Erving Goffman (1961) beschrieben wurde, und Neuorientierungen, die unter anderem mit einer lebensweltorientierten Heimerziehung einhergehen, bewegt.

2.2.1 Strukturelle Merkmale institutioneller Erziehung

Die bereits dargestellte Heterogenität der stationären Erziehungshilfemaßnahmen macht eine Formulierung übergeordneter struktureller Merkmale im Bereich der Heimerziehung problematisch. Dennoch benennt Baur einige übergreifende Merkmale institutioneller Erziehung im Heim. Die damit verknüpften Rahmenbedingungen für die Gestaltung von Erziehungsprozessen im Kontext der stationären Erziehungshilfe nehmen sowohl auf den beruflichen Alltag der Betreuer als auch auf die Lebensbedingungen der dort lebenden Kinder und Jugendlichen erheblichen Einfluss (vgl. Baur 1996, 202).

Ein zentrales Merkmal ist die Lohnabhängigkeit der Erzieher. Damit verknüpft ist die Strukturierung des Arbeitsverhältnisses in Dienst- und Schichtplänen, welche die Arbeitskraft des Personals möglichst lange erhalten soll. Dies wirkt sich insofern auf die Lebensbedingungen der Kinder und Jugendlichen aus, als dass ihre Bezugspersonen in regelmäßigen Abständen wechseln. Die Möglichkeit kontinuierliche und verlässliche Beziehungen aufzubauen, wird somit eingeschränkt. Außerdem besteht ein erhöhtes Risiko von Beziehungsabbrüchen, da Erziehung als Beruf definiert wird und somit auch jederzeit aufkündbar ist. Zusätzlich findet eine Fluktuation im Bereich der Heranwachsenden durch Neuaufnahmen und Abgänge statt (a.a.O., 205f.). Hansen verweist ebenfalls auf die Inkonsistenz von Beziehungen im Kontext der stationären Erziehungshilfe: „Das Heimmilieu ist in der Regel gekennzeichnet durch ein diskontinuierliches, oft durch mehr oder weniger abrupte Zäsuren unterbrochenes und unkalkulierbares soziales Beziehungsgefüge.“ (Hansen 1994, 35)

Baur benennt neben der Lohnarbeit noch drei weitere übergeordnete Merkmale der Heimerziehung. Er beschreibt Heimerziehung lediglich als Ersatzerziehung ohne Zukunftsperspektive, da sie nicht auf Stabilität und Kontinuität hin angelegt ist. Spätestens nach der Entlassung aus der Einrichtung der stationären Erziehungshilfe werden die Kontakte zu den Betreuern und anderen Kindern und Jugendlichen meist nicht aufrechterhalten (vgl. Baur 1996, 203).

Außerdem betont Baur die beschränkte Auswahl an Identifikationsfiguren. Die Erzieher sind häufig die einzigen erwachsenen Personen im direkten Umfeld, an denen sich die Heranwachsenden orientieren können. Die Mitglieder der Herkunftsfamilie können oftmals nur noch eingeschränkt als Identifikationsfiguren zur Verfügung stehen, da spätestens mit der Einweisung ins Heim das Scheitern von bestimmten Aufgaben wie der Kindererziehung offensichtlich ist. Als drittes Merkmal benennt Baur die Erziehung in Isolation und verweist damit auf das Schonraum-Konzept, durch das die Kinder und Jugendlichen von schädlichen Milieueinflüssen ferngehalten werden sollen. Damit verknüpft ist eine Fokussierung der Lebensaktivitäten auf die Räumlichkeiten der stationären Jugendhilfe[8]. Die damit einhergehende soziale Isolation ist jedoch nicht nur allein auf das Schonraumprinzip zurückzuführen. Kinder und Jugendliche, die in Einrichtungen der stationären Erziehungshilfe leben, werden vermehrt mit normabweichenden, negativen Etikettierungen und damit verknüpften Stigmatisierungen konfrontiert. Dies kann Ablehnungserfahrungen in ihrem sozialen Umfeld begünstigen. Zu den strukturellen Merkmalen der Erziehung in Isolation zählen laut Baur außerdem der eingeschränkte Erwerb alltäglicher Handlungskompetenzen, der durch bestimmte Versorgungsstrukturen, wie zum Beispiel der Anlieferung des Essens aus der Großküche, hervorgerufen wird (a.a.O., 203ff.). Die damit einhergehende Überversorgung der Heranwachsenden kann die Entwicklung von Eigenverantwortlichkeit und Autonomie gegebenenfalls beeinträchtigen. Man kann davon ausgehen, dass die hier genannten übergeordneten Kriterien in den verschiedenen stationären Einrichtungen unterschiedliche Gewichtung finden (a.a.O., 202).

Sowohl die beschriebene soziale Isolation als auch die Überversorgung markieren eine Nähe zur Vorstellung des Lebensortes Heim als totale Institution (vgl. Hansen

---

8 An dieser Stelle muss jedoch drauf hingewiesen werden, dass versucht wird, der Isolation von Kindern und Jugendlichen im Heim durch einen lebensweltorientierten Ansatz entgegenzuwirken. In der von Baur beschriebenen Form kommt Isolation wohl vorrangig in geschlossenen Unterbringungen vor.

1994, 41 u. 44). Dieser Begriff wurde 1961 durch Erving Goffman in seinem Buch „Asylums" geprägt. Er beschreibt darin die institutionellen Lebensbedingungen der Insassen einer psychiatrischen Anstalt und deren Anpassungsleistungen und Reaktionsweisen. Goffman (1961) geht jedoch davon aus, dass seine Erkenntnisse auf ähnlich strukturierte Einrichtungen wie Gefängnisse oder Erziehungsheime zu übertragen sind (vgl. Baur 1996, 208).

Goffman definiert eine totale Institution wie folgt: „Eine totale Institution läßt sich als Wohn- und Arbeitsstätte einer Vielzahl ähnlich gestellter Individuen definieren, die für längere Zeit von der übrigen Gesellschaft abgeschnitten sind und miteinander ein abgeschlossenes, formal reglementiertes Leben führen" (Goffman 1973, 11). Er verweist jedoch selbst darauf, dass er einen Idealtypus definiert, der so in der Praxis kaum vorzufinden ist. Bezeichnend für totale Institutionen ist aber, dass sie mehrere der von Goffman aufgezeigten Merkmale aufweisen. Demnach finden alle Lebensaktivitäten an einem Ort statt, was zu einem eingeschränkten Kontakt zur Außenwelt führt. Der Alltag ist durch einen festgelegten Ablauf und formale Regeln strukturiert und dadurch gekennzeichnet, dass der großen Gruppe der Insassen eine relativ kleine Gruppe von Bediensteten gegenübersteht (a.a.O., 17f.). Selbstbestimmung, Autonomie und Handlungsfreiheit werden unterbunden, da Kontrolle und Reglementierung den Alltag bestimmen (a.a.O., 45f.). Bei Übertretung der Regeln werden Bestrafungen vorgenommen, zum Beispiel durch den zeitweiligen oder dauerhaften Entzug von Privilegien (a.a.O., 56). Die Insassen sehen sich nicht nur mit dem Bruch mit unterschiedlichen Rollen, die sie außerhalb der Institution inne hatten, konfrontiert, sondern sind außerdem verschiedenen Formen der Demütigung ausgesetzt. Es findet beispielsweise eine Enteignung der persönlichen Gegenstände statt oder Ungehorsam wird so lange bestraft, bis sich der Insasse dem Regelwerk beugt (a.a.O., 26ff.).

In diesem Zusammenhang beschreibt Goffman ein System von sekundären Anpassungsmechanismen, welche es den Insassen ermöglicht, sich bestimmte Genüsse mit verbotenen Mitteln zu verschaffen. Dadurch erhält der Insasse das Gefühl, eine gewisse Kontrolle über sein Leben zu bewahren (a.a.O., 59). Außerdem beschreibt Goffman vier idealtypische Formen, mit denen die Insassen sich an die Rahmenbedingungen der totalen Institution anpassen: Rückzug aus der Situation, kompromissloser Widerstand, Kolonisierung und Konversion, die meist in einer Strategie des Ruhig-Blut-Bewahrens miteinander verknüpft werden (a.a.O., 65ff.).

Diese Anpassungsstrategien werden von Hansen auf die Situation von Kindern und Jugendlichen im Heim übertragen. Zum einen kann ein Rückzug aus der Situation stattfinden, indem der Heranwachsende desinteressiert wirkt und sich aus Interaktionsprozessen zurückzieht. Der kompromisslose Widerstand zeigt sich darin, dass sich das Individuum den Regeln widersetzt. Diese Anpassungsstrategie kann jedoch meist nicht über einen längeren Zeitraum durchgehalten werden, da in diesem Fall bestimmte Machtmittel, wie zum Beispiel die Androhung von geschlossener Unterbringung, eingesetzt werden, um das erwünschte Verhalten herbeizuführen. Die Kolonisierung ist dadurch gekennzeichnet, dass die Kinder und Jugendlichen sich mit der Situation im Heim arrangieren, um sich somit unter den gegebenen Umständen zufriedenstellende Lebensbedingungen zu schaffen. Dies äußert sich in relativ angepassten Verhaltensweisen und der Aufgeschlossenheit gegenüber Erziehungsbemühungen. Außerdem sind die Heranwachsenden in der Lage, die ihnen gebotenen materiellen und sozialen Umweltressourcen zu nutzen, was sich positiv auf ihren Entwicklungsprozess auswirkt. Die Konversion ist durch ein bedingungslos angepasstes Verhalten und eine Konformität mit den Absichten der Erzieher gekennzeichnet. Dies scheint mit einer Unterwürfigkeit gegenüber Autoritäten einherzugehen (vgl. Hansen 1994, 41ff.).

Aufgrund des idealtypischen Charakters dieser vier Anpassungsleistungen kann vermehrt eine Verknüpfung der unterschiedlichen Strategien in Form des Ruhig-Blut-Bewahrens festgestellt werden. Hierbei versuchen die Heranwachsenden die Loyalität zu den anderen Kindern ihrer Wohngruppe nicht zu gefährden und gleichzeitig Schwierigkeiten mit den Erziehern zu vermeiden (a.a.O., 43).

Im Zuge der Neuorientierungen im Bereich der Heimerziehung ist der Standpunkt, dass Einrichtungen der stationären Erziehungshilfe allgemein als totale Institutionen zu definieren seien, nicht mehr zu vertreten. Dennoch sind einzelne Facetten der dargestellten Strukturmerkmale, zum Beispiel in sogenannten Großheimen mit einem ausgeprägten Zentralisierungsgrad, auch heute noch anzutreffen (a.a.O., 40).

Die Neuorientierungen in der Heimerziehung können hauptsächlich in sechs große Entwicklungslinien gefasst werden:

Dezentralisierung, Entinstitutionalisierung, Entspezialisierung, Regionalisierung, Professionalisierung und Individualisierung. Diese Rahmenbedingungen sollen zu einer Verbesserung der Lebens- und Erziehungsbedingungen von Kindern und Jugendlichen im Rahmen der stationären Erziehungshilfe beitragen (vgl. Wolf 1993, 61). Es muss jedoch erwähnt werden, dass diese Zielvorstellungen bis heute noch nicht flächendeckend und umfangreich umgesetzt wurden.

Das zentrale Ziel der Dezentralisierung besteht in der Verkleinerung von Wohneinheiten und der damit einhergehenden Entstigmatisierung der hier lebenden Kinder und Jugendlichen. Im Zuge dessen werden größere Wohneinheiten sowie damit verknüpfte Verantwortlichkeiten aufgelöst und kleinere Wohneinheiten, wie zum Beispiel Außenwohngruppen, geschaffen. Hier soll durch den Wegfall bestimmter Versorgungsstrukturen wie einer Großküche die Selbstständigkeit der Jugendlichen durch Selbstversorgung gefördert werden. Außerdem kann durch das Leben in einer Außenwohngruppe Stigmatisierungsprozessen, die aufgrund der Heimsituation verstärkt entstehen können, entgegengewirkt werden. Die verringerte Personenzahl kann dazu beitragen, dass die einzelnen Kinder wieder stärker als Individuen wahrgenommen und kollektive Zuschreibungen somit vermieden werden (a.a.O., 13ff.).

Die Entinstitutionalisierung verfolgt unter anderem das Ziel, die arbeitsteilige Organisation im Heimkontext aufzuheben, indem bestimmte Aufgaben wie Einkaufen, Kochen, Wäschewaschen als einheitlicher Lebensbereich erfahren und gelebt werden. Somit werden die Lebensbedingungen im Kontext der stationären Erziehungshilfe der Komplexität der Lebensbedingungen außerhalb der Institution angeglichen. Des Weiteren wird die Flexibilität von Regeln und Vorschriften angestrebt. Rigide Regelwerke, welche bestimmte Handlungen vorschreiben und gehäuft durch eine übergeordnete Autorität festgelegt werden, dienen dazu, bestimmte Organisationsabläufe in der Institution, wie zum Beispiel geregelte Hausaufgabenzeiten, zu sichern. Hierbei wird jedoch vernachlässigt, dass Regeln und Personen in einem permanenten Anpassungsprozess zueinander stehen sollten. Demnach sollten sowohl die Pädagogen als auch die Kinder und Jugendlichen an der Festlegung von Regeln beteiligt werden. Ein weiteres Ziel der Entinstitutionalisierung besteht darin, die Ressourcen des Heims, wie zum Beispiel die räumlichen Gegebenheiten, die Mitarbeiterwahl oder die geografische Lage, mit den individuellen Bedürfnissen der Betroffenen in Einklang zu bringen. Dies wird unter anderem daran ersichtlich, dass die Wahl des Lebensortes mit der Bestrebung einhergeht, die Kinder und Jugendlichen nicht aus ihrem bekannten sozialen Umfeld herauszureißen (a.a.O., 25ff.).

Die Entspezialisierung beinhaltet den Kompetenzzuwachs der Mitarbeiter, zum Beispiel durch Supervisionen. So sollen sie in die Lage versetzt werden, Konflikt- und

Problemsituationen in der Interaktion mit den Kindern und Jugendlichen besser bewältigen zu können und dafür nicht externe Spezialisten heranziehen zu müssen. Somit entsteht eine umfassende Zuständigkeit der Mitarbeiter in der unmittelbaren Betreuung der Kinder und Jugendlichen. Des Weiteren wird ein Abbau der Differenzierung von Heimen bezüglich einer bestimmten Klientel angestrebt. Vielfach führen die differenzierten Strukturen zu einer Verlegungspraxis, in der Heranwachsende gegebenenfalls in eine andere Einrichtung verlegt werden, die sich auf ihre Bedürfnislage spezialisiert hat. Dieses Vorgehen führt zu einer Pathologisierung von Verhaltensweisen und begünstigt den vermehrten Wechsel des sozialen Umfeldes und die damit einhergehenden Beziehungsabbrüche (a.a.O., 32ff.).

Mit dem Prinzip der Regionalisierung wird das Ziel verfolgt, den Betroffenen trotz der Unterbringung in der stationären Jugendhilfe den alltäglichen Kontakt zu ihrem bisherigen Umfeld zu ermöglichen. So sollen bedeutsame soziale Beziehungen erhalten bleiben. Damit verknüpft ist die Möglichkeit, dass die Eltern weiterhin konstant am Leben ihrer Kinder teilnehmen können. Der Bereich der Professionalisierung nimmt das Anforderungsprofil des pädagogischen Personals in den Fokus. Hierbei stellt eine qualifizierte theoretische Ausbildung das Fundament dar. Außerdem muss eine intensive Auseinandersetzung mit den Lebensumständen sowie den Deutungs- und Handlungsmustern der Kinder und Jugendlichen stattfinden, um angemessen agieren und reagieren zu können und gemeinsam Strategien für ihre Alltagsbewältigung zu entwickeln. Außerdem ist es von zentraler Bedeutung, dass den Pädagogen Angebote zur Verfügung stehen, die es ihnen ermöglichen, mit ihren berufsspezifischen Belastungen besser umzugehen, zum Beispiel durch Supervisionen (a.a.O., 39ff.).

Die Individualisierung zielt auf individuelle Betreuungsarrangements ab. Damit eng verbunden ist die Berücksichtigung der Biografie und der damit verknüpften Bedürfnislage jedes Einzelnen. Demnach sollte jedes Kind und jeder Jugendliche an Entscheidungsprozessen beteiligt und nicht als Objekt fremdbestimmter Planungen betrachtet werden. Diese Rahmenbedingungen tragen dazu bei, die individuelle Selbstbestimmung zu fördern und Sicherheit zu geben. Dies ist im Rahmen der stationären Erziehungshilfe insofern von zentraler Bedeutung, als dass die Heranwachsenden durch die Kündigung von Mitarbeitern oder durch Aufnahmen und Abgänge anderer Kinder und Jugendlicher bereits zahlreichen anderen Veränderungsprozessen ausgesetzt sind, auf die sei keinen Einfluss nehmen können. Dezentralisierung, Entspezialisierung und Regionalisierung stellen die Basis für individuelle Betreuungsangebote im Rahmen der stationären Erziehungshilfe dar. Das Streben nach Individualisierung kann durch die hohe Anzahl von Kindern und Jugendlichen in den einzelnen Gruppen beeinträchtigt werden. Neben der damit verknüpften Einschränkung von Privat- und Intimsphäre wird auch die individuelle Betreuung des Einzelnen erschwert. Diese Situation wird durch den regelmäßigen Wechsel der Bezugspersonen aufgrund von Schicht- und Dienstplänen noch verschärft (a.a.O., 51ff.).

2.2.2 Lebensweltorientierte Heimerziehung

Die dargestellten Entwicklungslinien verweisen bereits darauf, dass die Hilfemaßnahmen das Lebensumfeld der Betroffenen besonders berücksichtigen und sich damit stark am Alltag orientieren. Diese Bestrebungen sind im achten Jugendhilfebericht durch die dort festgeschriebene Lebensweltorientierung der Jugendhilfe konzeptionell verankert (vgl. Baur 1996, 238). In dieser Lebensweltorientierung stellt die Pluralisierung von Lebenslagen und die Individualisierung von Lebensverhältnissen[9] die Basis einer komplexen und vielschichtigen Gesellschaft dar (vgl. Thiersch 1992, 20). Eine lebensweltorientierte Jugendhilfe versucht demnach die spezifischen Lebensverhältnisse jedes Einzelnen zu berücksichtigen und ihn bei der Bewältigung der damit verknüpften Schwierigkeiten zu unterstützen (a.a.O., 23f.). Sie fokussiert also die vielfältigen und komplexen Lebenserfahrungen und Lebensprobleme jedes Betroffenen, wobei das Familiensystem in diesem Zusammenhang besonders berücksichtigt wird.

Laut Thiersch existieren drei Grunddimensionen der Lebenswelt: die Zeit, der Raum und die sozialen Bezüge. Diese stellen den Orientierungsrahmen für eine lebensweltorientierte Jugendhilfe dar und lassen sich durch die Handlungsmaximen Prävention, Regionalisierung/Dezentralisierung, Alltagsorientierung, Integration und Partizipation konkretisieren (a.a.O., 28ff.). Baur bezieht diese Strukturmaximen auf eine lebensweltorientierte Heimerziehung:

---

9 Unter der Pluralisierung von Lebenslagen werden die unterschiedlichen Lebensstrukturen zum Beispiel in der Stadt oder auf dem Land, für Jungen oder für Mädchen verstanden, welche sich immer weiter differenzieren. Die Individualisierung fokussiert das Aufbrechen überlieferter Lebensformen und Deutungsmuster. Dies bietet einerseits die Chance für eine individuellere Lebensführung in Form von Wohn- oder Arbeitsverhältnissen. Andererseits wächst damit auch die Herausforderung für den Einzelnen sich in einer pluralisierten und individualisierten Welt zu orientieren (vgl. Thiersch 1992, 20).

- Das Prinzip der Prävention wird in primäre und sekundäre Prävention unterteilt. Die primäre Prävention strebt lebenswerte und stabile Verhältnisse an.[10] Die Sekundärprävention legt ihren Fokus auf vorbeugende und begleitende Hilfen in schwierigen Lebenslagen, was den Ausbau ambulanter Hilfemaßnahmen impliziert.
- Die Regionalisierung strebt eine regionale Unterbringung von Kindern und Jugendlichen in ihrem aktuellen Lebenskontext an, wobei die gegebenen regionalen und lokalen Strukturen[11] einbezogen werden. Außerdem wird der Ausbau von spezialisierten Zentraleinrichtungen negiert.
- Die Alltagsorientierung berücksichtigt die Eingebundenheit des Individuums in seine komplexen sozialen Bezüge. Somit rücken das soziale Umfeld und der damit verknüpfte Alltag des Individuums verstärkt in den Fokus der Betrachtung.
- Durch das Prinzip der Partizipation sollen die Heranwachsenden und ihre Eltern verstärkt an der Planung von Hilfemaßnahmen beteiligt werden. Somit soll das Moment der Selbstbestimmung im Kontext der Heimerziehung in den Vordergrund rücken.
- Das Prinzip der Integration wendet sich gegen die Aussonderung von Menschen mit besonderen Bedürfnissen in spezialisierte Heimformen. Durch Integration wird das Ziel verfolgt, diesen Heranwachsenden im Rahmen der allgemeinen Hilfen Unterstützung zukommen zu lassen und somit die institutionellen Bedingungen den individuellen Bedürfnissen der Kinder und Jugendlichen anzupassen (vgl. Baur 1996, 238).

Demnach werden in einer lebensweltorientierten Heimerziehung die Verhaltensweisen der Jugendlichen als Versuch verstanden, sich mit den gegebenen Lebensumständen zu arrangieren. Außerdem wird der Eigenkompetenz der Heranwachsenden, ihren Alltag und die damit verknüpften Schwierigkeiten mit unterstützenden Maßnahmen bewältigen zu können, eine besondere Bedeutung zugemessen (a.a.O., 238).

---

[10] Hierunter werden Verhältnisse verstanden, die die Entstehung von Krisen und Konflikten vermeiden (vgl. Bundesministerium für Jugend, Familie, Frauen und Gesundheit 1990, 85).

[11] Der Einbezug der regionalen und lokalen Strukturen berücksichtigt zum Beispiel stadtteilspezifische Gegebenheiten und die dort vorhandenen Nachbarschafts- und Freundschaftssysteme (vgl. Bundesministerium für Jugend, Familie, Frauen und Gesundheit 1990, 86).

Die Herausnahme aus der Herkunftsfamilie und die Unterbringung in der stationären Erziehungshilfe gehen häufig mit einer Entwertung der bis dahin gültigen Fähigkeiten und Handlungsmuster einher. Bei einer regionalisierten Unterbringung können diese ihre Gültigkeit jedoch behalten, so dass der stationäre Aufenthalt an bereits vorhandene Ressourcen der Heranwachsenden anknüpfen, diese stabilisieren und zu einer Erweiterung des Handlungsrepertoires beitragen kann. Dies erscheint besonders deswegen sinnvoll, da die Jugendlichen nach der Heimunterbringung meist in ihr ursprüngliches Herkunftsmilieu zurückkehren und dort ihr Leben angemessen bewältigen müssen. Um diese Anschlussfähigkeit von Erziehungsprozessen im Lebenskontext Heim und im Herkunftsmilieu der Kinder und Jugendlichen zu gewährleisten, ist es notwendig, dass sich die Erzieher mit der ursprünglichen Lebenswelt der Heranwachsenden auseinandersetzen (a.a.O., 238f.).

Im KJHG ist zudem verankert, dass die Jugendlichen durch die Heimerziehung auf eine selbstständige Lebensführung vorbereitet werden sollen, was unter anderem die Unterstützung in Ausbildungsfragen beinhaltet (vgl. KJHG § 34 Abs. 3). Nach ihrer Heimentlassung müssen sich die Heranwachsenden einer Vielzahl unterschiedlicher Herausforderungen stellen, für die sie spezifische Kompetenzen benötigen. Hierzu zählen unter anderem die Auseinandersetzung mit der Berufswahl, die Suche nach einem Ausbildungsplatz, der Kontakt zu Behörden, ein angemessener Umgang mit den zur Verfügung stehenden finanziellen Mitteln, die Wohnungssuche oder der Aufbau eines neuen tragfähigen Beziehungsnetzes. Diese lebensphasenspezifischen Anforderungen stellen für Kinder und Jugendliche, die im Kontext der stationären Erziehungshilfe aufgewachsen sind, meist eine besondere Herausforderung dar. Sie verfügen häufig nicht über ein stabiles soziales Netzwerk, in dem sie die Hilfe kompetenter Bezugspersonen in Anspruch nehmen können. Aus diesem Grund muss die Heimerziehung in Kooperation mit der Schule in besonderem Maße Lebens- und Lernmöglichkeiten schaffen, die die Selbstständigkeit der Heranwachsenden fördern. Dieses Ziel wird vorrangig durch Verselbstständigungs- und Außenwohngruppen sowie in Form des betreuten Wohnens angestrebt (a.a.O., 239ff.).

Die professionelle Unterstützung heimentlassener junger Menschen in Form einer Alltagsbegleitung ist hierbei besonders zu betonen. In diesem Zusammenhang sollen die Heranwachsenden bei dem Erwerb bestimmter Kompetenzen soweit unterstützt werden, dass sie in der Lage sind, ihren Alltag selbstständig zu bewältigen. Hierbei soll eine ganzheitliche Unterstützung des Individuums in seinen unterschiedlichen

Problemlagen stattfinden. Die Ressourcen des Betroffenen, zum Beispiel bestimmte Problemlösungsmuster, stellen die Basis der Unterstützung dar und sollen stabilisiert und weiter ausgebaut werden. Außerdem soll ein Zuwachs an Kompetenzen erfolgen, um eine erfolgreiche Alltagsbewältigung zu gewährleisten. Die Grundlage hierfür bildet eine ausführliche Auseinandersetzung des Alltagsbegleiters mit der Biografie und der aktuellen Lebenslage des Betroffenen. Gegebenenfalls werden externe Experten herangezogen, die sich den spezifischen Problemlagen, wie zum Beispiel Verschuldung oder Drogenabhängigkeit, widmen (a.a.O., 245ff.).

Ein gemischtes Team, in dem der Experte für die Alltagsbegleitung mit einem Erzieher aus der Wohngruppe im Heim zusammenarbeitet, scheint für die Organisationsstruktur der Alltagsbegleitung am sinnvollsten zu sein. Der Begleiter nimmt bereits ein bis zwei Jahre vor der Entlassung aus dem Heim Kontakt zu dem Heranwachsenden auf und kann sich so ein Bild von dessen Lebensbedingungen, Stärken und Schwächen sowie spezifischen Problemlagen, aber auch Chancen und Möglichkeiten machen. Außerdem kann durch eine Fokussierung der Selbstständigkeit gemeinsam mit dem Jugendlichen ein lebensweltorientierter Erziehungsplan entwickelt werden. Im Anschluss an die Heimentlassung wird der Alltagsbegleiter noch ein bis zwei Jahre von einem ehemaligen Erzieher unterstützt (a.a.O., 252). Durch den §41 des KJHG ist die Nachbetreuung gesetzlich verankert und bietet somit jedem jungen Menschen bis zur Vollendung des 21. Lebensjahres, in begründeten Ausnahmefällen auch länger, die Möglichkeit diese Hilfe in Anspruch zu nehmen (a.a.O., 247).

2.3 Der aktuelle Forschungsstand

Die Forschungsberichte im Bereich der Fremdunterbringung von Kindern und Jugendlichen lassen sich in zwei unterschiedliche Bereiche gliedern. Zum einen existieren Studien, die sich der Qualitätssicherung verschiedener Maßnahmen der Jugendhilfe widmen und somit die Effektivität sowie Leistungen und Grenzen von Hilfemaßnahmen fokussieren. Zum anderen stellen qualitative Untersuchungen im Bereich der stationären Erziehungshilfe und der geschlossenen Heimunterbringung einen wichtigen Teil der Forschung dar. Hierbei gewinnen die Lebensverläufe und subjektiven Sichtweisen der Betroffenen maßgeblich an Bedeutung.

Im Folgenden wird ein Überblick über einige zentrale Studien im Bereich der Hilfen zur Erziehung sowie der geschlossenen Unterbringung gegeben, um die Facetten der verschiedenen Forschungsinteressen und Vorgehensweisen im Bereich der Fremdunterbringung schemenartig darzustellen, wobei kein Anspruch auf Vollständigkeit erhoben wird. Hierbei werden sowohl die Jule-Studie von 1998 zu Leistungen und Grenzen von Heimerziehung als auch die qualitative Untersuchung von Finkel aus dem Jahr 2004 zur stationären Unterbringung von Mädchen ausführlicher dargestellt. Sie wurden exemplarisch ausgewählt, da beide Untersuchungen einen facettenreichen Einblick in die Hintergründe und Lebensbedingungen von Heranwachsenden im Rahmen der stationären Erziehungshilfe und in die damit verknüpfte Bedeutung der Fremdunterbringung im biografischen Kontext geben. Außerdem zeigen sie das Forschungsspektrum im Bereich der stationären Erziehungshilfe auf, da sich beide Untersuchungen in ihrem grundlegenden Forschungsinteresse und der damit verbundenen Akzentuierung des Forschungsdesigns maßgeblich voneinander unterscheiden.

Die Jule-Studie (1998) beschäftigt sich mit den Leistungen und Grenzen von stationären und teilstationären Hilfemaßnahmen. Aufgrund unseres Forschungsinteresses wird an dieser Stelle neben allgemeinen Erkenntnissen die Heimerziehung in den Fokus der Betrachtung gerückt. Die Unterbringung in der Tagesgruppe und dem betreuten Wohnen werden nicht gesondert berücksichtigt. Die Jule-Studie erhebt den Anspruch eines repräsentativen Querschnitts der ausgewählten erzieherischen Hilfen, ihrer Adressaten und ihrer spezifischen Leistungsfelder. Auf diese Weise steckt sie einen Rahmen für die Beurteilung der Erfolge von Hilfemaßnahmen ab und gibt Anregungen zu deren Verbesserung. Obwohl Standpunkte der Betroffenen in diese Studie mit einfließen, sind diese doch darauf angelegt, verallgemeinerbare Daten zu liefern.

Die qualitative Untersuchung von Finkel (2004) hingegen setzt sich anhand von drei Lebensgeschichten junger Frauen intensiv mit Fremdunterbringung im Kontext der Gesamtbiografie auseinander und zeigt dabei sowohl die Chancen als auch die Risiken stationärer Hilfemaßnahmen auf. Hierbei spielen die Wechselwirkungen zwischen den individuellen Bedürfnislagen der Mädchen und den institutionell verankerten Unterstützungsmaßnahmen eine zentrale Rolle.

2.3.1 Studien zur Qualitätssicherung von Maßnahmen der Jugendhilfe

Studien zur Qualitätssicherung verschiedener Maßnahmen der Jugendhilfe widmen sich der Effektivität sowie den Leistungen und Grenzen von Hilfemaßnahmen. Die

Jugendhilfe-Effekt-Studie (JES-Studie) wurde im Jahr 2002 veröffentlicht und ist die bisher einzige prospektive Längsschnittstudie, die mehrere Hilfsangebote[12] systematisch in ihrem Leistungsspektrum und somit in ihrer Angemessenheit und Effektivität miteinander vergleicht. Durch die Umsetzung der gewonnenen Erkenntnisse soll eine Verbesserung der Planung und Durchführung von Jugendhilfemaßnahmen erreicht werden (vgl. Bundesministerium für Familie, Senioren, Frauen und Jugend 2002, 70f.).

Eine weitere Studie, die hauptsächlich durch öffentliche Mittel gefördert wurde und ebenfalls im Bereich der Qualitätssicherung von Jugendhilfemaßnahmen anzusiedeln ist, ist die Jule-Studie, die im Jahr 1998 veröffentlicht wurde. Im Zentrum dieser Untersuchung steht ein breiter und repräsentativer Überblick über die Leistungen und Erfolge stationärer und teilstationärer erzieherischer Hilfen (a.a.O., 19). Hierfür musste eine hohe Anzahl an Beispielfällen herangezogen werden, was durch die Auswertung von 284 Akten aus sechs Jugendämtern erreicht wurde. Außerdem wurden 45 Interviews geführt, deren Akten ebenfalls in die Untersuchung einflossen. Das Forschungsdesign ist als retrospektive Längsschnittstudie angelegt, die die Entwicklung der jungen Menschen zu verschiedenen Zeitpunkten des Hilfeverlaufs betrachtet (a.a.O., 79f.). Das Konzept der lebensweltorientierten Sozialarbeit diente als theoretischer Bezugsrahmen, aus dem sich vier Prämissen für die Evaluationsuntersuchung ergaben:

- „Die individuellen Entwicklungen der jungen Menschen selbst sind der Bezugsrahmen zur Bemessung des Erreichten.
- Die Entwicklungen der jungen Menschen können nur im Wechselspiel zwischen den verschiedenen Lebensfeldern analysiert und bewertet werden.
- Die Bewertung der Entwicklungen kann nur im Vergleich zwischen Ausgangslage und dem Erreichten erfolgen.
- Der Erfolg der erzieherischen Hilfen zeigt sich maßgeblich im Leben nach den Hilfen.“ (Bundesministerium für Familie, Senioren, Frauen und Jugend 1998, 20)

---

12 Im Rahmen der Jugendhilfe-Effekt-Studie wurden fünf verschiedene Hilfen zur Erziehung dokumentiert und zueinander in Beziehung gesetzt: Erziehungsberatung, Erziehungsbeistand, sozialpädagogische Familienhilfe, Erziehung in der Tagesgruppe, Heimerziehung (vgl. Bundesministerium für Familie, Senioren, Frauen und Jugend 2002, 70).

Die Leistungsüberprüfung gliederte sich in zwei Ebenen. Zum einen fanden eine Analyse der Akten und eine Bewertung der Hilfeverläufe statt. Zum anderen kamen die subjektiven Sichtweisen der Adressaten in Form von Interviews zum Tragen. Bei einigen dieser Interviews nahmen auch die Eltern teil. Innerhalb der Gespräche bewerteten die jungen Menschen und ihre Eltern die Effektivität des Hilfeangebots. Außerdem wurden die Lebensbedingungen der Betroffenen im Kontext der institutionellen Angebote, Regeln und Möglichkeiten der Mitsprache sowie die Beziehungen zu den Betreuern und anderen Heranwachsenden thematisiert. Die aktuelle Lebenssituation und die Bewertung des Einflusses des Hilfeangebots für das momentane Leben wurden ebenfalls angesprochen (a.a.O., 20f.).

Die Aktenanalyse ergab, dass die Daten einen repräsentativen Querschnitt durch die ausgewählten erzieherischen Hilfen, ihre Adressaten sowie ihre spezifischen Leistungsfelder darstellten. Bezüglich der Adressaten konnte aufgezeigt werden, dass viele von ihnen eine Haupt- oder Förderschule besuchten, der Bildungsstand der Eltern meist gering war und diese in unteren beruflichen Positionen beschäftigt oder arbeitslos waren. Des Weiteren war der Anteil an Scheidungsfamilien, alleinerziehenden Müttern und Familien mit einer hohen Kinderanzahl überdurchschnittlich hoch. Jungen waren in Einrichtungen der teilstationären Erziehungshilfe im Vergleich zu Mädchen überrepräsentiert. Mädchen wurden von erzieherischen Hilfen weniger und vorrangig im Alter zwischen 15 und 18 Jahren erfasst und verweilten dort auch über einen kürzeren Zeitraum als Jungen. Bezüglich der Hilfeverläufe konnte aufgezeigt werden, dass bei ca. ¾ der Adressaten der Einsatz der Hilfemaßnahmen zu einer Verbesserung der schwierigen Ausgangslage führte (a.a.O., 22).

In ungefähr 70% der untersuchten Fälle wurden die Heranwachsenden einmal oder mehrmals in der stationären Erziehungshilfe untergebracht. Außerdem wies die Familiensituation der Kinder und Jugendlichen, die im Heim untergebracht waren, einige zentrale Merkmale auf. In 60% der Fälle konnten sozioökonomische Belastungsfaktoren ausgemacht werden. 40% wiesen Gewalterfahrungen im familiären Kontext auf und bei 35% hatten ein oder beide Elternteile ein Alkoholproblem. Außerdem wirkten sich die andauernden schwierigen familiären Umstände oder auch Notlagen negativ auf die Beziehungsgestaltungen in den Familien aus. Die belasteten familiären Verhältnisse stellten in den meisten Fällen die Grundlage für die Inanspruchnahme stationärer Erziehungshilfen dar und weniger die Symptomzuschreibungen des Kindes oder des Jugendlichen. Außerdem zeigte sich, dass die Dezentralisierungsbestrebungen nur eingeschränkt umgesetzt wurden. In 25% der untersuchten Fälle war die Einrichtung über 50 Kilometer vom Heimatort entfernt. Des Weiteren stellten 50% der Heimgruppen Innenwohngruppen eines größeren Heimes dar (a.a.O., 24).

Der Anspruch, die jungen Menschen und ihre Eltern verstärkt an der Gestaltung des Hilfeprozesses zu beteiligen, scheint insoweit noch nicht umgesetzt zu sein, als dass in lediglich 37% aller Erziehungshilfeeinrichtungen die Durchführung von Elternarbeit angegeben wurde. Diese schien in den meisten Fällen jedoch einen punktuellen, wenig intensiven und unverbindlichen Charakter zu haben. In 22,8% der Fälle führte die Kooperationsverweigerung des jungen Menschen zu einem Abbruch der stationären Erziehungshilfe, was sowohl durch den Jugendlichen als auch durch die Institution bedingt sein konnte. Außerdem konnte herausgearbeitet werden, dass eine Verweildauer von nur einem Jahr eine schwierige Entwicklung begünstigte, wogegen mit einer längeren Verweildauer auch das Risiko eines negativen Entwicklungsverlaufs sank. Obwohl sich die Dauer einer Hilfemaßnahme nur individuell festlegen lässt, ist somit davon auszugehen, dass eine generelle zeitliche Begrenzung von Hilfemaßnahmen nicht sinnvoll ist (a.a.O., 24).

Als positive Merkmale von Heimerziehung nennt die Studie die längerfristige Lebensform, eine intensive pädagogische und therapeutische Betreuung, die Versorgung und die Bereitstellung stabiler Strukturen, die Krisenintervention sowie die Vorbereitung auf eine selbstständige Lebensführung. Damit verbunden war die zum größten Teil positive Entwicklung bei 53% der jungen Menschen, die das Heim verließen. Bei 17% ließen sich positive Entwicklungen ansatzweise erkennen. Diese Verläufe waren jedoch an strukturierte und günstige Rahmenbedingungen sowie zuverlässige Bezugspersonen gekoppelt. Im Bereich der Kooperation mit den Betroffenen und ihren Eltern sowie der Zusammenarbeit zwischen dem Jugendamt und den Jugendhilfeeinrichtungen lassen die Ergebnisse der Studie jedoch einen erhöhten Qualifizierungsbedarf erkennen (a.a.O., 24).

Insgesamt zeigt sich, dass sowohl teilstationäre als auch stationäre Hilfen durch ambulante Maßnahmen nicht abgelöst werden können, sondern in vielen Situationen der Bedürfnislage der Kinder und Jugendlichen entsprechen. Es ist von zentraler Bedeutung, dass den Betroffenen ein breites Spektrum an unterschiedlichen Hilfemaßnahmen zur Verfügung steht, um die Unterstützung so gut es geht auf den Einzelfall abstimmen zu können (a.a.O., 25).

Die Bewertung des Jugendamtes und die damit verknüpfte gelingende Kooperation hängen aus der Sicht der in der Studie befragten Betroffenen maßgeblich davon ab, ob sie an Entscheidungen beteiligt wurden und ob sie diese als transparent empfanden. Entscheidungen, die mit den Heranwachsenden nicht besprochen wurden, sowie feste und unflexible Organisationsstrukturen wirkten sich eher negativ auf die Zusammenarbeit zwischen dem Jugendamt und den Kindern und Jugendlichen aus. Hierbei schien die fehlende Option sich den zuständigen Mitarbeiter im Jugendamt aussuchen zu können, besonders negativ bewertet zu werden. Auch der permanente Wechsel der zuständigen Mitarbeiter und der dadurch erschwerte Aufbau eines kontinuierlichen Betreuungsverhältnisses wurde als negativ angesehen (a.a.O., 30).

Des Weiteren zeigte sich, dass die jungen Menschen ihre Erfahrungen mit den Einrichtungen der Jugendhilfe überwiegend als hilfreich für ihr weiteres Leben einschätzten. Diese Bewertungen deckten sich zum großen Teil mit den Entwicklungsverläufen, die sich im Rahmen der Aktenanalyse ergaben. Es zeigt sich, dass die Bewertungen der Hilfemaßnahmen stark an die aktuelle Lebenssituation gekoppelt waren und somit zu unterschiedlichen Zeitpunkten im Leben unterschiedlich betrachtet wurden (a.a.O., 31).

Von den 45 befragten Personen waren 27 in der stationären Erziehungshilfe untergebracht. Hiervon bewerteten acht Personen die Unterbringung im Heim als durchgehend positive Unterstützung, die einen wichtigen Teil ihrer Biografie darstellt. Diese jungen Menschen empfanden das Heim als ihr zweites Zuhause, in dem sie Anerkennung und Unterstützung erfahren haben. Die Auseinandersetzung mit den familiären Verhältnissen stellte dabei ein zentrales Thema im Hilfeverlauf dar. Eine positiv gefärbte Bewertung der Heimunterbringung, in der jedoch auch Kritik geübt wurde, ließ sich bei sieben Personen feststellen. Die kritischen Äußerungen bezogen sich zum großen Teil auf unbearbeitete Lebensthemen, die auch durch die Unterstützung der Einrichtung nicht gelöst werden konnten. Außerdem wurden institutionelle Rahmenbedingungen negativ bewertet und das oft schwierige Zusammenleben mit anderen Jugendlichen betont. In drei Fällen wurde die Unterbringung als bedeutungslos für den eigenen Lebensverlauf eingestuft und die Fähigkeit, sich selbst eine Lebensperspektive aufzubauen, hervorgehoben. Bei weiteren drei Personen hatten die Hilfemaßnahmen keine positiven Konsequenzen. Hier entsteht der Eindruck, als hätte sich die stationäre Unterbringung eher negativ auf das Leben ausgewirkt, das sich lediglich durch eigene Anstrengungen und förderliche Umstände doch noch positiv entwickelt hat (a.a.O., 31).

Sechs junge Menschen beschrieben ihre Erfahrungen im Kontext der stationären Erziehungshilfe als durchgehend negativ. Sowohl die Erfahrungen mit den Erziehern als auch die Lebensumstände wurden als negativ bewertet, wobei insbesondere eine kontinuierliche Vertrauensperson fehlte, die sich mit der Lebensgeschichte des Heranwachsenden auseinandergesetzt und gemeinsam mit ihm geeignete Perspektiven entwickelt hätte (a.a.O., 31).

2.3.2 Studien zur geschlossenen Unterbringung

Für den Bereich der geschlossenen Heimunterbringung sind insbesondere zwei Studien hervorzuheben. Von Wolffersdorff und Sprau-Kuhlen stellen in ihrer 1990 erschienenen Untersuchung zur geschlossenen Unterbringung in Heimen neben den institutionellen Rahmenbedingungen und deren Einfluss auf die Lebensbedingungen der Betroffenen auch deren biografische Verläufe und die darin eingebundenen Einweisungsprozesse in den Mittelpunkt. Außerdem werden pädagogisch-therapeutische Maßnahmen und der Umgang mit Konflikten thematisiert (vgl. von Wolffersdorf/Sprau-Kuhlen 1990, 3ff.). Dieser sehr umfassende Einblick in die geschlossene Heimunterbringung basiert auf der Kombination unterschiedlicher Methoden. Neben der Akteneinsicht waren tagebuchartige Protokollierungen der Geschehnisse und Gespräche im Gruppenalltag sowie damit verknüpfte Tonbandaufzeichnungen eine zentrale Erkenntnisquelle. Außerdem wurden Interviews mit den Erziehern und den Betroffenen durchgeführt, um ihre subjektiven Sichtweisen zu erfassen (a.a.O., 32).

Sabine Pankofer beschäftigt sich in ihrer Untersuchung, die 1997 erschienen ist, mit Mädchen in geschlossenen Heimen und setzt damit einen geschlechtsspezifischen Fokus. Sie befragte zwanzig Mädchen retrospektiv zu ihrem Aufenthalt in einer geschlossenen Einrichtung. Hierbei lag der Schwerpunkt auf den Beschreibungen und damit einhergehenden Bewertungen konkreter Situationen und den damit verknüpften subjektiven Sinnstrukturen der Mädchen. Die Bedeutung der Unterbringung und ihre Auswirkung auf den weiteren Lebensverlauf sowie spezifische Problematiken wurden in der Analyse der Lebensgeschichten deutlich (vgl. Pankofer 1997, 5).

2.3.3 Studien zur Unterbringung in der stationären Erziehungshilfe

Für den Bereich der stationären Erziehungshilfe existieren ebenfalls unterschiedliche qualitative Untersuchungen. Georg Landenberger und Rainer Trost untersuchten in den 80er Jahren die Lebenswirklichkeit von Heranwachsenden unter den institutionellen Rahmenbedingungen des Lebensortes Heim (vgl. Landenberger/Trost 1988, 11ff.). Die Lebens- und Entwicklungsmöglichkeiten waren zu dieser Zeit offensichtlich maßgeblich durch die Prinzipien der totalen Institution geprägt (a.a.O., 65ff.). Als Erkenntnisquelle dienten die teilnehmende Beobachtung und Interviews mit den Heranwachsenden (a.a.O., 17). Besonderes Interesse galt der Sozialstruktur der Gruppe, den Beziehungen der Heimbewohner zu ihren Erziehern, dem Prozess der Anpassung an das institutionelle Lebensfeld, den Formen der Selbstdarstellung der Heranwachsenden und der Bedeutung der Beziehung zwischen Jungen und Mädchen (a.a.O., 79).

Landenberger und Trost betonen hierbei den Zusammenhang von Verhalten und Verhältnissen, womit der wechselseitige Bezug zwischen institutionellen Rahmenbedingungen und subjektiven Verarbeitungsmustern gemeint ist (a.a.O., 280). Identitätsbildung vollzieht sich demnach im Spannungsverhältnis zwischen Auflehnung gegen die institutionellen Richtlinien und der Akzeptanz des Lebenskontextes Heim. Die Heranwachsenden versuchen sich Freiräume zu schaffen und weisen in ihrer Selbstrepräsentation oft Stärke auf. Hierbei dient Stärke auch als maßgeblicher Bezugspunkt für Gruppenhierarchien. Die Subkultur ist dadurch gekennzeichnet, dass ein gewisses Maß an Provokation und Distanz gegenüber den Erziehern üblich ist, um sich von ihnen abzugrenzen. Durch das Herausbilden einer Subkultur entsteht eine äußerliche Gemeinsamkeit der Jugendlichen, wodurch die Macht der Institution geschwächt wird. Auf der Beziehungsebene zeigen sich die Heranwachsenden eher gleichgültig gegenüber den Mitbewohnern und lassen eine deutliche Selbstbezogenheit erkennen (a.a.O., 280f.).

Im Fokus der im Jahr 2004 erschienenen Untersuchung von Finkel stehen die Lebensgeschichten von drei jungen Frauen, die in ihrer Jugendphase in einer oder mehreren stationären Einrichtung(en) der Erziehungshilfe untergebracht waren. Retrospektiv berichten diese über ihren Lebensverlauf unter besonderer Berücksichtigung dieser Unterbringung in den stationären Maßnahmen der Jugendhilfe. Hierbei werden die biografischen Rekonstruktionen unter verschiedenen Gesichtspunkten untersucht.

Zum einen stehen die Lebensbedingungen in den Herkunftsfamilien und die damit verknüpften entwicklungshemmenden Faktoren im Fokus der Betrachtung. Des Weiteren werden die neuen sozialen und institutionellen Strukturen der Erziehungshilfeeinrichtungen und die damit verbundenen Freiräume als auch Grenzsetzungen näher beleuchtet. Die individuellen Handlungs- und Bewältigungsmuster bezüglich der familiären Erfahrungen und der Anforderungen im institutionellen Kontext stellen einen weiteren Schwerpunkt der Untersuchung dar. Abschließend werden die Lebensentwürfe der jungen Frauen in den Blick genommen, wobei die wechselseitige Beziehung von subjektiven Handlungs- und Bewältigungsmustern und strukturellen Bedingungen des Lebenskontextes von zentraler Bedeutung ist. Die Konstruktion von Geschlecht stellt eine stets zu berücksichtigende Perspektive dar, die als Hintergrund der biografischen Rekonstruktionen betrachtet werden muss (vgl. Finkel 2004, 12ff.).

Durch die Fallanalysen werden in dieser Studie drei Themenfelder herausgearbeitet, die alle untersuchten biografischen Rekonstruktionen maßgeblich prägen:

- Das Spannungsverhältnis zwischen Selbstständigkeit und Verbundenheit in sozialen Beziehungen
- Die Anschlussfähigkeit zwischen biografischer Erfahrung und institutioneller Unterstützung
- Lern- und Entwicklungsprozesse zwischen Autonomie und Beschränkung (a.a.O., 156ff.)

Diese drei Kernkategorien verweisen laut Finkel auf zwei biografiestrukturierende Themenfelder und damit verknüpfte Problemlagen, die sie am Ende ihrer Arbeit noch einmal zusammenfassend resümiert und aus denen sie Konsequenzen für die Betreuung von jungen Mädchen in Einrichtungen der Erziehungshilfe ableitet (a.a.O., 310f.). Diese Erkenntnisse sollen an dieser Stelle zusammengefasst wiedergegeben werden.

Ablösung in Bindung: Das Spannungsverhältnis zwischen Autonomie und Verbundenheit als Kategorie biografischer Konstruktionen junger Frauen mit Heimerfahrung

Innerhalb dieser Kategorie stellt Finkel die Umgestaltung von Beziehungen durch die Ablösung von den primären Bezugspersonen als adoleszenztypische Entwicklungsaufgabe in den Mittelpunkt. Die dabei anzustrebende Balance zwischen Autonomie und Verbundenheit stellt Mädchen, die in Einrichtungen der stationären Erziehungshilfe leben, vor besondere Herausforderungen. Die Erfahrungen, die sie in ihren Herkunftsfamilien gemacht haben, sind häufig durch Gewalt, Demütigungen und Verletzungen ihrer persönlichen und körperlichen Integrität geprägt. Deshalb fällt es ihnen häufig schwer, eine Balance zwischen Nähe und Distanz herzustellen und somit auch angemessene Grenzen in den Beziehungsgestaltungen zu setzen (a.a.O., 310).

Gleichzeitig waren ihre Handlungs- und Entwicklungsmöglichkeiten im Elternhaus so weit eingeschränkt, dass es ihnen schwer fällt, sich neue soziale Räume zu erschließen und somit den Ablösungsprozess vom Elternhaus zu fördern. Das Verlassen der Familie und die Fremdunterbringung fordern jedoch ein hohes Maß an Eigenaktivität und Handlungs- und Durchsetzungsvermögen. Sowohl die Mutter als auch der Vater stehen nur eingeschränkt als Identifikationsfiguren zur Verfügung, was die Erstellung eines eigenen Lebensentwurfs erschwert (a.a.O., 310).

Außerdem findet vermehrt eine Rollenumkehr zwischen Mutter und Tochter statt, was zu Loyalitätskonflikten bei der Ablösung vom Elternhaus führt. Diese Situation kann als gegenläufig zu dem Selbstständigkeitsstreben der jungen Frauen betrachtet werden und führt bei ihnen zu dem Gefühl, ihre Entscheidung das Elternhaus zu verlassen, legitimieren zu müssen. Zu einem Bruch mit der Herkunftsfamilie kommt es erst, wenn der Konflikt zwischen den wachsenden Selbstständigkeitsbestrebungen der Mädchen und die Verbundenheit mit ihren Eltern besonders deutlich werden. Damit verbunden ist auch das Bedürfnis der jungen Frauen, sich im Rahmen der stationären Erziehungshilfe nicht mehr den Bedürfnissen und Anforderungen anderer unterzuordnen und somit erneut in eine Opferrolle zu geraten. Dies äußert sich in dem handlungsleitenden Muster „Stark sein". Weiblichkeit, Gefühle und Abhängigkeiten werden als Schwäche betrachtet. Inwieweit es einem Mädchen gelingt, sich aus alten Mustern herauszulösen und seine Autonomiebestrebungen in Form von selbstständiger Lebensgestaltung und engen Beziehungen umzusetzen, ist stark mit seiner Lebensgeschichte und den spezifischen Erfahrungen verwoben. Aufgrund der individuellen Biografie jedes Einzelnen ist somit die Anschlussfähigkeit von biografischen Erfahrungen und institutionellen Unterstützungsmaßnahmen zentral (a.a.O., 310ff).

Subjekt und Struktur: Die biografiestrukturierende Wirkung der Anschlussfähigkeit zwischen biografischer Erfahrung und institutioneller Unterstützung

Inwieweit die Unterstützungsangebote in den Einrichtungen der stationären Erziehungshilfe genutzt werden, hängt maßgeblich von der biografischen Vorgeschichte der Mädchen ab. Diese beeinflusst die Wahrnehmung der sozialen Verhältnisse und der damit verknüpften Angebote. Die Aufrechterhaltung subjektiver Eigenständigkeit und sozialer Beziehungen, durch die ihnen Anerkennung und Bestärkung vermittelt wird, stellen begünstigende Rahmenbedingungen dar, um die Mädchen in die Lage zu versetzen, die entwicklungsfördernden Angebote zu nutzen (vgl. Finkel 2004, 314).

Finkel stellt im Kontext der drei Fallanalysen unterschiedliche Dimensionen der Aufrechterhaltung subjektiver Eigenständigkeit heraus:

- „Die Vermittlung zwischen individueller Besonderheit (Individualität) und sozialer Einbindung (Sozialität)
- Das Erleben von Eigenständigkeit im zugänglichen Handlungsraum
- Die Möglichkeit des Herstellens übergeordneter Orientierungen, des Erlebens von Sinn.“ (a.a.O., 314)

Die erste Dimension bezieht sich noch einmal auf das vorangegangene biografische Themenfeld, welches das Spannungsverhältnis zwischen Selbstständigkeit und Verbundenheit in Beziehungen in den Mittelpunkt stellt. Demnach sind die Betroffenen in ihrem neuen Lebenskontext darauf bedacht, ihre Eigenständigkeit und die damit verknüpften individuellen Bedürfnisse zu betonen, um sich nicht erneut den Anpassungserfordernissen komplett unterzuordnen. Gleichzeitig hat die frühe Überforderung, gekoppelt mit fehlender emotionaler Zuwendung, zu einer tiefen Bedürftigkeit geführt, die sie vor allem in Beziehungen zu Männern zu erfüllen versuchen. Dies führt innerhalb der Einrichtung dazu, dass sie sich einerseits von den anderen Heranwachsenden abgrenzen, um ihre Einzigartigkeit hervorzuheben. Andererseits empfinden sie die Mitbewohner häufig als Ersatz für Geschwistererfahrungen und erleben in diesen Beziehungen das Gefühl von Solidarisierung aufgrund eines geteilten Erfahrungshintergrundes, was wiederum mit einer Entindividualisierung verknüpft ist. Außerdem setzen sich die Mädchen mit geschlechtsspezifischen Anforderungen auseinander und lernen dabei, sich im Kontrast zu den anderen Mädchen mit ihrer Meinung zu positionieren. In den Beziehungen zu ihren Betreuern erhalten sie die Möglichkeit, Eltern-Kind-Verbindungen nachzuleben, die ihnen bisher verwehrt blieben. Sie können sich innerhalb dieser Beziehungen sowohl mit den Lebenskonzepten als auch mit den Männlichkeits- und Weiblichkeitsbildern der Erzieher auseinandersetzen und so eigene Beziehungsvorstellungen und einen von Selbstständigkeit geprägten Lebensentwurf entwickeln (a.a.O., 315f.).

Die zweite Dimension fokussiert das Erleben von Eigenständigkeit im zugänglichen Handlungsrahmen. Sie wird durch die Möglichkeit beeinflusst, nach eigenen Wertvorstellungen und Überzeugungen zu handeln. Hierbei ist es von zentraler Bedeutung, dass die Mädchen sich selbst erfahren, Interessen und Kompetenzen entwickeln, aber auch Schwächen erkennen und Pläne für die Zukunft entwerfen. Inwieweit diese Eigenständigkeit realisiert werden kann, hängt jedoch auch immer von den gesellschaftlichen Ressourcen und dem Festhalten an den eigenen Zielen ab. Die Mädchen in der stationären Erziehungshilfe erhalten die Möglichkeit, unterschiedliche Selbsterfahrungen zu machen, indem sie sich mit ihrer Biografie, ihrer Geschlechterrolle aber auch ihrem Welt- und Selbstbild reflexiv auseinandersetzen. Sie erleben sich als selbstständig Handelnde, indem sie das Zusammenleben sowie ihre Freizeitgestaltung und institutionellen Regelwerke mitbestimmen, Interessen und eigene Wertvorstellungen entwickeln dürfen und dafür Anerkennung erhalten. Von besonderer Bedeutung ist hierbei, dass sie sich mit dem Verantwortungsgefühl, welches sie ihrer Familie gegenüber empfinden, auseinandersetzen und sich davon lösen, um Verantwortung für das eigene Leben zu übernehmen. Somit ist das Heim gefordert, auf der einen Seite Strukturen für eigenes Handeln zu ermöglichen und andererseits die Mädchen bei der Herausbildung ihrer Eigenständigkeit zu unterstützen (a.a.O. 316f.).

Heimerziehung kann jedoch auch entwicklungshemmend wirken, wenn sie das Verhalten der Mädchen als Ursache sowohl der familiären Schwierigkeiten als auch der Integrationsprobleme im Heim betrachtet. Institutionalisierte Regeln und Normen und die damit verknüpften Anforderungen können das Selbstkonzept so sehr bedrohen, dass die Betroffenen nach inneren und äußeren Rückzugsmöglichkeiten suchen. Das kann dazu führen, dass Strukturen und Verhaltensweisen anderer die Lebensbedingungen soweit dominieren, dass die Überzeugung, selbst Einfluss nehmen zu können, verloren geht (a.a.O., 317).

Die dritte Dimension beleuchtet die Möglichkeiten des Herstellens übergeordneter Orientierungen und des Erlebens von Sinn. Sie geht damit einher, dass die Mädchen ihren Bruch mit der Herkunftsfamilie und die damit verknüpfte Fremdunterbringung im Kontext ihrer Lebensgeschichte als sinnvoll erleben. Dadurch kann die Fremdunterbringung, die gleichzeitig mit dem Streben nach Autonomie verknüpft ist, retrospektiv positiv bewertet und in das Gesamtbild der Biografie integriert werden. Gelingt diese Integration nicht, werden der biografische Verlauf und die eigenen Verhaltensweisen negativ bewertet. Die individuellen Handlungsmöglichkeiten werden als determiniert empfunden, was zu einer massiven Einschränkung des Selbstwirksamkeitserlebens führt. Dies wirkt sich wiederum negativ auf die Entwicklung von Zukunftsvorstellungen im Kontext eingeschränkter gesellschaftlicher Ressourcen aus (a.a.O., 317f).

Konsequenzen für die sozialpädagogische Unterstützung jugendlicher Mädchen in Erziehungshilfen

In den vorangegangenen Ausführungen konnte aufgezeigt werden, inwieweit es eine zentrale Aufgabe jedes Individuums ist, die eigene Biografie aktiv zu gestalten. Demnach muss sich Heimerziehung darauf ausrichten, die individuelle Entwicklung jedes Individuums und die damit verknüpften Bewältigungsstrategien in den Blick zu nehmen und anzuerkennen. Dies bildet die Basis dafür, die Mädchen in ihren Entwicklungsmöglichkeiten angemessen zu unterstützen und ihre biografischen Optionen zu erweitern. Damit einher geht der Abschied von festgelegten Normalitätsansprüchen (a.a.O., 319f.). „Institutionelle Alltagswelten müssen vielmehr Gelegenheits- und Anregungsstrukturen sowie Raum für Selbst- und Konfliktthematisierungen schaffen, damit das eigene Handeln in seinen Konsequenzen reflexiv zugänglich gemacht und alternative, für sich selbst und andere ‚verträglichere' Auswege entwickelt werden können" (a.a.O., 321).

Das vorrangige Ziel von Unerstützungsmaßnahmen im Kontext der stationären Erziehungshilfe besteht somit in der Förderung von Selbstachtung sowie der Stärkung des Selbstwertgefühls und der Selbstwirksamkeit. Anschließend werden die Mädchen bei der Umsetzung ihrer Lebensvorstellungen begleitet. Von zentraler Bedeutung ist hierbei die Partizipation der Mädchen an der Planung und Durchführung der Hilfemaßnahmen (a.a.O., 322).

Die dargestellten Fallanalysen konnten sowohl die Chancen als auch die Risiken aufzeigen, die mit der Unterbringung von Mädchen in der stationären Erziehungshilfe verknüpft sind. Hierbei wurde deutlich, inwieweit die Erziehungshilfen entscheidend bei der Gestaltung von Biografie mitwirken und wie bedeutsam somit die Einflussnahme der Mädchen auf die Planung der Hilfemaßnahmen ist (a.a.O., 323).

2.3.4 Einordnung des eigenen Forschungsvorhabens

In der Darstellung des Forschungsstandes zur Fremdunterbringung von Mädchen und Jungen wurden die unterschiedlichen Forschungsinteressen und Vorgehensweisen dargelegt. Hierbei konnte das Spektrum der Studien zu diesem Themenbereich schemenartig aufgezeigt und eine grobe Klassifizierung in zwei Forschungslinien verdeutlicht werden. Zum einen lassen sich die Studien zur Qualitätssicherung von Jugendhilfemaßnahmen benennen, wobei die Jule-Studie in diesem Zusammenhang von besonderer Bedeutung ist. Zum anderen existieren qualitative Untersuchungen, welche die Lebensverläufe und subjektiven Sichtweisen der Interviewten in den Mittelpunkt des Interesses rücken. Für den Bereich der qualitativen Studien zur Unterbringung in der stationären Erziehungshilfe wird an dieser Stelle noch einmal auf die Untersuchung von Georg Landenberger und Rainer Trost (1988) sowie Margarete Finkel (2004) verwiesen.

Das Forschungsanliegen der hier vorliegenden Arbeit lässt sich ebenfalls den qualitativen Untersuchungen zur Unterbringung in der stationären Erziehungshilfe zuordnen. Neben verschiedenen Überschneidungen unterscheidet sich das Forschungsdesign im Vergleich zu den bereits vorliegenden qualitativen Studien jedoch maßgeblich. Landenberger und Trost (1988) befragten in ihrer Untersuchung zwar ebenfalls Jugendliche während ihres Heimaufenthaltes zu ihren Lebensbedingungen, jedoch lag der Fokus hierbei auf den institutionellen Rahmenbedingungen einer totalen Institution.

Finkel (2004) hingegen befragte retrospektiv junge Frauen, die in ihrer Jugendphase in Einrichtungen der Erziehungshilfe untergebracht waren und rückte damit die Bedeutsamkeit der Fremdunterbringung im Kontext der Gesamtbiographie in den Mittelpunkt. Das Forschungsanliegen der hier vorliegenden Arbeit besteht ebenfalls darin, die Fremdunterbringung und ihre Bedeutung im Gesamtkontext der Lebensgeschichte in den Blick zu nehmen. Im Fokus stehen jedoch die Beziehungs- und Konfliktdynamiken von Mädchen und Jungen sowohl in ihrer aktuellen Lebenssituation im Heim als auch in den Herkunftsfamilien. Die Jugendlichen noch während ihres Aufenthaltes in der stationären Erziehungshilfe zu befragen, eröffnet die Möglichkeit ihre aktuelle Lebenssituation und die damit verknüpfte Bedürfnis- und Problemlage im Kontext von institutionellen Rahmenbedingungen in den Blick zu nehmen. Inwieweit es notwendig erscheint, junge Menschen sowohl während ihres Aufenthalts in Einrichtungen der Erziehungshilfe als auch nach dem Verlassen der Einrichtung zu befragen, wird daran ersichtlich, dass die Jule-Studie (1998) aufzeigen konnte, dass die Bewertung von Jugendhilfemaßnahmen je nach aktueller Lebenslage unterschiedlich ausfällt. So beurteilen die befragten Personen die Hilfemaßnahmen laut ihren eigenen Aussagen rückblickend anders als kurz nach dem Verlassen der Einrichtung (vgl. Bundesministerium für Familie, Senioren, Frauen und Jugend 1998, 31).

3. Methodischer und methodologischer Forschungsrahmen

3.1 Der qualitative Zugang

Das Hauptanliegen dieser Arbeit orientiert sich an der Fragestellung, wie sich Beziehungs- und Konfliktdynamiken von adoleszenten Mädchen und Jungen in der stationären Erziehungshilfe gestalten.

Aus dieser übergeordneten Fragestellung ergeben sich folgende Leitfragen, an denen sich der Forschungsprozess orientiert.

- Wie (re)konstruieren Jugendliche ihre Beziehungs- und Konflikterfahrungen im Kontext ihrer Biografie und ihrer aktuellen Lebenssituation im Heim?
- Welchen Einfluss nehmen die vergangenen Beziehungsgestaltungen auf ihre gegenwärtigen Beziehungs- und Konfliktmuster?
- Wie erleben und bewerten die Jugendlichen ihren Heimaufenthalt?
- Welchen aktuellen Entwurf haben die Jugendlichen von sich selbst im Kontext ihrer Biographie?

Das beschriebene Forschungsanliegen verdeutlicht, dass die subjektiven Sichtweisen und Sinnstrukturen der Befragten und ihre theoretische Reflexion unsere Erkenntnisquelle darstellen. In diesem Fall ist ein qualitativer und insbesondere interpretativer Zugang geeignet, da die Auswahl der Methode stets von der Forschungsfrage und dem jeweiligen Erkenntnisinteresse abhängt (vgl. Wolf 1995, 315). Der qualitative Zugang ermöglicht es, sowohl das zu untersuchende Phänomen aus der Sicht der beteiligten Subjekte als auch den Ablauf bestimmter sozialer Situationen nachzuvollziehen (vgl. Flick 2002, 48f.).

3.1.1 Grundprinzipien qualitativer Forschung

Flick benennt verschiedene Grundprinzipien qualitativer Forschung. Hierzu zählt unter anderem die Gegenstandsangemessenheit von Methoden. Sie berücksichtigt die Komplexität des Untersuchungsgegenstandes, in dem sich die Methodenwahl am Gegenstand orientiert und nicht umgekehrt. (vgl. Flick/Kardorff/Steinke 2005, 22) Damit verknüpft ist das Prinzip der Offenheit, welches sich sowohl auf den methodischen als auch auf den theoretischen Bereich bezieht. Zum einen muss ein Spielraum zur Verfügung stehen, der es ermöglicht, das Methodenspektrum zu verändern bzw. zu erweitern, falls sich herausstellt, dass aus dem Material heraus neue Aspekte ersichtlich werden, die mit den vorhandenen Methoden nicht erfasst werden können. Zum anderen beschreibt das Prinzip der Offenheit, dass der Forscher nicht das Ziel verfolgen sollte, bestimmte Thesen lediglich am Untersuchungsgegenstand zu überprüfen. Hierbei könnten neue Aspekte, die der Forschungsgegenstand in sich birgt, unberücksichtigt bleiben. Dennoch spielen das theoretische Vorwissen und die damit verknüpften Vorannahmen, die den Forschungsprozess vorstrukturieren, eine zentrale Rolle (vgl. Mayring 2002, 27f.).

Das Erkenntnisprinzip qualitativer Forschung ist die Untersuchung der Komplexität und Gesamtheit eines Phänomens im alltäglichen Kontext. Hierbei werden z.B. die Aussagen der Probanden nicht einzeln betrachtet, sondern mit der gesamten Erzählung und der damit verknüpften Biografie in Beziehung gesetzt. Somit wird die isolierte Betrachtung einzelner Ursache-Wirkungs-Beziehungen ausgeschlossen und ein verstehender Zugang durch das Nachvollziehen der Perspektive der Probanden angestrebt. (vgl. Flick/Kardorff/Steinke 2005, 23)

Ein weiteres Kriterium qualitativer Forschung besteht darin, dass die subjektiven Wahrnehmungen und die Reflexion des Forschers über sein Handeln nicht ausgeklammert werden dürfen. Sie stellen im Laufe des Forschungsprozesses eine wichtige Erkenntnisquelle dar. Des Weiteren nimmt die Einzelfallanalyse einen besonderen Stellenwert ein. Sie widmet sich zunächst der Analyse bzw. Rekonstruktion von Einzelfällen. Erst im weiteren Verlauf werden die Fälle miteinander in Beziehung gesetzt und mögliche Unterschiede, Gemeinsamkeiten und Verallgemeinerungen herausgestellt (a.a.O., 23).

In den rekonstruierten Fällen sind jeweils unterschiedliche Konstruktionen enthalten. Zum einen sind hierbei die Konstruktionen der beteiligten Subjekte zentral und zum anderen wird der Forschungsprozess an sich als rekonstruktiver Vorgang verstanden (a.a.O., 23). Hierbei wird dem Forscher lediglich die Wirklichkeit zugänglich gemacht, die von dem jeweiligen Subjekt aufgrund seiner Sicht auf ein bestimmtes Phänomen konstruiert wird. In der Interaktion mit dem Forscher wird diese Wirklichkeit erneut konstruiert, wobei die Konstruktion einer sozialen Situation bestimmt wird von latenten Sinn- und regelgeleiteten Gesprächsstrukturen (vgl. Flick 2002, 49).

Innerhalb der qualitativen Forschung ist Textmaterial, z.B. in Form von transkribierten Interviews, die zentrale Arbeitsgrundlage. Dieses Textmaterial enthält Daten, die im Anschluss mit unterschiedlichen Interpretationsverfahren ausgewertet werden können. Hierbei ist das Ziel qualitativer Forschung, neue Erkenntnisse aus dem Datenmaterial zu gewinnen und daraus Theorien bzw. theoretische Konzepte zu entwickeln (vgl. Flick/Kardorff/Steinke 2005, 24).

Die Bezeichnung „qualitative Forschung“ dient als Oberbegriff für unterschiedliche Forschungsansätze. Obwohl sich diese in ihren theoretischen Annahmen, ihrem Gegenstandsverständnis und in ihrem methodischen Vorgehen unterscheiden, orientieren sie sich alle an drei theoretischen Hauptsträngen. Der erste Hauptstrang beschäftigt sich laut Flick mit den individuellen Sinnzuschreibungen und den subjektiven Bedeutungen bestimmter Phänomene. Diese stehen im Zentrum des symbolischen Interaktionismus und der Phänomenologie. Ethnomethodologie und Konstruktivismus können zu einer zweiten Hauptlinie zusammengefasst werden, wobei die Alltagsroutinen und Wirklichkeitskonstruktionen im Fokus stehen. Des Weiteren existiert noch eine dritte theoretische Position, der strukturalistische und psychoanalytische Ansätze zugeordnet werden können. Hierbei stehen latente soziale Strukturen sowie unbewusste psychische Prozesse im Vordergrund (a.a.O., 18). Rosenthal fokussiert bei der Einteilung und Unterscheidung qualitativer Verfahren den Prozess der Hypothesengenerierung und differenziert abduktive, deduktive und induktive Verfahren. Hierbei betont sie, dass ein rekonstruktives Vorgehen durch abduktive und sequenzielle Verfahren am ehesten umgesetzt werden kann. Sowohl Induktion als auch Deduktion zeichnen sich dadurch aus, dass sie mit entwickelten Hypothesen an das Textmaterial herantreten und eine Verallgemeinerung auf numerischen Weg[13] anstreben. Die Deduktion orientiert sich an theoriegeleiteten Hypothesen, die am Material überprüft werden sollen. Bei der Induktion wird versucht Hypothesen, die sich zu Beginn der Textanalyse zeigen, im weiteren Verlauf der Analyse zu belegen. Lediglich die Abduktion verfolgt das Ziel, Hypothesen im Laufe der Auseinandersetzung mit dem Material zu entwickeln und zu überprüfen. Das empirische Phänomen mit seinen möglichen Lesarten steht im Mittelpunkt der Analyse. Anhand des Da-

[13] Die Verallgemeinerung einer Hypothese erfolgt durch den Nachweis bestimmter Kategorien in weiteren Fällen (vgl. Rosenthal 2005, 64).

tenmaterials zeigen sich im weiteren Verlauf der Auswertung bestimmte Lesarten als plausibel, wobei andere als unwahrscheinlich erscheinen (vgl. Rosenthal 2005, 58ff.).

3.1.2 Gütekriterien qualitativer Forschung

Qualitative Forschung orientiert sich an Qualitätsmerkmalen, die eine spätere Bewertung der gewonnenen Ergebnisse durch Dritte ermöglicht (vgl. Steinke 2005, 321ff.). Die Gütekriterien qualitativer Forschung lassen sich laut Steinke in drei Grundpositionen einteilen. Die erste Position ist durch eine Übertragung bzw. Reformulierung der Qualitätskriterien quantitativer Forschung, Objektivität, Reliabilität und Validität[14] auf die qualitative Forschung gekennzeichnet (a.a.O., 319).

Die zweite Grundposition geht davon aus, dass qualitative Forschung eigene Gütekriterien benötigt. Es werden häufig folgende Kriterien diskutiert: Die kommunikative Validierung, die Triangulation, die Validierung der Interviewsituation und die Authentizität. Beim ersten Gütekriterium, der kommunikativen Validierung, bekommt der Proband die Ergebnisse des Forschers vorgelegt, um sie auf ihre Gültigkeit zu prüfen. Das zweite Gütekriterium, die Triangulation, verfolgt das Ziel, Verzerrungen oder einseitige Betrachtungen durch den Einsatz unterschiedlicher Methoden, Datenquellen und Forscher zu vermeiden. Inwieweit die Aussagen der Interviewpartner als wahrheitsgemäß bzw. aufrichtig angesehen werden können, soll durch die Analyse des Interviewverlaufs überprüft werden. An dieser Stelle liegt der Fokus auf der Gestaltung des Arbeitsbündnisses zwischen Forscher und Proband. Es gilt die Annahme, dass Offenheit, Vertrauen, Arbeitsbereitschaft und ein geringes Machtgefälle für wahrheitsgemäße Aussagen des Probanden förderlich sind. Diese Vorgehensweise wird als Validierung der Interviewsituation bezeichnet und stellt das dritte Gütekriterium dar. Die Authentizität als letztes Gütekriterium kann auf unterschiedliche Bereiche bezogen werden. Hierbei ist es unter anderem von zentraler Bedeutung, inwieweit die Aussagen der Probanden angemessen erhoben, systematisch aufeinander be-

[14] Das Gütekriterium Objektivität drückt aus, dass die Ergebnisse einer Untersuchung vom Untersucher unabhängig sind. Die Reliabilität drückt die Zuverlässigkeit des Messverfahrens aus. Ein Untersuchungsverfahren kann als reliabel betrachtet werden, wenn man unter gleichen Untersuchungsbedingungen zu identischen Ergebnissen kommt. Die Validität bezeichnet die Gültigkeit eines Messverfahrens, also inwieweit das Verfahren das Merkmal misst, das es messen soll (vgl. Zimbardo/Gerrig 1999, 559f.).

zogen und durch die kommunikative Validierung mit den Probanden abgeglichen wurden. (a.a.O., 320f.)

Die dritte Position lehnt jegliche Gütekriterien qualitativer Forschung ab. Die postmoderne Perspektive geht davon aus, dass es unmöglich ist Kriterien zu entwickeln, die sich auf ein festes Bezugssystem beziehen. Laut Shotter (1990) ist es im Sinne des sozialen Konstruktivismus ebenfalls unmöglich, einheitliche Kriterien festzulegen, da die Welt sozial konstruiert ist und es somit keine Kriterien gibt, die als allgemein gültiger Maßstab zur Bewertung von Erkenntnisgewinnung dienen können. Auch Denzin (1990) lehnt einheitliche Kriterien ab, da die Forscher der postmodernen Ethnographie ihre Texte in der ersten Person Singular verfassen und dieses Vorgehen seiner Meinung nach dazu führt, dass die Diskrepanz zwischen den beobachteten Personen und der beobachteten Realität aufgehoben wird. Somit verlieren Reliabilität und Validität ihre Gültigkeit. (a.a.O., 321)

Laut Steinke ist diese Grundposition nicht haltbar, da auch für die qualitative Forschung Kriterien bestehen müssen, die zur Bewertung der Forschungsergebnisse beitragen. Nur so kann gesichert werden, dass qualitative Forschung sich nicht der Gefahr der Beliebigkeit und Willkürlichkeit aussetzt (a.a.O., 321f).

Außerdem lehnt Steinke die Übertragung quantitativer Kriterien auf qualitative Forschung ab, da diese Qualitätskriterien für Methoden entwickelt wurden, die einem anderen methodologischen und erkenntnistheoretischen Rahmen verpflichtet sind als qualitative Forschungsvorhaben (a.a.O., 322). Flick verdeutlicht am Beispiel von chronisch-psychischen Krankheiten das unterschiedliche Erkenntnisinteresse der beiden großen Forschungsstränge. Eine Aussage über die Häufigkeit und Verteilung in der Bevölkerung kann mit quantitativen Methoden gewonnen werden (vgl. Flick 2002, 382). Zur Datengewinnung werden hoch standardisierte Methoden und hohe Fallzahlen verwendet (vgl. Steinke 2005, 17). Stehen die subjektiven Sichtweisen der Betroffenen im Fokus, muss qualitativ geforscht werden (vgl. Flick 2002, 382), wobei die Methoden zur Datengewinnung, z.B. Interviews, flexibel und offen gestaltet werden müssen und sich an dem jeweiligen Einzelfall orientieren sollten (vgl. Steinke 2005, 25).

Mruck und Mey zeigen in diesem Zusammenhang explizit auf, dass eine Übertragung der quantitativen Gütekriterien auf qualitative Forschung unmöglich ist. Die Übertragung des Kriteriums Objektivität wird als besonders unangemessen erachtet, da der

Forscher mit seinen subjektiven Einschätzungen nicht als Störfaktor zu betrachten ist, sondern innerhalb des qualitativen Forschungsprozesses als Erkenntnisquelle genutzt wird. Die Reliabilität ist innerhalb der qualitativen Forschung ebenfalls zurückzuweisen, da laut Mayring (1993) die Erhebungssituation als einmaliges Ereignis aufzufassen ist. Sowohl die beteiligten Personen als auch die situativen Bedingungen unterliegen permanenten Entwicklungen und Veränderungen. Die Validität muss innerhalb qualitativer Forschung laut Leggewie (1987) neu definiert werden. Er schlägt vor, die messtechnische Validierung zu verwerfen und den Fokus bei der Validierung von Interviewsituationen auf interpretativ-kommunikative Strukturen zu lenken. Hierbei ist die Konsensherstellung zwischen unterschiedlichen Personengruppen für die Validierung von Interpretationen und Verallgemeinerungen[15] zentral (vgl. Mruck/Mey 2000, 8f.).

Laut Steinke ist es somit notwendig, eigene Gütekriterien qualitativer Forschung zu entwickeln, die dem methodologischen und erkenntnistheoretischen Rahmen qualitativer Forschung Rechnung tragen. Er formuliert ein breit gefächertes System, das eine Vielzahl von Bewertungskriterien qualitativer Forschung abdeckt. Dieser Kernkriterienkatalog soll jedoch lediglich als Orientierungshilfe dienen und muss je nach Fragestellung und Forschungsdesign modifiziert und möglicherweise mit zusätzlichen Bewertungskriterien ergänzt werden (vgl. Steinke 2005, 323ff.).[16]

Das erste Bewertungskriterium wird von Steinke als intersubjektive Nachvollziehbarkeit bezeichnet. Hier ist die Transparenz des Forschungsprozesses das zentrale Merkmal, wodurch die gewonnenen Ergebnisse einer Bewertung durch Dritte unterzogen werden können. Die Dokumentation des Forschungsprozesses ist die Hauptstrategie, mit der das Vorgehen während des Forschungsprozesses genau festgehalten und später rekonstruiert werden kann. Diese Dokumentation umfasst eine Vielzahl von Teilaspekten. Zunächst sollte der Forscher sein Vorverständnis explizit darlegen, da es seine Erwartungshaltung, seine Wahrnehmung und seine Methodenwahl beein-

---

[15] Die Validierung der Interpretation und Verallgemeinerung kann in unterschiedlicher Form stattfinden. Bei der konsensuellen Validierung steht der Konsens zwischen Interpreten einer Auswertungsgruppe im Mittelpunkt. Werden die Ergebnisse den Befragten erneut vorgestellt, um von ihnen eine Rückmeldung zu erlangen, wird von kommunikativer Validierung gesprochen. Die argumentative Validierung zielt auf einen Konsens zwischen Interpreten und außenstehenden Personen, wie z.B. Experten, ab (vgl. Mruck/Mey 2000, 9).

[16] Die Autoren dieser Arbeit orientieren sich im Rahmen ihres Forschungsprozesses an dem von Steinke (2005) dargelegten Kernkriterienkatalog von Gütekriterien qualitativer Forschung.

flusst und sich somit erheblich auf das Gegenstandsverständnis und die Datengewinnung auswirkt (a.a.O., 324). „Die Darstellung des Vorverständnisses ermöglicht es zu entscheiden, ob in der Studie wirklich Neues erkannt wurde, d.h. nicht nur nach der Bestätigung von Ex-ante-Hypothesen gesucht wurde, bzw. ob auch versucht wurde, dieses Vorwissen zu irritieren" (a.a.O., 324f).

Des Weiteren sollte die Erhebungsmethode und ihre Entwicklungsgeschichte sowie Informationen über die Rahmenbedingungen der Interviewsituation dargestellt werden, da diese den Interviewverlauf entscheidend beeinflussen können.

Die Transkriptionsregeln sollten dem Leser ebenfalls zugänglich gemacht werden, da sie verdeutlichen, welche Aspekte der Gesprächssituation schriftlich festgehalten und welche ausgeklammert wurden. Außerdem kann anhand der Verschriftlichung des Interviews festgestellt werden, inwieweit die gewählte Interviewform richtig angewandt wurde.

Die Informationen, die die Grundlage der späteren Analyse darstellen, können aus unterschiedlichen Quellen stammen, z.B. aus wörtlichen Äußerungen des Informanten oder aus Beobachtungen des Forschers. Diese Quellen anzugeben ist ebenfalls von zentraler Bedeutung, da nur so ersichtlich wird, auf welchem Datenmaterial die Interpretationen basieren. Die Dokumentation der Auswertungsmethode ist für die Bewertung der Interpretationen ebenfalls ausschlaggebend, da so nachvollzogen werden kann, ob die Methode korrekt angewandt wurde.

Abschließend sollten die Entscheidungsprozesse und Probleme, die mit dem Forschungsvorhaben verknüpft waren, offen gelegt und alle Qualitätskriterien, an denen sich das Forschungsvorhaben orientierte, dokumentiert werden (a.a.O., 325).

Als zweiten zentralen Punkt zur Herstellung intersubjektiver Nachvollziehbarkeit nennt Steinke die Interpretation in Gruppen. Dabei werden die Daten und Interpretationsmöglichkeiten unter den Forschern diskutiert. Eine erweiterte Form stellt das „peer debriefing" dar, bei dem die Daten mit Kollegen außerhalb der Forschungsgruppe diskutiert werden.

Die Anwendung kodifizierter Verfahren ist der letzte Ankerpunkt intersubjektiver Nachvollziehbarkeit. Das Bestreben qualitativer Forschung ist hierbei, Methoden und Verfahren zu verwenden, die trotz mangelnder Standardisierbarkeit regelgeleitet sind und somit ein systematisches Vorgehen ermöglichen. Das wiederum erleichtert den

Nachvollzug und die Kontrolle der Untersuchung. Zu diesen Methoden zählt unter anderem die Grounded Theory (a.a.O., 323ff.).

Das zweite Kernkriterium zur Bewertung qualitativer Forschung bezeichnet Steinke als Indikation des Forschungsprozesses. Der gesamte Forschungsprozess wird auf seine Angemessenheit gegenüber dem Forschungsvorhaben überprüft. Dabei unterscheidet er sechs Indikationspunkte. 1. Die Indikation des qualitativen Vorgehens angesichts der Fragestellung zielt darauf ab zu überprüfen, ob zur Beantwortung der Fragestellung eher eine qualitative oder eher eine quantitative Herangehensweise sinnvoll ist. 2. Die Indikation der Methodenwahl überprüft, inwieweit der Untersuchungsgegenstand mit den verwendeten Methoden angemessen erhoben und ausgewertet werden konnte. 3. Die Indikation von Transkriptionsregeln setzt sich damit auseinander, wie genau Transkriptionen sein müssen. Bruce (1992) verweist darauf, dass Transkriptionen eine leichte Handhabbarkeit für den Transkribierenden, eine gute Lesbarkeit, eine schnelle Erlernbarkeit und Interpretierbarkeit des verschriftlichten Gespräches ermöglichen sollen. 4. Die Indikation der Samplingstrategie setzt sich damit auseinander, inwieweit ertragreiche Fälle oder Untersuchungssituationen ausgewählt wurden. 5. Die Indikation der methodischen Einzelentscheidungen im Kontext der gesamten Untersuchung fokussiert die Passungsfähigkeit von Erhebungs- und Auswertungsverfahren sowie die Berücksichtigung der vorhandenen zeitlichen, materiellen und personellen Ressourcen bei der Erstellung des Forschungsdesigns. 6. Die Indikation der Bewertungskriterien betrachtet die Angemessenheit der Qualitätskriterien, an denen sich die jeweilige Untersuchung orientiert hat (a.a.O., 326ff.).

Das dritte Kernkriterium bezeichnet Steinke als empirische Verankerung. Die Generierung von Hypothesen und Theorien aus dem Datenmaterial heraus zeichnet dieses Kriterium aus. Die Theorien sollten somit eng mit dem Datenmaterial verknüpft sein, z.B. mit den subjektiven Sicht- und Handlungsweisen der Probanden. Außerdem müssen die Hypothesen und Forschungsfragen der Forscher so offen gestaltet sein, dass sie je nachdem, was in dem Datenmaterial entdeckt wird, modifiziert werden können und somit der Blick für neue Aspekte des Forschungsgegenstandes nicht versperrt wird (a.a.O., 328).

Mit dem Bereich der Theorienbildung eng verknüpft ist auch das Kernkriterium der Limitation. Hierbei wird die Verallgemeinerbarkeit der aus dem Forschungsprozess heraus entwickelten Theorie überprüft. Es ist entscheidend, inwieweit diese auf andere Kontexte, Phänomene, Situationen etc. übertragen werden kann. (a.a.O., 329ff.)

Qualitative Untersuchungen sind statistisch nicht repräsentativ, da sie keine Aussagen über die Häufigkeit bestimmter Phänomene innerhalb einer bestimmten Grundgesamtheit treffen können und die Bedeutsamkeit eines Phänomens nicht durch seine Häufigkeit begründen. Jedoch strebt qualitative Forschung die Rekonstruktion der Wirksamkeit bestimmter Phänomene in konkreten Kontexten an (vgl. Rosenthal 2005, 25f.). In diesem Zusammenhang wirft Hermanns den Begriff der theoretischen Repräsentativität auf, da „qualitative Studien ihrem Anspruch nach repräsentativ für das Spektrum empirisch begründeter theoretischer Konzepte (sind), in dem sich die empirischen Gegebenheiten angemessen abbilden lassen" (Hermanns 1992, 116 zitiert nach Rosenthal 2005, 26).

Außerdem muss eine Theorie auf ihre Kohärenz hin überprüft werden. Hierfür müssen Widersprüche und ungelöste Fragen behandelt und dargestellt werden. Schließlich steht auch immer die Relevanz einer neu entwickelten Theorie als ein Kernkriterium zur Debatte, wobei überprüft wird, inwieweit Theorien neue Deutungen oder Erklärungen für ein Phänomen liefern oder Problemlösungen anregen. Als letztes Kernkriterium nennt Steinke die reflektierte Subjektivität, die dadurch gekennzeichnet ist, dass der Forscher mit seinen Vorannahmen, biografischen Erfahrungen, kommunikativen Fähigkeiten etc. in den Fokus rückt, da diese einen entscheidenden Einfluss auf den Forschungsprozess nehmen (vgl. Steinke 2005, 330f.).

3.1.3 Zum Verhältnis von erlebten und erzählten Lebensgeschichten

Die Bedeutsamkeit wahrheitsgemäßer Aussagen wird von Billmann-Mahecha anhand der Authentizität erzählter Lebensgeschichten diskutiert. Unter Authentizität versteht sie die Glaubwürdigkeit und Zuverlässigkeit von Aussagen, wobei sie beides sowohl auf den Forscher als auch auf den Informanten bezieht. Billmann-Mahecha betrachtet den Authentizitätsbegriff unter folgenden drei Gesichtspunkten: Der Datengenerierung, der Zuverlässigkeit von Erzähldaten und der damit verknüpften Unterscheidbarkeit von erzählten fiktionalen Darstellungen und tatsächlich Erlebtem. Sie bezieht sich auf alle erzählanalytischen Verfahren und stellt das narrative Interview nach Schütze beispielhaft dar (vgl. Billmann-Mahecha 1996, 111f.).

Bezogen auf den Bereich der Datengenerierung wird Authentizität dann als gegeben betrachtet, wenn eine natürliche Erhebungssituation geschaffen wurde. Diese beinhaltet nach Lamnek (1989), dass die Erhebung im natürlichen Lebensumfeld des Forschungspartners und mit alltagsnahen Methoden stattfindet. Mit dem ersten Punkt wird die Alltagswelt des Probanden angesprochen, wobei diese durch gesellschaftliche Einflüsse und individuelle Interpretationen bereits geprägt ist. Der zweite Teilaspekt bezieht sich auf die Offenheit und Orientierung der Methode gegenüber dem Forschungsgegenstand, damit dieser angemessen erfasst werden kann. Jedoch muss davon ausgegangen werden, dass selbst qualitative Interviews, die den Prinzipien der natürlichen Erhebungssituation entsprechen, für den Erzähler eine künstliche Erzählsituation darstellen. Somit ist es nicht möglich innerhalb von Interviews, die zu Forschungszwecken durchgeführt werden, eine alltägliche Erzählsituation für den Befragten herzustellen. (a.a.O., 112f.)

Außerdem verweist Billmann-Mahecha darauf, dass das Datenmaterial nicht nur durch die künstliche Erhebungssituation geprägt ist, sondern auch durch die zahlreichen kognitiven Verarbeitungsschritte[17], denen Erfahrungen und Beobachtungen unterliegen, bis sie in der Interviewsituation erzählt werden. Somit wird in der Interviewsituation nie das tatsächlich Erlebte zugänglich gemacht, sondern lediglich die subjektiven Sichtweisen der Befragten auf das Erlebte. Billmann-Mahecha beschreibt dies als den konstruktiven Charakter von Erzähldaten. Des Weiteren ist es von zentraler Bedeutung, dass nicht die eigentliche Interviewsituation analysiert wird, sondern die im Anschluss angefertigte Transkription. Hierbei kann sich der Forscher dem dynamischen Gesprächsverlauf mit seinen paraverbalen Äußerungen oder situativen Begleitumständen durch den Einsatz von Transkriptionsregeln lediglich annähern, ihn jedoch nicht exakt wiedergeben. Dies hat stets eine Verzerrung der Interviewsituation zur Folge (a.a.O., 114f.).

Als weiteren Ankerpunkt in der Diskussion von Authentizität betrachtet Billmann-Mahecha die Zuverlässigkeit von Erzähldaten. Sie unterscheidet drei Teilaspekte, die jedoch nur im Gesamtzusammenhang zu betrachten sind. Es sind die Qualität des Erhebungsinstruments, die Zuverlässigkeit des Interviewers und die Zuverlässigkeit des Erzählers. Sie verweist zudem darauf, dass kein Erhebungsinstrument das „tatsächlich Geschehene“ erfassen kann, da die Rekonstruktion von Vergangenheit, wie oben

---

[17] Schwemmer (1990) differenziert für die alltägliche Weltwahrnehmung mindestens fünf Erfahrungsebenen: 1. Ebene der biologisch-physiologischen Reaktion, 2. Ebene der voraufmerksamen Wahrnehmung, 3. Ebene der aufmerksamen Wahrnehmung, 4. Ebene der alltäglichen (Teil-)Versprachlichung (erste symbolische Fixierung), 5. Ebene der vollen Versprachlichung/Verschriftlichung, aus der folgt, dass die Erfahrung zum Text wird (vgl. Billmann 1996, 114)

beschrieben, eine Vielzahl von kognitiven Verarbeitungsschritten durchläuft und somit nie in ihrer erlebten Form wiedergegeben werden kann. Außerdem sind lebensgeschichtliche Erzählungen zu einem großen Teil situativ beeinflusst und können somit zu einem anderen Interviewzeitpunkt vom Erzähler anders gestaltet werden (a.a.O., 116ff.).

Der Interviewer nimmt erheblichen Einfluss auf den dynamischen Gesprächsverlauf, da neben seinem Forschungsinteresse und seinen kommunikativen Fähigkeiten auch die subjektiven Sinnstrukturen des Forschers einfließen. Diese haben sich aufgrund seiner eigenen Erfahrungswelt ausgebildet und machen jede Interviewsituation zu einem einmaligen Ereignis (a.a.O., 118f.).

Schließlich fokussiert Billmann-Mahecha die Zuverlässigkeit der Aussagen der Probanden und verweist erneut darauf, dass die vergangenen Erlebnisse lediglich rekonstruiert werden können, jedoch in ihrer „tatsächlich erlebten“ Form verloren sind. Eine Annäherung an das tatsächliche Geschehen könnte durch den Vergleich mit Erzählungen anderer Probanden oder externen Quellen stattfinden. Das Ergebnis eines solchen Vergleichs bezeichnet sie als konsenstheoretische Wahrheit. Allerdings sind Unstimmigkeiten zwischen den Informationsquellen dann kein Beleg dafür, dass der Proband die Unwahrheit sagt, da der Blick auf ein bestimmtes Phänomen stets von den subjektiven Wahrnehmungen und den kognitiven Verarbeitungsprozessen des Individuums abhängt. Diese Ausführungen legen die Schlussfolgerung nahe, den Wahrheitsbegriff als unbrauchbar zu verwerfen und stattdessen von der Glaubwürdigkeit des Erzählers zu sprechen. Um diese Glaubwürdigkeit zu beurteilen, kann sowohl die Reflexion der Interviewsituation durch den Interviewer als auch eine entsprechende Textanalyse sinnvoll sein. Widersprüche, Auslassungen oder Unstimmigkeiten können Anhaltspunkte für die Unglaubwürdigkeit von Erzählungen sein (a.a.O., 120).

Stehen jedoch die subjektiven Deutungsmuster und Sinnstrukturen, welche die Befragten in Bezug auf ihre Lebensgeschichte entfalten, im Fokus des Erkenntnisinteresses, verliert der Aspekt der Glaubwürdigkeit an Bedeutung. Somit ist dann nicht mehr relevant, ob eine Erzählung als glaubwürdig betrachtet werden kann, sondern inwieweit Erzählung und Erzählstruktur des Probanden Aufschluss über die Bedeutsamkeit von bestimmten Erlebnissen geben. Hierbei scheint es so zu sein, dass das tatsächlich Erlebte und fiktionale Anteile stets in einem wechselseitigen Verhältnis zueinander stehen, da die Fiktionen[18] meist auf die Erfahrungs- und Wahrnehmungswelt des Erzählers verweisen. Sie können unter anderem Hinweise darauf geben, welches Selbst- und Fremdbild der Erzähler hat. Auch die Beschreibung von Alltagsroutinen oder wiederkehrenden Erfahrungen können vom Erzähler stark abstrahiert werden und somit auch fiktionale Anteile enthalten. Dennoch verweisen sie auf bedeutsame Deutungs- und Sinnstrukturen innerhalb der erzählten Lebensgeschichte (a.a.O., 121).

Die dargestellten Ausführungen verdeutlichen, dass die Frage nach der Authentizität von erzählten Lebensgeschichten aus unterschiedlichen Perspektiven betrachtet werden kann. Diese lassen sich in die drei Bereiche Datengenerierung, Zuverlässigkeit von Erzähldaten und die damit verknüpfte Unterscheidbarkeit von erzählten, fiktionalen Darstellungen und tatsächlich Erlebtem gliedern. An dieser Stelle wird deutlich, dass der Anspruch von Authentizität in erzählten Lebensgeschichten in einer formalisierten Form nicht zu erfüllen ist. Vielmehr kommt es darauf an, die unterschiedlichen Einflussfaktoren, die auf den Prozess der Datengewinnung und Datenanalyse Einfluss nehmen, zu berücksichtigen und sich zu verdeutlichen, dass das Ziel qualitativer Interviews nicht in der Erlangung wahrheitsgemäßer Erfahrungsberichte liegt, sondern in der Annäherung an die subjektiven Deutungsmuster und Sinnstrukturen der befragten Personen. Diese spiegeln sich in ihren konstruierten Lebensgeschichten wider (a.a.O., 122ff.).

3.2 Dokumentation des Forschungsprozesses

Entsprechend des Qualitätskriteriums der intersubjektiven Nachvollziehbarkeit wird im Folgenden der Forschungsprozess dokumentiert, wobei das theoretische Vorverständnis bereits im ersten Teil dieser Arbeit dargelegt wurde. Im Zentrum des Forschungsinteresses stehen die Beziehungs- und Konfliktdynamiken von adoleszenten Mädchen und Jungen im Kontext der stationären Erziehungshilfe, die durch die (Re)konstruktion ihrer Lebensgeschichten erschlossen werden sollen. Aus dem bereits beschriebenen Erkenntnisinteresse heraus ergaben sich folgende Kernkriterien,

---

[18] Nach Schröder (1992) kann Geschichte stets als Fiktion betrachtet werden, da alle Zusammenhänge, die man erkennt und darstellt, zum aktuellen Zeitpunkt nicht mehr aufzufinden sind. Bezieht man dies auf Lebensgeschichten, so können diese ebenfalls als fiktiv betrachtet werden (vgl. Billmann-Mahecha 1996, 122).

welche die zu befragenden Personen erfüllen sollten. Adoleszente Mädchen und Jungen in der Altersspanne zwischen dreizehn und achtzehn Jahren, die zum Befragungszeitpunkt im Heim lebten, bildeten die Gruppe der Interviewpartner. Die Suche nach einer Institution, die unserem Forschungsvorhaben offen gegenüber stand, erwies sich als äußerst schwierig. Aus diesem Grund erweiterten wir unsere Suche auf den gesamten norddeutschen Raum. Wir kontaktierten die Institutionen zunächst telefonisch, um unser Forschungsvorhaben der Heimleitung vorzutragen. Auf Wunsch legten wir dieses auch schriftlich nieder. Leider war Interesse seitens der Heimleitung eine Seltenheit.

Als häufigster Grund für eine Ablehnung wurde genannt, dass im Heim lebende Jugendliche, die sich in einer schwierigen sozial-emotionalen Lage befänden, nicht interviewfähig wären. Außerdem wurde vermehrt angeführt, dass diese intellektuell nicht dazu in der Lage wären, ein Interview durchzuführen. Ein weiterer Ablehnungsgrund war die bereits stattfindende Durchführung von Biografiearbeit zum Befragungszeitpunkt. Eine zusätzliche Befragung hätte eine emotionale Überforderung nach sich ziehen können. Dennoch brachten diese Institutionen zum Ausdruck, dass sie zu einem anderen Zeitpunkt gerne bereit wären, unsere Studie zu unterstützen. Schließlich fanden wir eine Institution, die ein großes Maß an Kooperationsbereitschaft aufwies. Wir erhielten die Möglichkeit, mehrere Interviews durchzuführen, wobei wir uns dazu entschlossen, drei dieser Interviews auszuwerten. Hierbei ist unter anderem zu erwähnen, dass uns die Interviewpartner durch die Heimleitung zugewiesen wurden. Die Kontaktaufnahme geschah zunächst in Form eines telefonischen Gesprächs mit den unterschiedlichen Gruppenleitern. Diese wurden von uns gebeten, die Jugendlichen zu fragen, ob sie bereit wären, mit uns über ihre Lebensgeschichte zu sprechen. Sie vereinbarten auch meist die Termine mit den Jugendlichen. Leider mussten wir bei den Interviewterminen häufig feststellen, dass die Heranwachsenden nichts von dem Termin wussten. Trotzdem haben sich in dieser Situation alle für die Interviewdurchführung entschieden.

Die Länge des Interviews lag zwischen 60 und 90 Minuten. Die Interviewführung orientierte sich an einem im Vorfeld entwickelten Leitfaden, der jedoch lediglich als Hintergrundfolie für das Gespräch diente. Als Ort, an dem die Interviews stattfanden, wählten wir einen möglichst gemütlichen Raum im Heim, um eine angenehme Gesprächsatmosphäre zu schaffen und einer natürlichen Erhebungssituation nahe zu kommen. Vor dem Interview wurden die Jugendlichen über die Anonymisierung des

Gesprächs aufgeklärt und durften sich einen Anonymisierungsnamen aussuchen. Sie wurden auch darüber informiert, dass das Tonband jederzeit ausgeschaltet werden konnte und auf Wunsch Pausen eingelegt werden konnten.

Als Interviewform wurde das problemzentrierte Interview nach Witzel (1982) gewählt, worauf im Folgenden näher eingegangen wird. Daran angelehnt wurden nach jedem Interview ein Kurzfragebogen und ein Postskriptum eingesetzt. Außerdem wurde vor jedem Gespräch ein Präskriptum angefertigt, welches alle Gefühle, Gedanken etc. des Interviewers beinhaltete und nach Jaeggi, Faas und Mruck (1998) Aufschluss über die Entwicklung von bestimmten Interpretationsideen liefern können sollte.

3.2.1 Diskussion zur Wahl der Interviewform

Innerhalb der qualitativen Forschung nehmen verbale Daten in Form von Interviews oder Gruppendiskussionen einen zentralen Stellenwert ein. Nur über Gesprächssituationen können subjektive Bedeutungen erschlossen werden. Dies können Beobachtungsmethoden nicht leisten (vgl. Mayring 2002, 66).

Laut Friebertshäuser wird ein Interview wie folgt definiert: „Als Interview wird eine verabredete Zusammenkunft bezeichnet, die sich in der Regel als direkte Interaktion zwischen zwei Personen gestaltet, die sich auf der Basis vorab getroffener Vereinbarungen und damit festgelegter Rollenvorgaben als Interviewender und Befragter begegnen. Die Interviewtechniken, die der Interviewer einsetzt, dienen der Erhebung verbaler Daten, der Hervorlockung von Auskünften und Erzählungen der Befragten." (Friebertshäuser 1997, 374)

In der Regel existieren drei große Stränge, nach denen die unterschiedlichen Interviewformen kategorisiert werden. Dies sind die strukturierten, die unstrukturierten und die teil- bzw. semistrukturierten Interviewverfahren. Die strukturierten Interviews geben sowohl die Fragen als auch die Antwortmöglichkeiten z.B. in Form eines Fragebogens komplett vor. So soll eine hohe Vergleichbarkeit zwischen den Interviews hergestellt werden, mit dem Ziel, die gewonnenen Ergebnisse aus der Stichprobe auf die Grundgesamtheit zu übertragen. In unstrukturierten Interviews strukturieren die Befragten das Interview und nicht die Forscher, da weder Fragen noch Antwortmöglichkeiten im Vorfeld festgelegt werden. So hat der Interviewte die Möglichkeit, die für ihn relevanten Themen anzusprechen. Hierbei steht die Einzelfallbeschreibung und nicht die Generalisierung von Ergebnissen im Vordergrund. Beispielhaft kann an dieser Stelle das narrative Interview genannt werden. Der dritte große Strang von Interviewformen umfasst die teil- bzw. semistrukturierten Verfahren, bei denen das Thema im Vorfeld bereits umrissen und somit eingegrenzt wird. Es existieren vorformulierte Fragen, deren Einsatz sich jedoch am Gesprächsverlauf orientiert. Außerdem wird auf vorgegebene Antwortmöglichkeiten verzichtet. Die Fragen sollen dem Interviewten als Impuls dienen, um eine Erzählung zu entwickeln, aus der die subjektiven Bedeutungszuschreibungen ersichtlich werden (vgl. Reinders 2005, 98f.).

Das problemzentrierte Interview ist den teilstrukturierten Interviewformen zuzuordnen (a.a.O., 117). Es eignet sich in besonderem Maße, um Interviews mit Jugendlichen durchzuführen, da die Eingrenzung des Themenbereichs die Befragten dabei unterstützt, ihre Gedanken auf bestimmte Aspekte zu konzentrieren. Außerdem kann der Leitfaden als Strukturierungshilfe dienen, um einen kontinuierlichen Erzählfluss in Gang zu halten, da Jugendliche häufig dazu neigen, Fragen mit „ja", „nein" oder „ich weiß nicht" zu beantworten (a.a.O., 123).

Schütze vertritt in Bezug auf das narrative Interview die Position, dass jede Person die Fähigkeit zur Erzählung besitzt und somit grundsätzlich dazu in der Lage ist eine Erzählung zu beginnen, fortzuführen und zu einem Ende zu bringen. Er bezeichnet dies als narrative Kompetenz (a.a.O., 104) und verweist auf drei Erzählzwänge, die zu einer grundsätzlichen Erzählfähigkeit jedes Individuums beitragen. Dies sind der Gestaltschließungszwang, der Kondensierungszwang und der Detaillierungszwang[19] (a.a.O., 107). Nach Lamnek wirken sich jedoch die Sozialisation und Persönlichkeit eines Individuums entscheidend auf seine narrative Kompetenz aus (vgl. Lamnek, 1995, 73). Es existieren maßgebliche Unterschiede zwischen einzelnen Individuen zum Beispiel in Bezug darauf, inwieweit sie sich dabei wohl fühlen frei zu erzählen oder welche kognitiven Fähigkeiten sie mitbringen, um eine längere, eigenständige Erzählung zu strukturieren und zu begründen. Außerdem müssen sie in der Lage sein sich an Erlebnisse und damit verbundene Ereignisse zu erinnern und diese zu explizieren. Diese Kriterien treffen in besonderem Maße natürlich auch auf Jugendliche

---

[19] Der Gestaltschließungszwang führt zu einer Darstellung, die in sich schlüssig ist. Der Kondensierungszwang hat eine Verdichtung der Erzählung zur Folge, da für die Erzählung nur ein begrenzter Zeitraum zur Verfügung steht und gleichzeitig die Erzählung für den Interviewer nachvollziehbar gestaltet werden muss. Der Detaillierungszwang veranlasst den Erzähler dazu, bestimmte Hintergrundinformationen zum Verständnis der Erzählung ebenfalls zu berichten (vgl. Friebertshäuser 1997, 387).

zu. Des Weiteren muss die adoleszenzspezifische Besonderheit dieser Lebensphase berücksichtigt werden, die zu einem zurückhaltenden Erzählverhalten führen kann (vgl. Reinders 2005, 108). Hierzu schreibt Diezinger, dass Jugendliche gerade erst beginnen, ihr Leben eigenständig zu gestalten und es für sie somit schwer ist, Erfahrungen aus unterschiedlichen Lebensbereichen und zeitlichen Kontexten zu einer einheitlichen Lebensgeschichte zusammenzufügen. Ein weiteres adoleszenzspezifisches Merkmal stellt ihre erst gering ausgeprägte autobiografische Reflexionsfähigkeit dar, da sie sich vorrangig mit aktuellen Ereignissen und Zukunftsvorstellungen beschäftigen (vgl. Diezinger 1995, 272). Schütze vertritt den Standpunkt, dass man durch die Form des narrativen Interviews einen Zugang zu den tatsächlichen Erfahrungen und Ereignissen im Leben der interviewten Person erlangen kann. Der (re)konstruktive Charakter erzählter Daten, die wiederum durch die Erhebungssituation maßgeblich geprägt sind, wird hierbei ausgeklammert (vgl. Flick 2002, 157).

Ein weiterer Punkt, der bei biografischen Erzählungen Berücksichtigung finden muss, ist der Einfluss traumatischer Erlebnisse auf die Erzählkompetenz des Befragten. Diese können dazu führen, dass das eigene Leben als zerrissen und fragmentiert wahrgenommen wird und es somit erheblicher Anstrengungen bedarf, um die Lebensgeschichte als Ganzes und nicht nur einzelne Phasen wahrzunehmen und darzustellen. Gabriele Rosenthal bezeichnet dieses Phänomen als zerstörten Lebenszusammenhang, was eine partielle oder vollkommene Ausklammerung bestimmter Lebensabschnitte aus der Biografie zur Folge haben kann (vgl. Rosenthal 1995, 120ff.). „Ebenso versinken ganze Lebensphasen in den Bereich der Sprachlosigkeit und sind dem Biographen nur in einzelnen Bruchstücken, Bildern und Stimmungen zugänglich.“ [20] (a.a.O., 121)

3.2.2 Das problemzentrierte Interview als Erhebungsverfahren

Aufgrund der im vorangegangenen Kapitel geführten Diskussion wurde das problemzentrierte Interview nach Andreas Witzel als Erhebungsverfahren gewählt, da die im Rahmen unseres Forschungsvorhabens interviewten Personen sich in der Adoleszenz

[20] An dieser Stelle sind die Autoren dieser Arbeit der Ansicht, dass das Phänomen des zerstörten Lebenszusammenhangs nach Rosenthal sowohl im narrativen als auch im problemzentrierten Interview zum Tragen kommen kann, wobei das narrative Interview durch seine offenere Gestaltung die Ausklammerung bestimmter Lebensphasen und Lebensereignisse eher ermöglicht.

befinden und aufgrund ihrer Lebensgeschichte und des aktuellen Heimaufenthalts vermutlich vermehrt mit traumatischen Erlebnissen konfrontiert wurden.

Witzel entwickelte das problemzentrierte Interview im Rahmen seiner Dissertation mit dem Titel „Das problemzentrierte Interview. Eine methodologisch-methodische Begründung eines qualitativen Erhebungs- und Auswertungsverfahrens der empirischen Sozialisationsforschung“ (vgl. Witzel 1982, 8). Das Ziel dieser Interviewform besteht in der Erfassung von individuellen und kollektiven Handlungsstrukturen und Verarbeitungsmustern gesellschaftlicher Realität. Hierbei steht jeweils eine gesellschaftliche Problemstellung im Fokus der Betrachtung. Witzel verdeutlicht dies exemplarisch an der Berufsfindungsphase von Haupt- und Realschülern unter der besonderen Berücksichtigung ihrer familiären Sozialisation. Sowohl die Schulabgänger als auch ihre Eltern wurden zu diesem Problemfeld befragt (a.a.O., 67f.).

Die Ethnomethodologie und der symbolische Interaktionismus sind der theoretische Rahmen des problemzentrierten Interviews. Beide Stränge legen ihren Fokus auf die Bedeutung von Wirklichkeitskonstruktionen als kollektive und individuelle Leistung. Diese sollen durch die Äußerungen der Interviewten im Laufe des Forschungsprozesses erschlossen werden (vgl. Friebertshäuser 1997, 379f.).

Das problemzentrierte Interview orientiert sich an dem theoriegenerierenden Charakter der Grounded Theory. Hierbei werden Theorien aus dem Datenmaterial heraus entwickelt und nicht der Versuch unternommen, die gewonnenen Daten in eine bereits bestehende Theorie hineinzupressen. Somit wird von der Idee Abstand genommen, theoretische Vorannahmen lediglich am Datenmaterial zu überprüfen. Dennoch spielt die Offenlegung des vorhandenen Vorwissens eine zentrale Rolle, da dieses einen entscheidenden Einfluss auf den Forschungsprozess, insbesondere bei der Konzeption des Fragenkatalogs, nimmt (vgl. Witzel 2000, 1).

Das problemzentrierte Interview orientiert sich an drei Grundprinzipien: der Problemzentrierung, der Gegenstandsorientierung und der Prozessorientierung. Die Problemzentrierung impliziert einerseits die Orientierung an einer gesellschaftlich relevanten Problemstellung, andererseits wird damit die Organisation des Erkenntnis- oder Lernprozesses charakterisiert, der zu bestimmten Vorinterpretationen[21] führt.

---

21 Bereits während der Erhebungsphase interpretiert der Interviewer die Informationen, wodurch Vorinterpretationen entstehen, die sich auf die anschließende Interpretationsphase auswirken (vgl. Witzel 1982, 71).

Der Interviewer versucht aufgrund von Vorkenntnissen die Aussagen der Befragten zu verstehen und am Problem orientierte Fragen bzw. Nachfragen zu stellen. Gleichzeitig versucht er die subjektiven Sichtweisen des Befragten zu interpretieren und die Kommunikation immer präziser auf das Forschungsproblem zuzuspitzen (a.a.O., 2). Hopf (1991) gibt allerdings zu bedenken, dass grundsätzlich jede Interviewform eine bestimmte Problemstellung fokussiert (vgl. Flick 1996, 108).

Das Prinzip der Gegenstandsangemessenheit betont die Flexibilität der Methode gegenüber den unterschiedlichen Anforderungen des Untersuchungsgegenstands. Damit ist das problemzentrierte Interview Teil einer Methodenkombination. Bei Bedarf kann es mit weiteren Methoden wie der Gruppendiskussion, der biografischen Methode, aber auch standardisierten Fragebögen kombiniert werden. Die Prozessorientierung bezieht sich auf den gesamten Forschungsprozess, nimmt aber insbesondere die Vorinterpretationen des Forschers in den Blick. Damit verknüpft ist ein sensibler und akzeptierender Umgang des Forschers mit dem Befragten, wodurch eine Gesprächsatmosphäre gefördert wird, die dem Befragten das Gefühl vermittelt, in seiner Problemsicht ernst genommen zu werden. Dadurch soll Vertrauen entstehen, das die Erinnerungsfähigkeit und Selbstreflexion fördert. So können die Befragten im Laufe des Interviews immer neue Aspekte zum gleichen Thema, Korrekturen der vorangegangenen Aussagen, Widersprüchlichkeiten etc. entwickeln (vgl. Witzel 2000, 2ff.). Die Prozessorientierung umfasst also sowohl die Entwicklung des Verstehensprozesses in Form von Vorinterpretationen als auch die Entwicklung einer von Vertrauen gekennzeichneten Kommunikationsstruktur, die den Selbstverständnisprozess des Befragten anregt (vgl. Witzel 1982, 71).

Das problemzentrierte Interview arbeitet mit vier Instrumenten, die seine Durchführung unterstützen:

1. Der Kurzfragebogen hat die Funktion, wichtige Eckdaten abzufragen und somit das Gespräch von Frage-Antwort-Schemata zu entlasten. Außerdem kann er nützliche Informationen für die Formulierung eines angemessenen Gesprächseinstiegs liefern.

2. Durch die Tonträgeraufzeichnung kann der Kommunikationsprozess authentisch und präzise erfasst und im Anschluss transkribiert werden. Der Interviewer kann sich somit auf das Gespräch, situative Bedingungen und nonverbale Äußerungen konzentrieren.

3. Der Leitfaden dient als Gedächtnisstütze für den Interviewer und soll das Gespräch als Hintergrundfolie begleiten sowie die Vergleichbarkeit der Interviews sichern.

4. Im Anschluss an jedes Gespräch ist vom Interviewer ein Postskriptum über Gesprächsinhalte, situative oder nonverbale Aspekte sowie Themenschwerpunkte des Befragten anzufertigen. Zusätzlich werden spontane Interpretationsideen notiert, die später in die Auswertung einfließen (vgl. Witzel 2000, 3).

Der Interviewverlauf ist durch spezifische Strategien gekennzeichnet. Nach der Phase der Kontaktaufnahme beginnt der Interviewer das Gespräch durch eine vorformulierte Einleitungsfrage, mit der das Interview auf das zu untersuchende Problem zentriert werden soll. Gleichzeitig sollte die Frage so offen gestaltet sein, dass der Befragte bei der Beantwortung genug Gestaltungsfreiheit hat. Zur Anregung der Erzählung werden weitere erzählungsgenerierende Kommunikationsstrategien wie allgemeine Sondierungen und Ad-hoc-Fragen eingesetzt. Unter allgemeinen Sondierungen versteht man das Aufgreifen von thematischen Aspekten einer Erzählsequenz des Befragten durch den Interviewer. Durch diese Nachfragen kann der Interviewer den Grad der Detaillierung der angesprochenen Thematik regulieren. Hierbei ist es sinnvoll, Erfahrungsbeispiele oder biografische Episoden hervorzulocken, da diese die Erinnerungsfähigkeit besonders anregen. Allgemeine Sondierungen dienen dazu, die subjektive Problemsicht des Befragten allmählich offen zu legen. Dies wird auch als Prinzip der Offenheit oder Induktion beschrieben. Ad-hoc-Fragen werden notwendig, wenn bestimmte Themenbereiche, die unter anderem die Vergleichbarkeit der Einzelinterviews sichern, nicht angesprochen wurden. Sie ergeben sich z.B. aus Stichwörtern im Leitfaden oder können auch standardisierte Fragen beinhalten, die erst am Ende des Hauptteils gestellt werden, um eine Frage-Antwort-Situation zu vermeiden (a.a.O., 4).

Des Weiteren ist der Gesprächsverlauf von verständnisgenerierenden Kommunikationsstrategien geprägt. Durch unterschiedliche Formen der spezifischen Sondierung kommt das Prinzip der Deduktion zum Ausdruck. Der Interviewer macht sich vorhandenes oder während des Interviews erworbenes Wissen zu Nutze, zum Beispiel in Form von Zurückspiegelung von Äußerungen der Befragten. Dabei wird die Selbstreflexion der Interviewten gefördert und sie erhalten die Möglichkeit ihre eigene Sichtweise aufgrund der Unterstellung durch den Interviewer zu revidieren. Bei ausweichenden oder widersprüchlichen Antworten werden klärende Verständnisfragen eingesetzt. Durch Konfrontationen wiederum sollen Detaillierungen von Sichtweisen der Befragten gefördert werden. Ein gutes Vertrauensverhältnis ist hierfür Vorraussetzung, damit keine Rechtfertigung provoziert wird (a.a.O., 4ff.).

Der Erkenntnisgewinn im problemzentrierten Interview vollzieht sich demnach durch ein induktiv-deduktives Wechselspiel sowohl in der Erhebungs- als auch in der Auswertungsphase. Einerseits regen entsprechende Kommunikationsstrategien die Darstellung der subjektiven Problemsicht an, andererseits dienen die leitfadengestützten Nachfragen zur Durchführung eines problemzentrierten Dialogs, wodurch die Aufhebung des Gegensatzes zwischen Theoriegeleitetheit und Offenheit angestrebt wird (a.a.O., 1).

3.2.3 Das Auswertungsverfahren

Dem Grundprinzip der Gegenstandsangemessenheit und Offenheit folgend wurden zur Auswertung des Interviewmaterials mehrere Methoden miteinander kombiniert. Die Grounded Theory diente als forschungsleitendes Denkmodell und kann somit als Hintergrundfolie des gesamten Forschungsprozesses betrachtet werden. Die Auswertungsschritte der Grounded Theory erweisen sich jedoch für kleinere Forschungsprojekte meist als zu umfänglich (vgl. Jaeggi/Faas/Mruck 1998, 4). Aus diesem Grund wurden Elemente der Grounded Theory mit dem Verfahren des zirkulären Dekonstruierens verknüpft, welches sich für oben genannte Forschungsvorhaben eher eignet und von Jaeggi, Faas und Mruck in Anlehnung an die Grounded Theory entwickelt wurde[22]. In der konkreten Phase der Textinterpretationen diente die rekonstruktive Fallanalyse nach Gabriele Rosenthal (1995) als Orientierung.

---

22 Außerdem bestehen laut Jaeggi, Faas und Mruck (1998) Bezüge zu weiteren Erhebungs- und Auswertungsverfahren z.B. dem von Andreas Witzel (1996). Witzel vertritt ein Auswertungsverfahren, welches sich stark an der Grounded Theory orientiert und versucht, den Gegensatz zwischen induktiven und deduktiven Verfahren aufzuheben. Hierbei ist seiner Meinung nach ein Erkenntnisgewinn nur dann möglich, wenn Analyseprozesse sowohl theoriegeleitet als auch offen gestaltet werden. Eine ausführliche Fallanalyse durch die Herausfilterung zentraler Stichworte und Begrifflichkeiten sowie ausführliche biographische Beschreibungen, die wiederum die Grundlage für die Erfassung von zentralen Themen darstellen, stehen bei ihm im Vordergrund. Dabei ist die permanente Rückkopplung an das Datenmaterial von zentraler Bedeutung. In einem weiteren Auswertungsschritt erfolgt ein systematisch kontrastierender Fallvergleich, der die Herausbildung von fallübergreifenden Kernkategorien zum Ziel hat, die wie-

Die Grounded Theory ist eine qualitative Forschungsmethode bzw. Methodologie, die bei ihrer Theoriegenerierung induktiv und gegenstandsverankert vorgeht (vgl. Strauss/Corbin 1996, 7). „Folglich stehen Datensammlung, Analyse und die Theorie in einer wechselseitigen Beziehung zueinander. Am Anfang steht nicht eine Theorie, die anschließend bewiesen werden soll. Am Anfang steht viel mehr ein Untersuchungsbereich – was in diesem Bereich relevant ist, wird sich erst im Forschungsprozess herausstellen“ (a.a.O., 8). Der Prozess der Datenauswertung gliedert sich in drei Arbeitsschritte: das offene Kodieren, das axiale Kodieren und das selektive Kodieren. Das Ziel des offenen Kodierens ist es, Konzepte im Datenmaterial aufzuspüren und hinsichtlich ihrer Eigenschaften und Dimensionen zu entwickeln (a.a.O., 54f.). In der Phase des axialen Kodierens wird das im vorangegangenen Arbeitsschritt aufgebrochene Material neu verknüpft, indem die entwickelten Kategorien miteinander in Beziehung gesetzt werden (a.a.O., 75). In der Phase des selektiven Kodierens werden die axialen Kategorien noch einmal durch die Herausarbeitung einer Kernkategorie verdichtet, die das zentrale Phänomen des Forschungsprozesses darstellt und im weiteren Verlauf der Analyse weiter ausgearbeitet wird (a.a.O., 94).

Die Methode des zirkulären Dekonstruierens nach Jaeggi, Faas und Mruck orientiert sich in seiner Forschungs- und Auswertungskonzeption an der Grounded Theory (vgl. Mey 1999, 168). „Der Begriff des zirkulären Dekonstruierens leitet sich aus dem konkreten Vorgehen ab: Unser Ausgangsmaterial ist ein Text, um den herum wir uns in kreativen Gedankenschleifen intuitions- und theoriegeleitet bewegen“ (Jaeggi/Faas/Mruck 1998, 5f.).

Die Methode des zirkulären Dekonstruierens lässt sich in zwei Auswertungsphasen untergliedern, wobei die transkribierten Interviews die Auswertungsbasis darstellen. Die erste Auswertungsphase ist in sechs Schritte unterteilt, durch die eine erste Annäherung an das Textmaterial stattfinden soll. Eine ausführliche (emotionale) Auseinandersetzung mit dem Einzelinterview stellt das Ziel dieser Annäherung dar. Der erste Schritt umfasst eine Mottofindung für das transkribierte Interview. Im Anschluss erfolgt eine zusammenfassende Nacherzählung, welche die wesentlichen Elemente des Gesprächs wiedergibt und erste Interpretationsschwerpunkte enthält.

---

derum die Grundlage einer entsprechenden Typologie-Bildung darstellen. Diese dienen dann als Strukturierungshilfe bei der Betrachtung des Datenmaterials und sollen im weiteren Forschungsprozess sowohl theoretisch als auch mit empirischem Material angereichert werden (vgl. Witzel 1996, 58ff.).

Der dritte Schritt besteht aus der Erstellung einer Stichwortliste, die alle auffälligen und als gehaltvoll betrachteten Wörter und Begriffe beinhaltet. Dadurch sollen der Text strukturiert und weitere Interpretationsideen sichtbar werden. Im nachfolgenden Schritt wird ein Themenkatalog zusammengestellt, indem die Begriffe aus der Stichwortliste zu Oberthemen zusammengefasst werden. Dadurch entstehen bereits Vor-Kategorien, die den Auswertungsprozess weiter strukturieren. Die Herausstellung bestimmter Themenbereiche wird entscheidend durch die sensibilisierenden Konzepte [23] des Forschers beeinflusst (vgl. Jaeggi/Faas/Mruck 1998, 7ff.).

Der fünfte Schritt ist die Paraphrasierung. Hierbei werden die intuitiv geleiteten Interpretationen des Forschers mit den herausgefilterten Themenbereichen verknüpft und in Form einer Paraphrasierung zu einer ausführlicheren Interpretation des Interviews zusammengefasst. Es können bestimmte Oberthemen zu Meta-Themen zusammengefasst werden oder die Ausdifferenzierung eines bestimmten Themenbereiches im Mittelpunkt stehen. Der letzte Schritt der ersten Auswertungsphase beschäftigt sich mit der interviewspezifischen Kategorienbildung, die alle vorangegangenen Arbeitsschritte integriert, indem sich durch die Verdichtung des Textmaterial die zentralen Themen des Interviews herauskristallisieren (a.a.O., 12ff.).

In der zweiten Auswertungsphase werden nun die Einzelinterviews in einem dreischrittigen Prozess miteinander verglichen: 1. Zunächst wird eine Tabelle angelegt, bei der die Häufigkeit der herausgefilterten Kategorien in den einzelnen Interviews ersichtlich werden soll. Dieser Auswertungsschritt wird als Synopsis bezeichnet. 2. Im Anschluss erfolgt die sogenannte Verdichtung. Aufgrund der vorhandenen Kategorien und der Ergebnisse der vorangegangenen Arbeitsschritte werden Konstrukte zu dem jeweiligen Untersuchungsgegenstand entwickelt. Dies sollte jedoch nicht rein intuitiv geschehen, sondern im nachfolgenden Schritt mit dem Ausgangsmaterial rückgekoppelt werden. 3. Diese Rückkopplung wird als komparative Paraphrasierung bezeichnet, welche den Fokus der Interviewanalyse auf das neu entwickelte Konstrukt legt. Dabei kann ersichtlich werden, dass sich dieses Konstrukt in den unterschiedlichen Interviews facettenreich wiederfinden lässt. Die Autoren empfehlen, zur Durchdringung des neuen Konstruktes in seinen unterschiedlichen Ausprägungen zwei bis drei Interviews durchzuführen und auszuwerten und die daraus gewonnenen

[23] „Als sensibilisierende Konzepte verstehen wir alle (Vor-)Urteile, Erlebnisse, Meinungen und Theoriebestandteile, die die Urteilsbildung der Auswertenden wesentlich beeinflussen" (Jaeggie/Fass/Mruck 1998, 10).

Ergebnisse zirkulär in den Erhebungsprozess der nachfolgenden Interviews einfließen zu lassen (a.a.O., 14ff.).

Die Autoren betonen, dass es für den Auswertungsprozess durchaus fruchtbar sein kann, wenn Aussagen, Wortwahl oder Interaktionsformen, die vom Forscher als befremdlich empfunden werden, besondere Bedeutung zugemessen wird. Dies kann dazu führen, dass der Blick weggelenkt wird von den vertrauten und bekannten Formen hin zu neuen Dimensionen des Untersuchungsgegenstands. Um eine transparente und nachvollziehbare Darstellung der Ergebnisse zu erreichen, soll die Ergebnisdarstellung durch Interviewzitate angereichert werden, die den Rückbezug zum Ausgangsmaterial schaffen (vgl. a.a.O., 18f.).

In Gabriele Rosenthals biografischer Fallrekonstruktion dient die Kontrastierung von erlebter und erzählter Lebensgeschichte als vorrangige Erkenntnisquelle. Hierbei werden die rekonstruierte Lebensgeschichte und die Art und Funktion der biografischen Selbstrepräsentation zum Interviewzeitpunkt anhand von Textsequenzen miteinander in Beziehung gesetzt. Somit rücken auch Themenfelder, die ausgeklammert oder nicht näher ausgeführt werden, in den Fokus der Betrachtung. Diese dienen als Ansatzpunkt, um Mechanismen herauszufiltern, die die Gestaltung der Erzählung steuern (Rosenthal 1995, 208ff.).

3.3 Kurzbeschreibung der Einrichtung der stationären Erziehungshilfe

Die in unserer Untersuchung befragten Mädchen und Jungen leben alle bereits mehrere Monate bis mehrere Jahre in einer pädagogisch-therapeutischen Einrichtung in Norddeutschland. Diese verfügt über ein breites Spektrum an Betreuungsangeboten. Neben drei Wohngruppen im Hauptgebäude existieren eine Außenwohngruppe sowie Inobhutnahmeplätze und Möglichkeiten des betreuten Wohnens, auch für junge Mütter mit ihren Kindern. Außerdem stehen Plätze zur Binnenverselbstständigung sowohl innerhalb der Wohngruppen als auch in einem separaten Gebäude zur Verfügung. Des Weiteren werden ambulante Hilfen in Form von Sozialpädagogischer Familienhilfe, Erziehungsbeistand, Familientherapie und sozialer Gruppenarbeit angeboten.

Die Verknüpfung von Alltagsleben und pädagogisch-therapeutischen Angeboten soll die Entwicklungsmöglichkeiten der Heranwachsenden fördern und gleichzeitig die Erziehungsbedingungen in den Herkunftsfamilien verbessern. Die intensive Auseinandersetzung mit der Biographie der Kinder und Jugendlichen und den damit vielfach verknüpften traumatischen Erfahrungen soll die Grundlage für ein individuelles und differenziertes Erziehungs- und Therapiearrangement liefern. Des Weiteren sind die Heranwachsenden in ihrem Verselbstständigungsprozess zu unterstützen, was damit einhergeht, sie in ihren Autonomiebestrebungen, ihrer Selbstentfaltung und eigenständigen Lebensgestaltung zu unterstützen. Es existiert ein differenziertes Angebot, welches die jungen Menschen in ihren Entwicklungsmöglichkeiten unterstützen soll. Hierzu zählen unter anderem psychotherapeutische Maßnahmen, unterschiedliche künstlerische und sportliche Angebote, Psychomotorik sowie Reiten und die Beteiligung an der Kleintierhaltung.

Die Mitarbeiter werden in ihrem professionellen Handeln insoweit bestärkt, als dass ihnen ein breites Spektrum an Fortbildungsmaßnahmen zur Verfügung steht und sie die Möglichkeit haben, an Team- und Fallsupervisionen teilzunehmen.

4. Empirische Ergebnisse aus drei biographischen Fallrekonstruktionen

4.1 Fallrekonstruktion Alexandra

Aufgrund der vorangegangenen Analyseschritte[24] in Bezug auf die Fallgeschichte von Alexandra[25] haben sich drei biographische Themenfelder herauskristallisiert, die für die Gesamtgestalt der Lebensgeschichte eine zentrale Bedeutung haben.

1. Beziehungsgestaltung im Kontext von Diskontinuitätserfahrungen
2. Handlungsfähigkeit im Kontext von Ohnmachtserfahrungen
3. Selbstentwurf zwischen Normalität und Abweichung

Diese drei Themenfelder sind nicht klar voneinander zu trennen, was zu Überschneidungen im Interpretationsprozess führt.

Anhand des Ankerfalls Alexandra werden die zentralen Phänomene, die mit den oben genannten biographischen Themenfeldern verknüpft sind, im Folgenden ausführlich entfaltet. Im Anschluss werden diese auf die Analyse der weiteren Fälle angewandt, um deren individuelle Ausprägungen im Kontext der Lebensgeschichten von Lena und Marc aufzuzeigen.

4.1.1 Anmerkungen zur Interviewsituation

Alexandra ist zum Zeitpunkt des Interviews 17 Jahre alt. Das Interview findet im Gartenhaus ihrer Außenwohngruppe statt, welche einige Kilometer vom Hauptsitz des Heims entfernt ist. Bei unserer Ankunft hält sich Alexandra gemeinsam mit ihrer

---

24 Die vorangegangenen Analyseschritte beziehen sich auf den gesamten Interviewtext und können somit aus datenrechtlichen Gründen nicht dargelegt werden. Es werden jedoch immer wieder Interviewausschnitte aus der Transkription herangezogen, um den Interpretationsprozess transparent zu machen. Die Transkription der Interviews orientiert sich an den Transkriptionsregeln, die im Anhang aufgelistet sind.

25 Alexandra sowie die anderen Namen der Interviewpartner sind Pseudonyme und dienen der Anonymisierung des Interviews. Die Pseudonyme wurden teilweise von den Interviewpartnern selbst gewählt. Wollten diese selbst kein Pseudonym wählen, fand die Anonymisierung durch die Autoren statt.

Betreuerin in der Küche auf und macht einen sehr nervösen und zurückhaltenden Eindruck. Im Gespräch bringt sie gegenüber der Interviewerin ihre Zweifel zum Ausdruck, ob sie der Interviewsituation gewachsen ist und ob die Interviewerin eine Person verkörpert, bei der sie sich aufgehoben fühlt. Des Weiteren teilt sie der Interviewerin mit, dass sie sich möglicherweise erst nach dem Ausschalten des Aufnahmegerätes zu bestimmten Dingen äußern wird.

Der Gesprächsverlauf mit Alexandra gestaltet sich dann aber sehr flüssig, da sie bereitwillig und offen von ihrer Lebensgeschichte berichtet und die anfängliche Nervosität ihrerseits sich offenbar nach kurzer Zeit legt.

Nach Beendigung des Interviews vertraut sie der Interviewerin an, dass sie als Pseudonym gern den Vornamen ihrer Bezugsbetreuerin tragen würde, wobei sie eindringlich um Verschwiegenheit diesbezüglich bittet. Außerdem betont sie die Bedeutsamkeit ihres Pflegepferdes, indem sie erzählt, dass sie ihm ihre intimen Gefühle und Geheimnisse anvertraut und sich durch seine Körpersprache verstanden fühlt.

Die Interviewerin fühlt während des gesamten Interviews eine große Traurigkeit, so dass sie gehäuft ihre Tränen unterdrücken muss. Des Weiteren verspürt sie das Bedürfnis, der Interviewpartnerin nach Beendigung des Interviews emotionalen Halt geben zu wollen.

4.1.2 Zusammenfassende Nacherzählung

Alexandras Erzählung beginnt mit der Unterbringung in ihrer Pflegefamilie im Alter von drei Jahren. Sie gibt an, die Gründe hierfür nicht zu kennen. Von der Pflegefamilie wurde ihr erzählt, dass sie sich dort von Beginn an zu Hause gefühlt und die Pflegemutter als *„Mama“*[26] (I.1, S.16, Z.14) tituliert habe. Außerdem soll sie bei der Ankunft stark untergewichtig gewesen sein. Alexandra stellt das Leben bei ihren Pflegeeltern als schöne und glückliche Zeit dar, geht jedoch bei ihrer Erzählung hierüber kaum auf Details ein. Als ein traumatisches Erlebnis schildert Alexandra den Tag, an dem sie auf Veranlassung des Jugendamtes ihre Pflegefamilie verlassen und in ein Heim ziehen musste. Die Herausnahme aus der Pflegefamilie fand gegen ihren Willen statt und sie empfindet dieses Erlebnis heute noch als eine Art von Misshandlung.

[26] Interviewzitate werden in den Fallrekonstruktionen kursiv gedruckt und sind durch Anführungsstriche gekennzeichnet.

Diese traumatische Erfahrung verbindet sie mit dem Beginn ihrer *„großen Ausraster“* (I.1, S.19, Z.13), die sich durch aggressive Handlungen gegen Personen und Gegenstände auszeichnen. Als Grund für die Herausnahme aus der Pflegefamilie im Alter von neun Jahren nennt Alexandra ihr sechsmonatiges Fernbleiben von der Schule, nachdem sie dieser verwiesen wurde.

Mit der ersten Heimeinweisung beginnt für Alexandra der Gang durch verschiedene Institutionen der Jugendhilfe. Vom Heim aus wird sie aufgrund vermehrt auftretender *„Ausraster“*[27] für drei Monate in der Kinder- und Jugendpsychiatrie untergebracht und dort stationär behandelt. Alexandra stellt diese Einweisung als einen freiwilligen Akt dar. An diese Institution schließt der Aufenthalt im nächsten Heim an, welches ihr gegenwärtiger Lebensort ist.

Ihre Lebenssituation bewertet sie insofern als negativ, als sie sich wünschen würde, dass ihr Leben von Beginn an anders verlaufen wäre und sie nicht im Heim leben müsste. Des Weiteren schildert sie Situationen innerhalb ihrer Gruppe, die sie als störend und belastend empfindet. Hierbei betont sie, dass es oft laut sei und es vermehrt zu Streitsituationen zwischen den Gruppenmitgliedern komme.

Alexandra schildert ein sozial-emotionales Umfeld, in dem sie ihrer Pflegefamilie, ihrem Freund und ihrer besten Freundin eine bedeutsame Rolle verleiht. Der Kontakt zu ihrem leiblichen Vater ist nicht mehr vorhanden und auch zu ihrer leiblichen Mutter besteht kaum noch Kontakt, wobei sie immer wieder Versuche unternimmt, diesen aufzubauen. Ihre Bemühungen sind jedoch von Enttäuschungen gekennzeichnet.

Alexandras wichtigste Bezugsperson im Heim ist ihre Betreuerin, deren Namen sie als Pseudonym auswählt[28]. Sie bezeichnet sie als ihre Ersatzmutter, bei der sie körperliche und emotionale Zuwendung sucht. Gleichzeitig löst diese Zuneigung große Verlustängste bei ihr aus. In Konfliktsituationen mit ihrer Betreuerin reagiert Alexandra einerseits vermeidend, da sie Angst vor Ablehnung hat. Andererseits kann Alexandra ihre negativen Emotionen in vielen Situationen, die für sie mit Frustration verbunden sind, schlecht regulieren, was vermehrt zu einer Eskalation der Situation führt. Neben der Betreuerin spielen Tiere, insbesondere ihr Pflegepferd, für Alexandra eine sehr

---

27 Dieser Begriff taucht an zahlreichen Stellen im Interview auf, deshalb wird auch im Folgenden auf eine Seiten- und Zeilenangabe verzichtet.

28 Diesem Wunsch konnte nicht entsprochen werden, da eine identische Namensgebung für Alexandra und ihre Bezugsbetreuerin zu Missverständnissen führen könnte.

bedeutsame Rolle. Sie sucht bei ihrem Pflegepferd körperliche Nähe und fühlt sich durch seine Körpersprache verstanden.

Alexandra äußert, dass sie ihre Schulzeit insgesamt als *„schlimm"* (I.1, S.25, Z.18) empfunden hat und berichtet von Ausgrenzungs- und Gewalterfahrungen durch Gleichaltrige. Schulbildung ist für sie jedoch von großer Bedeutung, da sie den Beruf der Erzieherin anstrebt. Mit Beginn der neunten Klasse wechselt Alexandra von der Förderschule mit dem Schwerpunkt sozial-emotionale Entwicklung in die Hauptschule. Sie empfindet dies als das Erreichen eines wichtigen persönlichen Ziels, um ihre Schullaufbahn nicht mit dem Etikett der Förderschülerin zu beenden. Alexandra versucht, durch diesen Schulwechsel aktiv auf ihre Lebensgestaltung Einfluss zu nehmen.

4.1.3 „Wenn sie dann im Urlaub ist, dann fang ich an zu weinen, weil sie einfach nicht da ist" - Beziehungsgestaltung im Kontext von Diskontinuitätserfahrungen

Alexandra fokussiert auf die Einstiegsfrage hin (Interviewerin: „Zu Beginn würde ich dich bitten, dich an deine Kindheit zurückzuerinnern, wie hast du sie erlebt. Erzähl doch mal!"), dass sie mit drei Jahren in eine Pflegefamilie gekommen ist und leitet damit die Beschreibung des Diskontinuitätsverlaufs in ihrem familiären Kontext ein:

Ja, hhm, (2) war schwer. (4) Also ich hab halt, ich weiß nur, dass ich halt bei einer richtigen {„Familie gewohnt habe„}. Also bei meinen /Eltern/.

I: Ja

Und hab halt in A. [mittelgroße Stadt in Norddeutschland] gewohnt.

I: Mhm

Bis ich drei Jahre alt war. Von da aus bin ich halt in eine /Pflegefamilie/gekommen (I.1, S.1, Z.20-29).[29]

Alexandra antwortet zunächst bewertend, indem sie diesen Lebensabschnitt mit dem Adjektiv *„schwer"*[30] zusammenfasst. In diesem Zusammenhang berichtet sie, dass sie

[29] Die Interviewstellen werden wie folgt gekennzeichnet: I.= Interview, S.= Seite, Z.= Zeile. Aus datenrechtlichen Gründen können die Originaltexte, wie bereits erwähnt, jedoch nicht zugänglich gemacht werden.

bis zu ihrem dritten Lebensjahr in einer *„richtigen Familie"* lebte. Zugehörig zu dieser benennt sie ihre leiblichen Eltern. Durch die Angabe ihres Alters markiert sie den Zeitpunkt, zu dem ihr Leben in der *„richtigen Familie"* endete und sie in eine Pflegefamilie kam. Alexandra gibt an, die Gründe hierfür nicht genau zu kennen. An anderer Stelle erwähnt sie, dass sie bei der Ankunft sehr untergewichtig gewesen sei. Hier kann die Vermutung aufgestellt werden, dass die leibliche Mutter nicht in der Lage war, Alexandra zumindest physisch zu versorgen. Im weiteren Verlauf des Interviews antwortet Alexandra auf die Frage, welche Beziehung sie zu ihrer leiblichen Mutter habe, wie folgt:

Ne schlechte. Also sie hat halt immer Versprechungen gemacht, hält sie nicht ein und äh (4) da denk ich schon, die kann mich mal (I.1, S.23, Z.1-2).

Die Beziehung zu ihrer leiblichen Mutter wird von Alexandra als *„schlecht"* beurteilt. Als Begründung führt sie das permanente Nicht-Einhalten von Versprechungen an, was sich in der zeitlichen Angabe *„immer"* ausdrückt. Alexandra positioniert sich zu dem Verhalten ihrer leiblichen Mutter mit der Aussage *„die kann mich mal"*. Damit wertet sie ihre leibliche Mutter ab und bringt ihre Enttäuschung über deren Verhalten zum Ausdruck. Im folgenden Verlauf des Interviews schildert Alexandra, in welchen Situationen die leibliche Mutter ihre Versprechen bricht. Alexandra erhält die ihr versprochenen Geschenke und Briefe der leiblichen Mutter nicht. Außerdem kann Alexandra sie nicht besuchen, obwohl ihr dies seitens der leiblichen Mutter zugesagt wurde. Aufgrund der vorangegangenen Sequenz kann die Hypothese aufgestellt werden, dass die in der Beziehung zwischen Alexandra und ihrer leiblichen Mutter fehlende Verlässlichkeit ein zentrales Moment darstellt. Diese Lesart kann durch die nachfolgende Textstelle untermauert werden:

Wenn s:ie sich, sie hat sich über drei Jahre glaub ich nicht mehr richtig gemeldet. Nur so irgendwann /zwischendurch/, wenn sie Lust hatte (I.1, S.24, Z.8-9).

[30] Im Folgenden werden zur Analyse der Interviewsequenzen Zitate aus der jeweiligen Interviewsequenz in der Erläuterung der Passage erneut aufgegriffen, um einen direkten Rückbezug zu einzelnen Aussagen zu erhalten. Teilweise werden jedoch auch Zitate aus Interviewsequenzen aufgegriffen, die im Vorfeld nicht dargestellt wurden und sich an einer anderen Stelle im Interview befinden. Diese werden in der Erläuterung mit Seiten und Zeilenangabe dargestellt. Zu Gunsten des Leseflusses wird bei diesen Zitaten auf die Verwendung von Transkriptionszeichen verzichtet.

An dieser Stelle geht Alexandra darauf ein, dass sich ihre leibliche Mutter bereits seit drei Jahren nicht mehr regelmäßig bei ihr meldet. Wie sich die Beziehung vor dieser Zeit gestaltete, kann aus dem Interview nicht entnommen werden. Aufgrund der vorangegangenen Textanalyse konnte zwischen Alexandra und ihrer leiblichen Mutter ein Beziehungsmuster aufgezeigt werden, welches offenbar von Diskontinuitätserfahrungen geprägt ist. Alexandras Versuche, diesem entgegenzuwirken, deuten sich in der folgenden Äußerung an:

Vor einem Jahr hab ich einmal sie angerufen,(5) {,das war glaub ich auch das letzte Mal,}. Eigentlich wollte ich sie diese oder nächste Woche halt noch mal anrufen, aber nur weil ich fragen will, ob ich vorbeikommen darf & ich will mir das ja noch mal en bisschen angucken. & Versuche dadurch auch wieder en <u>bisschen</u> Kontakt /aufzubauen/. & Aber wenn ich merke, das geht wieder nach hinten los, dass das wieder alles nicht so klappt, dann lass ich es auch wieder. Ich versuch halt immer so nen bisschen das aufzubauen, aber wenn ich merke das geht nicht, dann lass ich es (I.1, S.23, Z.26-32).

Im Kontext der Erzählung wird deutlich, dass der Kontakt zwischen Alexandra und ihrer leiblichen Mutter seit einem Jahr ruht. Im Zentrum dieser Textpassage stehen Alexandras wiederholte Versuche, den Kontakt zu ihrer leiblichen Mutter aufzubauen, welche jedoch durch Misserfolge gekennzeichnet sind. In Formulierungen wie *„halt noch mal anrufen"*, *„Kontakt aufzubauen"* spiegeln sich Alexandras mögliche Anstrengungen wider, einen kontinuierlichen Kontakt herzustellen. Das vermehrte Scheitern dieser Versuche in der Vergangenheit und die negative Erwartungshaltung bezogen auf zukünftige Versuche werden in den Formulierungen *„geht wieder nach hinten los"* und *„dann lass ich es auch wieder"* ersichtlich. An einer anderen Stelle im Interview scheint Alexandra eine Begründung für den fehlenden Kontaktwunsch ihrer leiblichen Mutter zu liefern. Sie sagt, dass ihre leibliche Mutter sie als ein *„stressiges Kind"* (I.1, S.33, Z.28) beschreiben würde und legt damit nahe, dass ihre leibliche Mutter vermutlich aufgrund von Alexandras Verhalten keinen Kontaktwunsch ihr gegenüber erkennen lässt. Damit verknüpft ist Alexandras Vermutung, dass sich ihre leibliche Mutter als ideale Tochter das *„liebe kleine Mädchen"* (I.1, S.33, Z.34) wünschen würde. Alexandra weicht jedoch von diesem Idealbild ab, was vermutlich zu einer indirekten Selbstzuschreibung von (Mit-)Schuld und Verantwortung für die ablehnende Haltung der leiblichen Mutter führt. Alexandra deutet auch an, dass dieses von ihr offenbar nicht erbrachte und wenig fassbare Wunschverhalten

„lieb zu sein“ in ihrer Fantasie zu intensiver, gerade auch körperlicher Nähe und Vereinnahmung führen würde: *„wahrscheinlich ständig streicheln“ „wahrscheinlich ständig am Hintern kleben“* (I.1, S.34, Z.4-5).

Des Weiteren scheint Alexandra in der vorangegangenen Textsequenz die subjektive Bedeutsamkeit der Kontaktaufnahme ihrerseits durch die abschwächende Wortwahl wie *„eigentlich“, „bisschen Kontakt aufzubauen“* zu bagatellisieren. Dies ist möglicherweise eine Form, sich von den Gefühlen der Enttäuschung und Ablehnung zu distanzieren. Somit könnte die Distanzierung eine stabilisierende Funktion haben. Hier deutet sich in Alexandras Gefühlen ihrer leiblichen Mutter gegenüber ein Spannungsverhältnis an. Einerseits versucht sie sich von ihrer leiblichen Mutter emotional zu distanzieren, was auch durch eine Textstelle untermauert werden kann, in der Alexandra zum Ausdruck bringt, dass ihre leibliche Mutter ihr nicht mehr wichtig ist, seit der telefonische Kontakt nicht mehr besteht. Andererseits werden in der vorangegangenen Erzählsequenz auch ihre möglichen Anstrengungen deutlich, den kontinuierlichen Kontakt zu ihrer leiblichen Mutter aufzubauen und somit Nähe zu ihr herzustellen. In der folgenden Textpassage kommt zum Ausdruck, dass diese Nähe in der Beziehung zwischen Alexandra und ihrer leiblichen Mutter fehlt:

I. Damit ich so ein Bild von ihr bekomme, was was für Eigenschaften hat sie denn?

°°*Keine Ahnung, ich kenn sie ja nicht richtig*°°. *Ich kenn sie ja nur vom Sehen her. Ich, ich sag auch so, also gut /ich/ sag schon Mama, weil ich weiß, dass sie das ist. Aber ich kann sie nicht mal eben so in den Arm nehmen und mit ihr kuscheln, mich wohl fühlen. Das kann ich nicht* (I.1, S.24, Z.17-20).

Alexandra kann die Eigenschaften ihrer leiblichen Mutter nicht benennen, da sie sie *„nur vom Sehen her kennt“*. Diese von Alexandra gewählte Formulierung deutet darauf hin, dass ihre leibliche Mutter ihr fremd ist. Sie betitelt sie als *„Mama“*, wobei sie als Begründung hierfür die biologische Verbundenheit heranzieht und sie nicht weiß, wie sie ihre leibliche Mutter sonst bezeichnen soll. Dies klingt in ihrer Aussage *„sag schon Mama, weil ich weiß, dass sie das ist“* an. Damit verknüpft äußert sie ihre Ansprüche an eine Mutter-Tochter-Beziehung, welche in der Beziehung zu ihrer leiblichen Mutter nicht erfüllt werden. Sie wünscht sich offenbar körperliche und emotionale Nähe, was aus den Aussagen *„in den Arm nehmen“, „mit ihr kuscheln“, „mich wohl fühlen“* zu entnehmen ist. Im direkten Anschluss liefert Alexandra die Begründung dafür, warum sie sich bei ihrer leiblichen Mutter nicht wohlfühlt. Sie kontrastiert die Beziehung zu ihren leiblichen Eltern mit der Beziehung zu ihren Pflegeeltern. Die Gegenüberstellung wird durch die Fragestellung der Interviewerin angestoßen:

I: Wie sieht es bei deinen Pflegeeltern aus? Fühlst du dich bei denen wohl?

Ja, weil ich da halt die meiste Zeit gewohnt habe, weil ich da aufgewachsen bin, ich weiß wie meine Pflegeeltern sind. Ich hab mir das Vertrauen zu denen ja aufgebaut die ganzen Jahre und zu mein- zu meiner /richtigen/ Mama oder zu meinem Vater hab oder so {,,hab ich das nicht,,}. Da hat sich nichts aufgebaut, ich weiß nur, dass ich da bis bis ich drei war gewohnt habe und von der Zeit weiß ich sonst nichts (I.1, S.24, Z.24-28).

Alexandra begründet bei ihrer Kontrastierung, warum sie sich bei ihren Pflegeeltern wohl fühlt, was in der Beziehung zu ihren leiblichen Eltern fehlt. Zentrale Momente für die Beziehung zu den Pflegeeltern sind, dass sie dort aufgewachsen ist und ihnen offenbar vertraut. Durch die Formulierung *„Ich hab mir das Vertrauen zu denen ja aufgebaut“* zeichnet sich ein aktiver Prozess seitens Alexandras ab. Hier kann die Vermutung aufgestellt werden, dass mit der Verwendung des Partizips *„aufgebaut“* auf einen Prozess hingedeutet wird, der mit Kraftaufwand verbunden war. Am Ende der Sequenz scheinen Alexandras Äußerungen auf die fehlende Möglichkeit zu verweisen, über einen längeren Zeitraum hinweg Vertrauen zu ihren leiblichen Eltern entwickeln zu können, da ihr Leben bei der leiblichen Mutter mit drei Jahren endete und der leibliche Vater aufgrund der Scheidung bereits in der frühen Kindheit nicht mehr im Haushalt lebte. Alexandra spricht im Interview sehr wenig über ihren leiblichen Vater. Zunächst erwähnt sie, dass die leiblichen Eltern sich in ihrer frühen Kindheit scheiden ließen. Auf die Frage, wie gut sie ihren leiblichen Vater kennt, antwortet sie: *„°Den kenn ich eigentlich gar nicht, außer dass ich halt mal da war°“* (I.1, S.25, Z.4). Es scheint so, als ob zwischen Alexandra und ihrem leiblichen Vater nie ein regelmäßiger Kontakt bestanden habe. An anderer Stelle erwähnt sie, dass sie aktuell keinen Kontakt hätten. In diesem Zusammenhang wird Alexandras Initiative bei der Kontaktaufnahme deutlich, denn sie sagt: *„hatte ich mal angefangen“* (I.1, S.12, Z.33). Die Gründe für den fehlenden Kontakt sind aus dem Interview nicht zu entnehmen. Gegen Ende des Interviews nimmt Alexandra eine Gesamtbewertung ihrer Beziehung zu ihren leiblichen Eltern vor:

I: Achso und was ist dir im Leben am Unwichtigsten?

Im Moment meine Eltern, meine richtigen, mein Vater und meine Mutter.

I: Nur im Moment?

Eigentlich immer. Vielleicht baut sich da irgendwas mal auf.

I: Wünschst du dir, dass sich da was aufbaut?

Äh, ich wünschte mir, äh, ich wäre nie in eine Pflegefamilie gekommen. Ich würde von Anfang an bei meinen richtigen Eltern wohnen, {,aber so ist es ja nicht und das ist halt schade,} (I.1, S.38, Z.16-27).

Auf die Frage, was ihr in ihrem Leben am Unwichtigsten ist, antwortet Alexandra *„meine Eltern"*. Aufgrund der vorangegangenen Textanalyse verdichten sich jedoch die Hinweise, dass Alexandra sich zu ihren leiblichen Eltern, insbesondere zu ihrer leiblichen Mutter, eine Beziehung wünscht, die von kontinuierlichem Kontakt, Nähe und Vertrauen geprägt ist. Hier deuten sich zwei sich gegensätzliche Tendenzen an. Einerseits der Wunsch nach Nähe und andererseits die Betonung der Unwichtigkeit ihrer Eltern. Dem verleiht sie in der von ihr gewählten Formulierung *„Im Moment meine Eltern, meine richtigen, mein Vater und meine Mutter"* Nachdruck, da durch die mehrfache Wiederholung der Personen der Eindruck entsteht, dass sie keinen Zweifel daran lassen möchte, welche Personen ihr in ihrem Leben am unwichtigsten sind.

Im Kontext der Beziehungsgestaltung zu ihren leiblichen Eltern, insbesondere zu ihrer leiblichen Mutter, hat Alexandra Ablehnung und unterschiedliche Diskontinuitätserfahrungen erlebt. Somit könnte die Darstellung der leiblichen Eltern als für sie unwichtig als eine Reaktion hierauf betrachtet werden. In der vorsichtigen Formulierung *„Vielleicht baut sich da irgendwas mal auf"* lässt Alexandra den Wunsch auf eine positive Veränderung in der Beziehungsgestaltung anklingen, wobei sich durch ihre Wortwahl *„vielleicht"*, *„irgendwas"* und *„mal aufbaut"* andeutet, dass sie keine hohen Erwartungen an die zukünftige Beziehungsgestaltung hat. Dies steht eventuell im Zusammenhang mit den erfahrenen Enttäuschungen.

In der letzten Textsequenz wird die bedeutsame Position ihrer leiblichen Eltern für den Verlauf ihres Lebens deutlich. Alexandra wünscht sich, bei ihren leiblichen Eltern aufgewachsen zu sein. In der Aussage *„aber so ist es ja nicht und das ist halt schade"* klingt ihre Traurigkeit darüber, dass sie nicht in ihrer leiblichen Familie aufwachsen konnte und auf diesen Lebensverlauf keinen Einfluss hatte, an. Auffällig ist in diesem Textausschnitt Alexandras Antwort auf die Frage („Wünschst du dir, dass sich da was aufbaut?“). Mit ihrer Antwort scheint Alexandra eine Globaleinschätzung ihres Lebens zu treffen, deren zentrale Botschaft darin zu bestehen scheint, dass sie es bedauert, nicht bei ihren leiblichen Eltern aufgewachsen zu sein. Die Trennung von ihrer leiblichen Mutter und die Unterbringung in der Pflegefamilie bewertet sie anscheinend als den Beginn eines negativen biografischen Verlaufs. Dennoch verbindet Alexandra das schönste Erlebnis in ihrem Leben mit dem Zeitraum, in dem sie bei ihren Pflegeeltern gelebt hat:

I: Ach so. Ähm, welches ist denn eigentlich das schönste Erlebnis in deinem Leben gewesen?

°Das schönste Erl :ebnis in meinem Leben° . Viel /Urlaub/. Bin viel in=den Urlaub gefahren mit meine Pflegeeltern und (6) halt auch diese schöne Zeit bei meinen Pflegeeltern. >Das ist das, was mich auch immer glücklich macht so.> Hab halt in einer Familie gelebt (I.1, S.46, Z.34-S.47, Z.4).

In dieser Schilderung bewertet Alexandra die Zeit bei ihren Pflegeeltern insgesamt als schön und benennt als konkrete Erlebnisse die gemeinsamen Urlaube mit ihnen. Die Erinnerungen an diesen Zeitraum machen sie glücklich. Mit der letzten Äußerung in der Sequenz *„Hab halt in einer Familie gelebt“* scheint Alexandra zusammenfassend zu begründen, weshalb sie diesen Lebensabschnitt als für sie herausragend bewertet. Sie lebte innerhalb einer Familie, mit der sie positive Erinnerungen verbindet, im Gegensatz zu dem Leben bei ihren leiblichen Eltern. Hier ist darauf hinzuweisen, dass Alexandra, wie bereits an anderer Stelle dargelegt, an den Zeitraum, in dem sie bei ihren leiblichen Eltern beziehungsweise ihrer leiblichen Mutter lebte, keine Erinnerungen mehr hat. Des Weiteren scheint der Aufbau von Vertrauen in der Beziehung zu ihren Pflegeeltern ein zentrales Moment zu sein. In einer bereits angesprochenen Interviewsequenz gibt sie an: *„Ich hab mir das Vertrauen zu denen ja aufgebaut die ganzen Jahre“* (I.1, S.24, Z.25-26). In der Formulierung *„die ganzen Jahre“* deutet sich die Dauerhaftigkeit und somit auch Kontinuität der Beziehung zu ihren Pflegeeltern an. Dieses Kontinuitätserleben kann vermutlich als Basis für einen Vertrauensaufbau betrachtet werden. Im Alter von neun Jahren muss Alexandra auf Veranlassung des Jugendamtes gegen ihren Willen ihre Pflegefamilie verlassen:

Ja, und dann bin ich deswegen aus der Schule geflogen (2) und dann bin ich glaub ich ein halbes Jahr gar nicht {„zur Schule gegangen„}. (3) Bin dann, ähm ja, (8) ich glaub sogar länger als ein halbes Jahr nicht zur Schule gegangen. Dann hat sich ir-

gendwann das Jugendamt eingeschaltet und hat Vorschläge gemacht und zwar nur zwei Stück, & entweder /ich komme/ in eine Ganztagsschule oder ins Heim. Meine Pflegeeltern haben ganz klar gesagt, dieses Kind kommt nicht in eine Ganztagsschule und auch nicht ins Heim. Und das Jugendamt hat dann (alleine) entschieden und hat gesagt, das Kind ist nicht mehr tragbar in dieser Pflegefamilie, ((schlucken)) das muss ins Heim. ((schlucken)) Ja, dann bin ich erst ins Heim nach A. [mittelgroße Stadt in Norddeutschland] gekommen, in die Diagnostikgruppe und (I.1, S.2, Z.28-S.3, Z.3).

Alexandra schildert zunächst in einer anderen Interviewsequenz den Auslöser dafür, warum sie der Schule verwiesen wurde. Sie beschreibt eine Situation, in der sie einer Lehrerin aus Versehen mit einem Mathebuch auf den Kopf geschlagen hat, woraufhin die Schule die Entscheidung trifft, Alexandra vom Unterricht auszuschließen. In der darauf folgenden Zeit bleibt Alexandra der Schule ungefähr sechs Monate fern. Das Jugendamt schaltet sich offenbar aufgrund dessen ein und stellt die Pflegefamilie vor die Wahl, entweder Alexandra in eine Ganztagsschule zu schicken oder sie im Heim unterzubringen. In diesem Kontext hebt Alexandra durch die Formulierung *„zwar nur zwei Stück"* die begrenzten Entscheidungsmöglichkeiten hervor, die das Jugendamt der Pflegefamilie vorschlägt. Die Pflegeeltern weisen beide Vorschläge ab, was in der Konsequenz zur Alexandras Herausnahme aus der Pflegefamilie führt.

Auffällig ist in Alexandras Situationsbeschreibung die Ausblendung des Anteils der Pflegeeltern an ihrer Heimunterbringung. Diese haben anscheinend wenig Kooperationsbereitschaft mit dem Jugendamt gezeigt. Durch ihren Begründungzusammenhang stellt Alexandra das Jugendamt als die verantwortliche Instanz dar und entlastet somit ihre Pflegeeltern. Diese Sichtweise hat eine stabilisierende Funktion für sie, da ihre Pflegeeltern in ihrem Leben von großer Bedeutung sind, was aufgrund der vorangegangenen Textanalyse bereits aufgezeigt wurde. Das Anerkennen der möglichen Mitverantwortung der Pflegeeltern an der Herausnahme würde wahrscheinlich zu einer Infragestellung ihrer Beziehungsdefinition und zu einer Verstärkung der emotionalen Belastung im Rahmen dieser Diskontinuitätserfahrung führen. Diese Annahme kann durch folgende Textstelle untermauert werden:

Und dann meinte die Frau vom Jugendamt, das hat doch alles keinen Sinn, wir kommen wann anders wieder, lassen wir das jetzt erst mal sacken. Und dann hat meine Pflegemutter gesagt, „{ja glauben sie das bringt was, dann macht die wieder das /gleiche/,}" (I.1, S.20, Z.10-13).

Während das Jugendamt den tatsächlichen Vollzug der Herausnahme aus der Pflegefamilie aufgrund von Alexandras Gegenwehr abbrechen und auf einen anderen Zeitpunkt verschieben möchte, weist die Pflegemutter darauf hin, dass diese Problematik beim nächsten Versuch vermutlich erneut auftreten würde. Ihre Wortwahl *„die"* erzeugt den Eindruck, dass die Pflegemutter in einer distanzierten Weise über Alexandra spricht. Im weiteren Verlauf des Interviews wird deutlich, dass sie Alexandra nicht begleitet, als diese schließlich doch mit den Mitarbeitern des Jugendamtes mitfährt. Alexandra begründet das Verhalten der Pflegmutter mit der Aussage *„weil sie konnte mit ihren Nerven nicht mehr"* (I.1, S.20, Z.29). Dies deutet auf einen Versuch Alexandras hin, die fehlende Unterstützung ihrer Pflegemutter in dieser von Ohnmacht geprägten Situation durch die psychische Überforderung der Pflegemutter zu rechtfertigen. An dieser Stelle kann ebenfalls vermutet werden, dass die tatsächliche Bedeutung der fehlenden Unterstützung durch die Pflegemutter von Alexandra ausgeblendet wird. Im Verlaufe des Interviews ordnet Alexandra die Herausnahme aus der Pflegefamilie als das schlimmste Erlebnis in ihrem Leben ein. Des Weiteren ist zu vermuten, dass die Rahmenbedingungen, unter denen die Herausnahme stattfand, die emotionale Belastung verstärken:

„Dann haben die mich so weggezerrt und haben mich irgendwie versucht unten ins Auto zu kriegen, /°so als wenn ich misshandelt werde, voll schlimm°/." (I.1, S.20, Z.3-5).

In dieser Situationsdarstellung wird die Trennung von der Pflegefamilie von Alexandra als gewaltsam und gegen ihren Willen durchgeführt dargestellt. Sie vergleicht dieses Erlebnis mit einer Misshandlung. Aus der Textstelle wird jedoch nicht ersichtlich, welche Personen an diesem Akt beteiligt waren, da sie die Personenangabe *„die"* nicht näher spezifiziert. Auffällig ist jedoch, dass ihre Pflegeeltern in dieser von Hilflosigkeit geprägten Situation als für sie schutzgebende Instanz nicht erwähnt werden, was die oben angesprochene Vermutung der möglichen Mitverantwortung der Pflegeeltern an der Herausnahme Alexandras aus der Familie erhärtet.

Die aktuelle Bedeutsamkeit der Pflegeeltern für Alexandra wird in folgender Äußerung ersichtlich: *„Ja also zum Beispiel bei meinen Pflegeeltern/, die hab ich ja immer noch ganz ganz doll lieb und mit denen telefonier ich jeden {„Sonntag")"* (I.1, S.13, Z.4-5). Allerdings kommt im weiteren Verlauf des Interviews zum Ausdruck, dass Alexandra ihre Pflegeeltern nur noch selten zu bestimmten Anlässen, wie ihrem Geburtstag, besucht und sich auch nicht telefonisch bei ihnen meldet. Die Aufrecherhaltung des Kontakts geht ausschließlich von den Pflegeeltern aus, die Alexandra einmal pro Woche anrufen. In dieser Textstelle deuten sich widersprüchliche Tendenzen an, da Alexandra die emotionale Bedeutsamkeit ihrer Pflegeeltern betont, jedoch keine Anstrengungen unternimmt, den Kontakt zu ihnen zu intensivieren. Hinweise, die den Hintergrund dieser Widersprüchlichkeit näher beleuchten können, werden in der folgenden Textpassage aufgezeigt:

I: Hhm (5) was besprichst du mit deinen Pflegeeltern so?

Die meisten Themen, die da sind sind über {„früher, wie ich zu denen gekommen bin und wie es mir hier geht und was alles immer weggekommen ist, was immer geklaut wurde, warum mein Verhalten so ist, das mit den Ausrastern, das kann ich irgendwann nicht mehr hören. [abfälliger Tonfall] (I.1, S.19, Z.3-8).

Alexandra bespricht mit ihren Pflegeeltern für sie bedeutsame Themen. Sie erwähnt die Umstände, unter denen sie zu ihrer Pflegefamilie gekommen ist, das permanente Klauen in ihrer Wohngruppe sowie ihr auffälliges Verhalten, was sich in ihren Ausrastern[31] widerspiegelt. In diesem Erzählkontext lässt Alexandra durch die Formulierung *„warum mein Verhalten so ist“* anklingen, dass sie sich vor ihren Pflegeeltern für ihr Verhalten rechtfertigen muss. Eine andere Lesart könnte sein, dass die Pflegeeltern mit Alexandra die Ursachen ihres Verhaltens ergründen möchten. Durch die Aussage *„das kann ich irgendwann nicht mehr hören“* verdeutlicht sie ihre fehlende Bereitschaft, mit ihren Pflegeeltern über diese Thematik zu sprechen. Auffällig ist jedoch, dass Alexandra auf die anschließende Nachfrage der Interviewerin („Und was meinen sie, warum dein Verhalten so ist oder was meinst du dazu?“) (I.1, S.19, Z.10) bereitwillig ihren Standpunkt darlegt und die nachfolgende Sequenz mit der Begründung ihres Verhaltens einleitet: *„Also, ich finde das hat eigentlich alles angefangen an dem Tag angefangen, wo ich da weggekommen bin,... “* (I.1, S.19, Z.12-13). Indem Alexandra ihre Position mit der Wortwahl *„also, ich finde“* einleitet, deutet sie an, dass sie in Bezug auf die Ursachen ihres auffälligen Verhaltens eine andere Meinung vertritt als ihre Pflegeeltern. Das würde die oben dargelegte „Rechtfertigungshypothese“ erhärten.

Aufgrund der vorangegangenen Erläuterungen verdichten sich die Hinweise, dass sich Alexandra im Gespräch mit ihren Pflegeeltern bezüglich ihres Verhaltens nicht

31 Alexandras Ausraster zeichnen sich durch aggressive Handlungen gegenüber Personen und Gegenständen aus.

verstanden fühlt und sich rechtfertigen muss, was der Anlass für ihre fehlende Kontaktinitiative sein könnte. Des Weiteren ist es auffällig, dass Alexandra das Bild, das ihre Pflegeeltern von ihr haben, ablehnt:

„Ich bin das liebe, kleine Mädchen, was eigentlich überhaupt nichts macht, heißt es immer. Ich war immer ganz lieb, (8) °ja dabei war ich gar nicht immer ganz lieb°. Hab auch schon viel Scheiße gemacht, bin schon vom Baum gefallen" (I.1, S.33, Z.15-17).

Alexandra lehnt das Bild der Pflegeeltern von sich als *„das liebe, kleine Mädchen"* ab. Sie hebt hervor, schon *„viel Scheiße"* gemacht zu haben, zum Beispiel gegen den Willen der Pflegeltern auf einen Baum geklettert und dann heruntergefallen zu sein. Sie setzt ihr eigenes Bild von sich als Mädchen gegen das ihrer Pflegeeltern und betont damit ihre Autonomie. Dass Alexandras Pflegeeltern in ihrem Verhalten eine negative Veränderung wahrnehmen, deutet sich in der Verwendung der Vergangenheitsform *„ich war immer ganz lieb"* an. Diese Vermutung erhärtet sich in der folgenden Interviewsequenz durch die Formulierung: *„Vor allem halt, du warst früher immer so lieb"* (I.1, S.33, Z.21-22). Es macht den Eindruck, als ob Alexandra in den Augen ihrer Pflegeeltern gegenwärtig nicht mehr *„ganz lieb"* ist, was mit ihren *„Ausrastern"* in Verbindung stehen könnte. Dieser Eindruck kann durch die bereits dargelegte Rechtfertigungshypothese untermauert werden, da in diesem Zusammenhang aufgezeigt werden konnte, dass Alexandra sich ihren Pflegeeltern gegenüber für ihr abweichendes Verhalten rechtfertigen muss.

Alexandra benennt ihre Bezugsbetreuerin Anna gegen Ende des Interviews als die für sie wichtigste Person, wobei die Beziehung zu den anderen Betreuern im gesamten Interview fast gestaltlos bleibt. Anna ist im Vergleich zu den leiblichen Eltern und zu den Pflegeeltern eine in ihrem Alltag unmittelbar präsente und wichtige Person. Die subjektive Bedeutung Annas für Alexandra wird in der folgenden Sequenz ersichtlich:

I: Gibt es denn Personen, die dir hier im Heim wichtig sind?

Ja, also Betreuer <beziehungsweise. eine Betreuerin ganz wichtig, das ist die Anna<. Ich weiß nicht, ich seh sie nicht so als Betreuerin, ich seh sie halt mehr als meine Mama so, weil sie hat so ne Art an sich, die mag ich total gerne. Ich hab ihr ne zeitlang auch viel nachgemacht, °was sie natürlich auch sehr genervt hat°.

I: @(.)@ Und wie hast du das gemacht ?

Ja, Klamotten nachgekauft so=ein bisschen. Hab mich versucht von ihren Sprachweisen so nachzumachen. Irgendwann hat sie gesagt, „du das nervt mich, lass es einfach" und irgendwann hab ich es jetzt auch gelassen. Hab gemerkt, dass sie das auch /nervt/. Aber ich kuschel halt immer gerne mit ihr und frag sie, ob ich sie /in den Arm nehmen/ darf, ob ich mal ihr Parfum haben darf so. Ja, ich hatte mal nen Tag, da hab ich sie nach ihrem Parfum gefragt und dann durfte ich es auch am nächsten Morgen benutzen, das war sehr schön. >Nur manchmal, wenn sie dann im Urlaub ist, dann fang ich an zu weinen, weil sie einfach nicht da ist und ich hatte auch ne zeitlang das Problem, dass, ich hab immer Angst um sie gehabt, dass ihr irgendwas passiert. Das war halt sehr schlimm und wir reden halt viel darüber. Manchmal kann, äh ich hab ziemlich viel Vertrauen in ihr, in sie und ich erzähl ihr auch viel, aber, also wenn es um mein Konto oder so geht, dann mag ich ihr das gar nicht erzählen, weil ich dann immer Schiss hab, sie wird gleich sauer und sie meckert dann wieder mich an und das kann ich nicht haben>.

I: Und warum?

Weiß ich nicht, ich fühl mich angegriffen, so nach dem Motto, sie mag mich dann nicht mehr> (I.1, S.8, Z.1-27).

Alexandra erwähnt, dass in ihrem Lebenskontext Heim ihre Betreuer, insbesondere ihre Bezugsbetreuerin Anna, für sie wichtige Personen sind. Annas Bedeutsamkeit für Alexandra spiegelt sich darin wider, dass sie in Anna eher die Mutter als die Bezugsbetreuerin sieht. In dieser Sequenz deutet sich durch die Aussage *„Ich kuschel halt immer gerne mit ihr und frag sie, ob ich sie /in den Arm nehmen/ darf"* ihr großes Bedürfnis nach körperlicher Nähe zu ihr an, welches durch Anna anscheinend reguliert wird. Dies zeigt sich darin, dass Alexandra offenbar um die Erlaubnis bittet, Anna in den Arm nehmen zu dürfen. Außerdem scheint sich Alexandra über die Nachahmung von Sprachstil und Kleidung mit Anna zu identifizieren. Alexandras Wunsch später Erzieherin im Heim zu werden, den sie in einer anderen Interviewstelle erwähnt, könnte als ein weiteres Identifikationsmerkmal mit Anna aufgefasst werden. Des Weiteren sagt Alexandra: *„hab ziemlich viel Vertrauen in ihr, in sie"* und betont damit das von Vertrauen geprägte Verhältnis zu Anna, was sich vor allem darin zeigt, dass Alexandra ihr viel erzählt. Eine Ausnahme sind offenbar Situationen, in denen sie von Anna eine negative Reaktion zu erwarten und vermutlich Angst vor Ablehnung hat. Dies deutet sich in der Äußerung *„ich fühl mich angegriffen, so nach dem Motto, sie mag mich dann nicht mehr>"* an. Die Angst vor der Ablehnung durch

Anna könnte auch der Grund dafür sein, warum Alexandra deren Nachahmung durch Sprache und Kleidung unterließ, nachdem diese darauf genervt reagierte. Die mehrfache Erwähnung der genervten Reaktion von Anna auf das nachahmende Verhalten könnte als Hinweis für eine Ablehnungserfahrung betrachtet werden.

In der vorangegangenen Sequenz kommt außerdem Alexandras Verlustangst gegenüber ihrer Bezugsbetreuerin zum Ausdruck. Diese zeigt sich einerseits in Alexandras Schwierigkeiten, mit einer Trennungssituation umzugehen *„wenn sie dann im Urlaub ist, dann fang ich an zu weinen, weil sie einfach nicht da ist“*. Andererseits äußert Alexandra, dass sie über einen bestimmten Zeitraum hinweg, der von ihr nicht näher spezifiziert wird, große Angst davor hatte, dass Anna etwas zustoßen könnte. Aufgrund der vorangegangenen Textanalyse konnte aufgezeigt werden, dass in der Beziehung zu Anna der Wunsch nach Nähe sowie die Angst vor Ablehnung und vor einem erneuten Beziehungsabbruch dominieren. Die folgende Textsequenz enthält weitere Hinweise auf die beschriebenen Beziehungsmerkmale. Alexandra beschreibt hier die ablehnende Reaktion ihrer Betreuer, wenn diese ihr Verhalten als störend empfinden. Obwohl es zunächst den Anschein macht, als ob Alexandra über alle Betreuer sprechen würde, zeigt sich im weiteren Verlauf des Interviews, dass es sich um Annas Reaktion handelt:

I: Und wie zeigt sich das?

Äh /dann/ heißt es, „+{äh, ich möchte jetzt nicht mit dir reden, äh, ich /möchte/ jetzt nicht mit dir kuscheln, äh, lass mich einfach mal in Ruhe, ich möchte jetzt alleine hier im Dienstzimmer sein, könnt ihr mal, kannst du mal rausgehen und, ja}+“ (I.1, S.34, Z.23-27).

Alexandra erfährt als Reaktion auf ihr unerwünschtes Verhalten Ablehnung in Form von Verweigerung ihres Wunsches nach emotionaler und körperlicher Nähe, was sich in den Formulierungen *„möchte jetzt nicht mit dir reden“* und *„möchte jetzt nicht mit dir kuscheln“* zeigt. Es liegt die Vermutung nahe, dass die Befriedigung von Alexandras Bedürfnis nach Nähe an erwünschte Verhaltensweisen ihrerseits gekoppelt ist. Diese Vermutung wird durch die folgende Textstelle gestützt:

I: Und was empfindest du dann, wenn so was kommt?

Äh, wird dann, hab dann manchmal nen pampigen Ton. Äh, das schon wieder, typisch Anna [Äh, das schon wieder – wird in pampiger Tonlage nachgemacht]. Von Anna krieg ich das häufig zu hören, „ich möchte, ich möchte jetzt allein sein“. Oder *wenn ich sie dann frage, „kannst du mich heute, darf ich dich heute in=den Arm nehmen" „Nee ich mö-, das heißt, nee, ich möchte nicht." Dann denk ich schon wieder, oh, will doch nie. Aber manchmal, also< heute hat sie mich in=den /Arm/ genommen, nur weil ich gesagt habe, mein Schatz. Ich hab gesagt, danke schön mein Schatz. Nee quatsch, ich hab gesagt, danke schön, du bist ein Schatz Anna, weil ich meinen Fernseher heute Abend wiederkriege und die das besprochen haben und Anna bestimmt auf meiner Seite war. Und dann hab ich gesagt, danke mein Scha-, äh, danke, du bist ein Schatz. Dann hat sie mich in den Arm genommen< und dabei hab ich noch nicht mal was gesagt. Aber ich lass mich dann auch von ihr in=den Arm nehmen, weil ich sie halt so gerne mag. Ich hatte noch nicht einmal, wo ich sage, geh weg, nimm mich jetzt nicht in=den Arm. Ich komm eigentlich immer an und frage, °kannst du mich in=den Arm nehmen?° [neben leise zusätzlich mit kindlicher Stimme gesprochen]. (5) Ich häng halt an ihr* (I.1, S.34, Z.29-S.35, Z.10).

Durch Alexandras Äußerung *„typisch Anna"* wird an dieser Stelle explizit deutlich, dass sie über Ablehnungserfahrungen mit ihrer Bezugsbetreuerin und vermutlich nicht über die anderen Betreuer spricht. Ihr Nähebedürfnis zu Anna und die gehäufte Ablehnung dieses Bedürfnisses scheinen eine emotionale Verunsicherung zur Folge zu haben, was sich in der Formulierung *„kannst du mich heute, darf ich dich heute in den Arm nehmen?"* zeigt. Außerdem wird deutlich, dass Alexandra um Erlaubnis bitten muss, ob sie ihre Betreuerin in den Arm nehmen darf, was auch bereits an anderer Stelle in der Analyse thematisiert wurde. Dieser Bitte wird von Anna nicht immer entsprochen und so entsteht bei Alexandra der Eindruck, dass Anna zu keinem Zeitpunkt körperliche Nähe zu ihr möchte. Alexandra hingegen hat körperliche Zuwendung von Anna bisher noch nicht abgelehnt, was in ihrer Aussage *„Ich hatte noch nicht einmal, wo ich sage, geh weg, nimm mich jetzt nicht in den Arm"* anklingt.

Das Gefühl, dass sich Anna für Alexandras Bedürfnisse einsetzt, indem sie den Wiedererhalt des Fernsehers befürwortet, wird von Alexandra als Auslöser für ihre eigene anerkennende, liebevolle Äußerung *„Schatz"* beschrieben. Dafür wird Alexandra von Anna offenbar durch körperliche Zuwendung belohnt, ohne dass sie darum bitten muss. Mit dieser Äußerung scheint jedoch gleichzeitig auch ein weiterer Moment der Verunsicherung verknüpft zu sein, da Alexandra sich mehrfach korrigiert, ob sie nun *„mein Schatz"* oder *„du bist ein Schatz"* zu ihrer Bezugsbetreuerin gesagt hat. Zwischen diesen beiden Formulierungen liegt gefühlsmäßig durchaus einen Unterschied, obwohl beide die Nähe zu einer Person und deren Bedeutung für die eigene Person ausdrücken. Durch den Ausspruch *„mein Schatz"* wird die Nähe zu einer Person besonders hervorgehoben. Hier stellt sich die Frage, ob die Ablehnungserfahrungen mit Anna diese Formulierung insofern beeinflussen, als dass sie auf eine Verunsicherung in der Beziehungsdefinition hindeutet. Die Bedeutung von Zuneigungsbeweisen und damit verbundener Unsicherheit und hoher Sensibilität gegenüber Zurückweisungen wird in diesem Erzählzusammenhang besonders deutlich.

In der Beziehung zwischen Alexandra und ihrer Bezugsbetreuerin scheint die Regulierung des Nähe-Distanz-Verhältnisses allein durch Anna stattzufinden, denn Alexandra muss um Erlaubnis bitten, wenn sie sich körperliche Nähe wünscht. Kennzeichnend ist auch, dass die Erfüllung von Alexandras Nähebedürfnissen offenbar an erwünschte Verhaltensweisen gebunden ist. Dieses Beziehungsmuster zwischen ihnen wirkt sich, gekoppelt mit den bereits beschriebenen Diskontinuitätserfahrungen in Alexandras Biografie, möglicherweise insofern auf die Beziehungsgestaltung zu Anna aus, als es für Alexandra eine Herausforderung im doppelten Sinne zu sein scheint, das Spannungsverhältnis zwischen Nähe und Distanz auszuhalten, ohne dass es zu einer Kränkung des Selbst kommt.

Alexandra berichtet lediglich von einer Situation, die Hinweise darauf bietet, wie sich Meinungsverschiedenheiten zwischen Anna und ihr gestalten. Sie erwähnt, dass sie Anna viel Vertrauen schenkt und viele Dinge mit ihr bespricht. Eine Ausnahme bildet allerdings Alexandras Kontostand, da sie Angst vor einer negativen Reaktion hat und sich offenbar angegriffen fühlt:

I: Was ist denn mit deinem Konto?

Ja, zum Beispiel, wenn ich zu viel Geld von meinem Konto abgehoben habe oder diesen, diesen Dauerauftrag von zehn Euro nicht jeden Monat überwiesen worden sind und ich soll aber sparen, dann meckert sie mich gleich an und so und sagt „du solltest doch sparen, denk mal an später, wenn du nicht mehr hier wohnst." Recht hat sie ja, aber ich, es, lass mir halt nicht gleich gefallen und fang dann an pampig zu werden und dann (weist sie sich mehr mir ab). Das Problem ist {„ich hab sie sehr gerne, so„}, ähm, aber wenn sie im Dienst ist, zumindest im Moment ist es so, ich trau mich nicht mehr alles sie zu /fragen (I.1, S.8, Z.29-S.9, Z.3).

Anna kritisiert Alexandras Verhalten. Diese kann Annas Position nachvollziehen, möchte aber dennoch nicht nachgeben und reagiert auf die Kritik vermutlich genervt, was sich in dem Adjektiv *„pampig"* zeigt. Hier deutet sich ein Autonomiebestreben an, denn Alexandra weiß zwar, welches Verhalten bezüglich ihres Umgangs mit Geld von ihr erwartet wird, möchte sich dem aber nicht unterordnen, obwohl sie sich der Abweisung, die sie vermutlich erfährt, bewusst zu sein scheint. Somit möchte sich Alexandra möglicherweise ihre Autonomie in dieser Konfliktsituation bewahren, indem sie keine Verhaltensänderung einleitet. Mit dem letzten Satz aus der Interviewsequenz, der auf eine Verunsicherung Alexandras im Umgang mit Anna hindeutet, verweist sie auf ihren letzten *„großen Ausraster"*(I.1, S.9, Z.7) [32], bei dem sie Gewalt gegenüber Gegenständen und Anna ausübte: *„Hab sie, Anna, getreten auch, es war richtig doll"* (I.1, S.9, Z.12). Es ist aus dem Interview nicht zu entnehmen, wie die Interaktion zwischen Anna und Alexandra während dieses *„Ausrasters"* verlief. An einer anderen Textstelle beschreibt Alexandra jedoch beispielhaft, wie sich die Interaktion zwischen den beiden gestaltet, wenn sich eine Eskalation der Situation anbahnt, die dann oft in einen *„Ausraster"* mündet:

Äh, erst glaub ich wenn es richtig kracht.

I: Wie sieht das dann so aus, kannst du mir ein Beispiel nennen?

Ja, äh, wenn ich, wenn ich halt anfange rumzuschreien, wenn ich, wenn ich gar nicht mehr zuhöre, so, (6) so nach dem Motto, mir ist halt alles scheißegal.

I: Was macht sie dann?

Sie versucht sich immer so aus der Situation, äh, zu entfernen, sagt erst mal gar nichts und ich versuch dann halt weiter zu provozieren. (Ist dann so), weiß ich nicht, an die Wand zu treten wie gesagt und dieses ganze Spiel halt. Baut sich immer alles dann so auf (I.1, S.39, Z.30- S.40, Z.3).

Anna versucht zunächst aus der Situation hinaus zu gehen, woraufhin Alexandra ihre Provokation fortsetzt. In Alexandras Formulierung *„baut sich immer alles dann so auf"* klingt die Prozesshaftigkeit der Situationseskalation an, die anscheinend *„immer"* nach dem selben Schema verläuft. Des Weiteren wird durch die Verwendung der unpersönlichen Form *„sich"* im letzten Satz Alexandra als Subjekt bei der Situationsgestaltung ausgespart und so vermutlich eine Distanz zum Eskalationsprozess geschaffen. Durch die Verwendung des Begriffs *„Spiel"*, der auf eine Bagatellisierung ihres Verhaltens verweist, findet vermutlich eine weitere Distanzierung zu ihrem auffälligen Verhalten statt. Alexandra vermittelt den Eindruck, als ob sich ihre Aus-

---

[32] Den Auslöser für den Ausraster sieht Alexandra in einem Vorfall in der Schule und darin, dass sie nicht mit zum Hauptsitzes des Heimes fahren durfte.

raster verselbstständigen und sich ihrer Kontrolle entziehen. Der Umgang mit Konflikten zwischen Alexandra und Anna scheint durch Eskalation seitens Alexandras geprägt zu sein. Diesem Eskalationsprozess scheint Anna entgegenzuwirken, in dem sie sich aus der Situation entfernt.

Alexandras letzter *„Ausraster"*, der zum Zeitpunkt des Interviews zwei Wochen zurückliegt, hat sich anscheinend auf die Beziehungsgestaltung zu Anna ausgewirkt. Dies bringt sie im Zusammenhang mit ihrer fehlenden Fähigkeit, sich mit Konflikten auseinanderzusetzen, an:

„Ich, ich, ich denk dann immer, es gibt dann, das ist immer zu viel Laberei so, es geht mir alles auf die Nerven und (4) denk so, nee dar- das mach ich jetzt nicht, hab ich keine Lust zu und versuch dann irgendwie mich mit anderen Sachen zu beschäftigen. Meistens fahr ich dann immer zum Reiten oder geh zu ner Freundin. Will nicht mehr daran denken. (3) Das merkt man halt auch an /Anna/. Ich hatte ja mit Anna diesen ganz großen Streit (5) und nach diesem Streit bin ich ihr viel aus dem Weg gegangen, obwohl, ich hätte wahrscheinlich versuchen sollen, mich da so anzutasten. Also wieder Vertrauen zu ihr aufzubauen, weil das ist halt dadurch so ein bisschen gebrochen, so und bin ihr dann teilweise, ihr aus dem Weg gegangen, indem ich zu meiner Freundin gefahren bin, wenn sie Dienst hatte und bin abends dann erst nach Hause gekommen (I.1, S.30, Z.14-23).

Alexandra vermeidet es, sich mit bestehenden Konflikten auseinanderzusetzen, was sie selbst an anderer Stelle als ihre Schwäche bezeichnet. Sie begründet ihr Verhalten damit, dass ihr die Auseinandersetzung mit Konflikten *„zu viel Laberei"* sei, ihr *„auf die Nerven"* gehe und sie darauf *„keine Lust"* habe. Sie versucht sich gedanklich vom Konflikt abzulenken, wobei sich die Anstrengung, die mit dem Ablenkungsversuch einhergeht, in der Formulierung *„versuch dann irgendwie mich mit anderen Sachen zu beschäftigen"* andeutet. Sie erwähnt, dass sie Anna nach dem Streit aus dem Weg gegangen sei, indem sie durch räumliche Distanz versuchte, eine Konfrontation mit Anna zu vermeiden. Hierbei bewertet sie ihr eigenes Verhalten jedoch kritisch. Ihr scheint bewusst zu sein, dass das Vertrauen zu Anna sich nur durch Annäherung wieder entwickeln kann. In der vorangegangenen Textanalyse wurde festgestellt, dass der Umgang mit Konflikten zwischen Alexandra und ihrer Bezugsbetreuerin sich zwischen Eskalation, welche in Alexandras sogenannten *„Ausraster"* mündet, auf der einen und Vermeidung auf der anderen Seite bewegt. Letzteres steht laut Alexandras

Aussage im Zusammenhang mit ihrer Angst, bei Meinungsverschiedenheiten von Anna Ablehnung zu erfahren.

Für Alexandra scheinen neben Anna als unmittelbar präsente menschliche Bezugsperson die Pferde in ihrem Alltag von großer Bedeutung zu sein. Dies wird in ihrer Ausführung auf die Frage, in welcher Situation sie das letzte Mal richtig glücklich gewesen sei, ersichtlich:

„>Ich glaub, das Gefühl hab ich im Moment gar nicht mehr, (5) °°richtig glücklich°°.> Meistens, wenn ich beim Pferd bin, wenn ich mit dem kuschel, wenn, wenn ich halt auf dem Pferd sitze und mit dem reiten kann, bin ich eigentlich {,,immer richtig glücklich,,}" (I.1, S.41, Z.8-10).

Alexandra äußert zunächst, das Gefühl des Glücklichseins momentan nicht mehr zu empfinden. Nach einem kurzen Augenblick des Überlegens, der in der Wiederholung der Worte *„richtig glücklich"* in Verbindung mit der kurzen Pause deutlich wird, verknüpft sie dieses Gefühl mit dem Zusammensein mit Pferden. In ihrer Beschreibung wird der körperliche Kontakt besonders hervorgehoben, der für sie eine besondere Bedeutung zu haben scheint. Die nachfolgende Textstelle, die an die vorangegangene Interviewsequenz anschließt, bietet einen Einblick in die Interaktion zwischen Alexandra und den Pferden:

I: Wie fühlt sich das an?

<Ich freu mich immer ganz doll, fang an zu lachen, und fang an dem Pferd wieder was zu erzählen und wenn ich dann merke, wie sich die Körperhaltung von dem Pferd verändert, dann freu ich mich immer ganz doll, weil ich weiß, es hört mir zu<. Oder wenn dem Pferd irgendwas stört, wenn, wenn es zum Beispiel nur an=dem Bauchgurt ist, das an dem Pferd drückt, achte ich immer ganz doll auf seine Körpersprache und er zeigt mir sofort, dass irgendwas nicht in Ordnung ist und ich guck dann halt immer gleich nach, weil ich Angst habe, ich tu dem Pferd weh. Ist ja auch meistens so, wenn irgendwas ist. Oder wenn jetzt, ganz spannend ist immer, Donny ist so einer, wenn der in der Stallgasse steht und ich mach den gerade fertig und ich geh mal zwei Meter von ihm entfernt, dann fängt er an mit den Hufen zu scharren und sobald ich wieder direkt neben ihm stehe, hört er auf. Aber wenn ich da hinten stehe, zwei Meter und sage, „Donny hör auf", dann hört er nicht auf. Der will sofort, dass ich wieder da stehe. Also das ist zum Beispiel so die Körpersprache, die ich immer, ähm, die ich halt, die sich halt aufbaut, so. Man kann nicht jedes Pferd, äh, kann nicht gleich mit

nem Pferd irgendwie sprechen, so nach dem Motto. Es kommt immer drauf an, äh, wie lange man, äh, sich mit dem Pferd auch beschäftigt (I.1, S.41, Z.12-28).

Alexandras Verständnis vom Glücklichsein beinhaltet Freude, welche im Lachen zum Ausdruck kommt. Sie liefert in dieser Textpassage eine sehr detaillierte Beschreibung, wie sich die Beziehung zu den Pferden gestaltet und sie sich glücklich fühlen lässt. Alexandra fühlt sich offenbar einerseits durch die veränderte Körpersprache des Pferdes, wenn sie ihm etwas erzählt, wahrgenommen. Andererseits versucht sie über die Deutung der Körpersprache des Pferdes seine Bedürfnisse zu erkennen und es zu verstehen, wobei ihr das Wohlergehen des Tieres wichtig ist. Sie beschreibt, wie sich das Pferd verhält, wenn sich Alexandra zu weit von ihm entfernt, und deutet das Scharren mit den Hufen als Ausdruck eines Nähebedürfnisses seitens des Pferdes, da es dieses Verhalten unterlässt, sobald Alexandra sich wieder in seiner direkten Nähe aufhält. Des Weiteren deutet sich eine Faszination Alexandras gegenüber dem eben beschriebenen Verhalten des Pferdes an, was sich in ihre Formulierung *„ganz spannend ist immer"* zeigt. Alexandra lässt anklingen, wie bedeutsam es ist, sich über einen längeren Zeitraum mit einem Pferd zu beschäftigen, damit sich eine Beziehung aufbauen kann. Sie definiert in der anschließenden Sequenz die Beziehung zu ihrem Pflegepferd und trifft damit anscheinend auch eine Aussage über ihre aktuellen Freundschaften und ihren Freund:

Und ähm, ((schlucken)) ich hab irgendwie zwischendurch schon mal gesagt, „eigentlich hab ich nur einen richtigen Freund und das ist mein Pferd, beziehungsweise das Pflegepferd." Und, ähm ich hab auch schon mal zu meinem Freund gesagt, „ich geh dir fremd." Er sagt, „wie gehst du mir fremd?" @Ich so, „ja, mit=einem Pferd"@. Dann sagt er, „ach wenn es nur das ist" (I.1, S.42, Z.12-16).

Alexandra bezeichnet ihr Pflegepferd als ihren einzigen *„richtigen Freund"*, wobei diese Aussage von ihr durch die Bemerkung *„irgendwie zwischendurch schon mal gesagt, eigentlich"* relativiert wird. Außerdem wertet Alexandra das Pferd in seiner Bedeutsamkeit auf, indem sie ihrem Freund mitteilt, mit dem Pferd fremdzugehen und somit das Pferd als Konkurrenten entwirft. Auffällig ist, dass sich in der Gesamtsicht des Interviews zeigt, dass Pferde in Alexandras Vergangenheit, Gegenwart und auch in ihren Zukunftsvorstellungen eine bedeutende Rolle spielen und somit ein positives verbindendes Element in ihrer Lebensgeschichte darstellen. Sie berichtet davon, bereits mit vier Jahren ein eigenes Pony bekommen zu haben, was ihre einzige Erinnerung bis zu ihrem sechsten Lebensjahr ist. Des Weiteren hat sie bereits als

Kind an Reitturnieren teilgenommen und besitzt auch heute eine Reitbeteiligung, auf die sie sehr stolz ist. Ihre Vorbilder sind erfolgreiche Personen aus dem Reitsport, denen sie versucht nachzueifern, um einmal genauso viel Erfolg zu haben. Außerdem wünscht sie sich eine eigene Wohnung, die in unmittelbarer Nähe einer Pferdekoppel liegt.

Alexandras Definition der Beziehung zu ihrem Pferd bietet Hinweise auf die Definition der Beziehungen zu ihren Freundinnen und ihrem Freund. Alexandra berichtet im Interview zwar von Freundinnen, kann mit ihnen jedoch nicht über ihre Probleme sprechen:

Wenn ich, wenn ich, ähm, zum Beispiel, wenn ich das jetzt meinen Freundinnen erzähle, ich weiß überhaupt nicht, ob die das weitererzählen. & +Die würden es wahrscheinlich gleich weitererzählen, die ha- halbe Klasse weiß das dann+. Nadja zum Beispiel hab ich das mit meiner Familie erzählt, aber die kenn ich auch schon lange (I.1, S.49, Z.6-9).

Alexandra lässt das fehlende Vertrauen zu ihren Freundinnen anklingen, was die Ursache dafür ist, dass sie mit ihnen nicht über ihre Probleme spricht. Insgesamt bleibt die Beziehung zu ihnen gestaltlos. Nadja, die sie sie als ihre beste Freundin bezeichnet, ist zugleich die Tochter ihrer Pflegeschwester. Ihr scheint sie Vertrauen entgegenzubringen, was sich darin widerspiegelt, dass sie mit ihr über ihre familiäre Situation gesprochen hat. Jedoch ist sie in ihrem Leben nicht mehr unmittelbar präsent, da momentan kein Kontakt zwischen ihnen besteht. Alexandra begründet dies mit Nadjas schwieriger Erreichbarkeit, da diese viel Zeit mit ihrem Freund verbringt und viel unterwegs ist. Des Weiteren leben sie in unterschiedlichen Städten.

Während Alexandra davon berichtet, dass sie mit ihren Freundinnen nicht über ihre Probleme spricht, bringt sie ihren Freund, mit dem sie seit drei Jahren zusammen ist, selbst als Ansprechpartner an, wobei sie betont, dass sie ihre familiäre Situation in Gesprächen mit ihm ausklammert:

Ja, wenn ich, ja wenn ich das in der Schule /hatte/, erzähl ich ihm das oder wenn bei, wenn, wenn ich mit ner Freundin gerade zerstritten habe, sage ich ihm das auch. Aber so familiäre Sachen eigentlich ni::cht. Das halt nur mit dieser meiner Bezugsbetreuerin, das bespreche ich nur mit ihr so (I.1, S.18, Z.29-32).

In diesem Abschnitt lässt Alexandra die Sensibilität ihrer familiären Thematik anklingen, indem sie selektiert, mit welchen Personen sie darüber spricht. Hier zeigt sich erneut Annas Bedeutsamkeit als unmittelbar präsente Bezugsperson. An einer anderen Stelle im Interview wird deutlich, dass die Beziehung zu ihrem Freund trotz ihrer Wichtigkeit von Unsicherheit geprägt zu sein scheint. Dies äußert sich in ihrer Unsicherheit darüber, ob sie ihn als ihren Freund betiteln soll oder nicht, da er nicht in derselben Stadt lebt und sie sich nicht einmal jedes Wochenende sehen können. Außerdem erzählt sie von wiederholten Trennungen nach Meinungsverschiedenheiten. Mit ihrer Aussage *„wie das halt so ist"* (I.1, S.17, Z.29) entwirft sie diesen Umgang mit Konflikten als normal und selbstverständlich. Hier deutet sich eine Diskontinuität in der Beziehungsgestaltung zu ihrem Freund an. In der folgenden Textpassage schildert Alexandra, wie Konfliktsituationen mit ihrem Freund verlaufen:

Ähm, eigentlich fängt das immer an mit ja nein ja nein, er sagt dann immer meistens „nein" und ich sag dann immer „ja" und dann wird das Ganze irgendwie ein bisschen lauter, dann /fangen/ wir uns an anzuzicken. Und dann sag ich so, „wenn, wenn, wenn das jetzt so weiter geht, hab ich keinen Bock mehr mit dir zu telefonieren." Meistens geht es dann auch so weiter und dann leg ich einfach auf. Dann zwischendurch hat er mir auch mal geschrieben, ich bin ein {„Arschloch beziehungsweise. ich kann ihn mal„}, aber irgendwann bin ich dann wieder angekommen, so nach Motto, ° ja, ich möchte das nicht so haben°. (3) + Wäre ja auch mal schön, wenn er mal ankommen würde+, aber das war noch nicht so" (I.1, S.18, Z.9-16).

Es scheint so, als ob das Beharren auf der eigenen Meinung auf eine Kommunikationsstruktur hindeutet, die einen Eskalationsprozess anstößt. Diesen versucht Alexandra durch Androhung eines Gesprächsabbruchs zu unterbinden, was meistens nicht die gewünschte Wirkung nach sich zieht, so dass Alexandra daraufhin das Gespräch beendet. Eine Annäherung nach einer Konfliktsituation scheint ausschließlich durch Alexandras Initiative stattzufinden, wobei aus dem Interview nicht hervorgeht, um welche Konflikte es sich handelt und wie Alexandra versucht, diese schließlich zu lösen. Außerdem berichtet Alexandra, von ihrem Freund beschimpft zu werden, was sie jedoch an dieser Stelle nicht bewertet. Insgesamt scheint der Umgang mit Konflikten in dieser Beziehung durch Kontaktunterbrechung oder Beziehungsabbruch geprägt zu sein, wodurch der Konflikt zunächst beendet wird. Es scheint so, als ob keine weitere Auseinandersetzung mit dem Thema des Konflikts stattfindet, sondern lediglich durch Alexandras Initiative eine Annäherung nach der Situationseskalation geschaffen wird.

Im schulischen Kontext zeigen sich Alexandras Beziehungen zu Gleichaltrigen bereits seit der Grundschulzeit als äußerst problembehaftet. Sie spricht von Schwierigkeiten mit ihren Mitschülerinnen und merkt an, dass diese in der Schule Lügen über sie verbreitet hätten. Alexandra beschreibt die Grund- und Hauptschulzeit als *„schlimm"* (I.1, S.25, Z.18), wobei die Grundschulzeit für sie so belastend gewesen sei, dass sie darüber nicht weiter sprechen möchte. Sie berichtet von einem einschneidenden Erlebnis während ihrer Hauptschulzeit, bei dem sie während einer Klassenfahrt von ihren Mitschülern geschlagen und dabei gefilmt wurde. Alexandra erzählt, dass sie in der Hauptschule nur eine Freundin hatte. Bevor diese auf die Schule kam, verbrachte sie ihre Pausen stets alleine. Insgesamt entsteht der Eindruck, dass Alexandra während ihrer gesamten Schulzeit kaum Freunde hatte und vermehrt Ablehnung seitens ihrer Mitschüler erfahren musste. Hierbei kam es neben Anschuldigungen und Beleidigungen auch zu körperlichen Angriffen auf Alexandra.

4.1.4 „Das war alles schon so geplant irgendwie, dass ich mich da oben festkralle" – Handlungsfähigkeit im Kontext von Ohnmachtserfahrungen

In Alexandras Biografie nehmen die Unterbringung in der Vollzeitpflege und die damit einhergehende Herausnahme aus ihrer Herkunftsfamilie, Unterbringungen in stationären Einrichtungen der Jugendhilfe und der Kinder- und Jugendpsychiatrie eine bedeutsame Rolle für ihre Lebensgestaltung ein. Damit verknüpft sind Beziehungsabbrüche sowie das Gefühl der Fremdbestimmung. Dieser Prozess erfährt seinen Höhepunkt an dem Tag, an dem Alexandra auf Veranlassung des Jugendamtes ihre Pflegefamilie verlassen muss und in der stationären Erziehungshilfe untergebracht wird:

((stöhnen)) Es ist ja halt dieser Tag, wo ich abgeholt wurde, der war, wir sind gerade aus der Türkei wiedergekommen, °wir waren im Urlaub°. Und wir sind eigentlich nur in die Haustür rein, haben das /Auto/ unten gesehen, mein Pflegevater ist halt zu Hause geblieben. Und die standen halt direkt vor der Tür, so nach dem Motto, ja, können Koffer packen. Wir nehmen das Kind jetzt mit. Und als ich das schon mitgekriegt hab, ich bin gleich oben ins Zimmer gerannt, hab mich ans Fenster /gekrallt/, war ja sehr warm und das stand offen. Hab mich dann so ans Fensterbrett gekrallt [zeigt das Festkrallen] und hab nicht mehr losgelassen und dann haben die mich da irgendwie weggekriegt, wie weiß ich nicht. Dann haben die mich so weggezerrt und haben mich irgendwie versucht unten ins Auto zu kriegen, /°so als wenn ich misshan-

delt werde, voll schlimm°/. Und dann, äh, hab ich mich hier so, da ist halt dies Dach und da unten sind das weiß nicht von der Autotür. Hab mich dann unten rauf gestellt, so gegen gelehnt und oben so die Hände festgemacht, damit die mich nicht ins Auto kriegen. Aber irgendwann haben sie es irgendwie doch geschafft, /wie weiß ich nicht/. Und als die Frau vom Jugendamt dann eingestiegen ist, bin ich auf der anderen Seite {„wieder ausgestiegen und bin wieder nach oben gerannt und hab mich festgekrallt„}. Und dann meinte die Frau vom Jugendamt, „das hat doch alles keinen Sinn, wir kommen wann anders wieder, lassen wir das jetzt erst mal sacken." Und dann hat meine Pflegemutter gesagt, „{ja, glauben sie das bringt was, dann macht die wieder das /gleiche/,}" (I.1, S.19, Z.30-S.20, Z.13).

In dieser Sequenz wird die massive Einschränkung von Alexandras Handlungsautonomie, die sie bei der Herausnahme aus der Pflegefamilie erfährt, deutlich. Diese Ohnmachtserfahrung weist unterschiedliche Dimensionen auf. Durch die Aussage *„Und die standen halt direkt vor der Tür, so nach dem Motto, ja, können Koffer packen. Wir nehmen das Kind jetzt mit"* entsteht der Eindruck einer abrupten und unvorbereiteten Herausnahme Alexandras aus ihrer Pflegefamilie. Diese Annahme wird in einer anderen Interviewsequenz erhärtet, in der Alexandra angibt, erst einen Tag zuvor durch einen Anruf des Pflegevaters am Urlaubsort von der Entscheidung des Jugendamtes erfahren zu haben. Außerdem scheint die zentrale Botschaft dieser Aussage die Betonung der Fremdbestimmung zu sein, der Alexandra ausgesetzt ist. Dieser Fremdbestimmung versucht sie durch massiven Widerstand entgegenzuwirken. Die Versuche ihren Widerstand zu brechen, vergleicht sie mit einer Misshandlung, wodurch ihr Ohnmachterleben vermutlich verstärkt wird. In der folgenden Passage steht die Wiedererlangung ihrer Selbstbestimmung in dieser von Ohnmacht geprägten Erfahrung im Fokus:

>Und meine Mama hat mir das dann erzählt (3) und deswegen, das war alles schon so geplant irgendwie, dass ich mich da oben festkralle und +hab halt rumgeschrien, hab um mich geschlagen, wollte keinen an mich lassen+ und °irgendwann hat meine Pflegemutter gesagt, „ja fährst du", weil sie konnte mit ihren Nerven nicht mehr, sie konnte auch nicht mitfahren. Und dann hat sie gesagt, „ja, wenn deine Patentante mitfährt, dann fährst du doch auch mit ne?" Und dann hab ich gesagt „ja", und dann °°bin ich mitgefahren°°. > (I.1, S.20, Z.26-32).

Alexandra stellt ihren Widerstand gegen die Herausnahme als einen geplanten Akt dar, wodurch sie sich zunächst ein Stück Handlungsfähigkeit bewahrt. Erst in dem

Augenblick, in dem ihre Pflegemutter sie aufgrund ihrer eigenen psychischen Überforderung bittet, mit den Mitarbeitern des Jugendamts mitzufahren, gibt sie ihren Widerstand auf. Durch ihre Einwilligung *„Und dann hab ich gesagt ja und dann bin ich mitgefahren“* scheint sie ihre Entscheidungsgewalt über den Ausgang der Situation betonen zu wollen.

Nachdem Alexandra ihre Pflegefamilie verlassen musste, wurde sie zunächst im Heim untergebracht, wobei dieser Zeitraum in ihrer Erzählung wenig detailliert ist. Sie erwähnt, dass sich ihre *„Ausraster“* während ihres Heimaufenthalts verstärkten. In diesem Erzählkontext berichtet Alexandra von ihrem ersten Kontakt mit der Kinder- und Jugendpsychiatrie:

Genau wie die heißen, weiß ich schon gar nicht mehr. Mit denen bin ich dann halt da hingefahren, in die Kinder- und Jugendpsychiatrie nach A. [mittelgroße Stadt in Norddeutschland] und hab mir das angeguckt und die haben gesagt, „wenn das weiter so geht kommst du da hin“. Ich hatte dann so einen Tag, da war ich auch richtig sauer und hab gesagt „ich möchte jetzt in die Psychiatrie, (2) freiwillig“ und die haben mich da auch hingeschickt (I.1, S.3, Z.20-24).

In dieser Sequenz erwähnt Alexandra, sich mit ihren damaligen Betreuern die Kinder- und Jugendpsychiatrie zunächst angesehen zu haben. Dieser Aufenthalt sei jedoch mit einer Drohung seitens ihrer Betreuer verknüpft gewesen, in der Alexandra aufgefordert wurde, ihr Verhalten zu ändern, da sie sonst in die Psychiatrie käme. Sie bringt jedoch zum Ausdruck, dass es schließlich ihre eigene Entscheidung war, sich in die Psychiatrie einweisen zu lassen. Alexandra betont durch die Wortwahl *„freiwillig“* den selbstbestimmten Charakter dieses Ereignisses. Diese Hypothese wird durch Alexandras Aussage *„Ähm, als ich das gesagt habe, die haben mich ernst genommen und ich bin da hingekommen“* (I.1, S.4, Z.1) untermauert. Sie entwirft sich somit als gleichberechtigtes Individuum, dessen Wunsch, in die Psychiatrie eingewiesen zu werden, die Betreuer im Heim nachkommen. Hierbei wird das ungleiche Machtverhältnis, welches in der Androhung der Betreuer zum Ausdruck kommt, sie in die Kinder- und Jugendpsychiatrie einweisen zu lassen, ausgeblendet. An dieser Stelle deutet sich ein erneuter Versuch Alexandras an, der Fremdbestimmung entgegenzuwirken. Im Lebenskontext Heim versucht Alexandra sich ebenfalls ein Stück Autonomie zu erhalten, indem sie die große Bedeutung ihres eigenen Fernsehers betont:

Kann ich wieder fernsehgucken in meinem eigenen Zimmer. Ja, es ist abends, ist es sehr /nervig/ am Abendbrotstisch, da fangen die Kleinen dann an laut zu werden und alle schreien über=den Tisch und manchmal wird dann einem auch das Fernsehen gestrichen, weil wir haben ja auch nen Gruppenfernseher. Oder wenn wir dann noch Fernsehen gucken, sitzen alle vor=dem Fernseher und streiten sich, welches Programm nun geguckt wird und das nervt mich so was von und irgendwann hab ich dann von ner Freundin nen Fernseher geschenkt gekriegt und ich hab auch hier nachgefragt, ob ich ihn haben darf und ich durfte ihn haben. Jetzt, dann hab ich ihn in mein Zimmer gekriegt und kann endlich allein das Programm entscheiden, brauche ich mich mit keinem mehr drum streiten (I.1, S.10, Z.20-28).

Alexandra schildert eine Atmosphäre, die durch einen hohen Lärmpegel und Streitereien um das Fernsehprogramm gekennzeichnet ist. Dies scheint sie als sehr störend zu empfinden und hebt die Bedeutsamkeit eines eigenen Fernsehers hervor, der es ihr ermöglicht über die Programmwahl allein zu bestimmen und sich der stressbeladenen Situation bei der Nutzung des Gemeinschaftsfernsehers zu entziehen. An dieser Stelle deutet sich Alexandras Wunsch nach Privatsphäre und Selbstbestimmung innerhalb der stationären Erziehungshilfe an. Im Verlauf des Interviews berichtet Alexandra, dass ihr der Fernseher nach ihrem letzten *„Ausraster"* als Strafe entzogen wurde. Sie musste ihn sich erst durch erwünschtes Verhalten, das in Form eines Punktesystems festgehalten wurde, wieder erarbeiten. An dieser Stelle zeichnet sich ab, inwieweit Alexandras Selbstbestimmung durch die Entscheidungsgewalt der Betreuer im Heim beeinflusst wird. Dies zeigt sich auch an einer anderen prägnanten Stelle im Interview, an der Alexandra die Konsequenzen für ihre Mitschüler thematisiert, nachdem diese ihr gegenüber gewalttätig waren:

I: Und ähm, was gab es für Konsequenzen für deine Mitschüler?

Ähm, die mussten jeden Freitag bis zu den Sommerferien Müll einsammeln und es gab ne Klassenkonferenz. (7) Ach ja und der eine ist von der Schule geflogen, weil er es gefilmt hat.

I: War das o.k. für dich, wie die Lehrer damit umgegangen sind, oder hättest du dir was anderes gewünscht?

Nicht ganz, ich hätte am liebsten ne Anzeige gemacht wegen Körperverletzung. Aber (4) irgendwie, (4) aufgrund dieser Klassen::besprechung, (3) ähm, /haben/ wir es dann halt sein gelassen, beziehungsweise die Betreuer.

I: Was war bei dieser Besprechung?

Ja, es ging halt nur darüber, um den Vorfall da, was da passiert ist.

I: Und ähm, wie seid ihr dann zu der Entscheidung gekommen, dass du keine Anzeige erstattet hast?

>Das haben die Betreuer dann so entschieden. Wenn es nach mir gegangen wäre, hätte ich es halt gemacht>.

I: Also warst du mit dem Ergebnis nicht zufrieden?

Nee, /mittlerweile/ geht es eigentlich, weil sie das, was sie /machen/ mussten auch abgearbeitet haben und ich ja auch nicht mehr auf der Schule bin, ich bin ja jetzt Berufsschule in L. [Kleinstadt in Norddeutschland] (I.1, S.26, Z.16-S.27, Z.8).

In dieser Sequenz klingt Alexandras Unzufriedenheit über die Strafe an, die ihre ehemaligen Mitschüler aufgrund der Misshandlung erhalten haben. Sie betont ihr Bedürfnis die Täter anzuzeigen, dies jedoch lag nicht in ihrer Entscheidungsgewalt. Das Strafmaß wurde von den Betreuern und der Schule festgelegt. Es entsteht der Eindruck, dass Alexandra hierbei kein Mitspracherecht hatte, was in der Formulierung *„Das haben die Betreuer dann so entschieden"* zum Ausdruck kommt. Alexandra steht dieser Entscheidung anscheinend ohnmächtig gegenüber. Sie sagt aber, inzwischen besser mit dieser Situation umgehen zu können, da die Täter ihre Strafen abgeleistet haben und sie selbst diese Schule nicht mehr besucht. Des Weiteren stellt die Einschränkung von Alexandras Intimsphäre einen weiteren zentralen Moment im Kontext der stationären Erziehungshilfe dar, was in der folgenden Interviewsequenz anklingt:

I: Ja, das stimmt. Und was sind so wirklich persönliche Dinge für dich?

Ja, wenn es, wenn es um meine Familie geht oder wenn es um Hilfeplangespräche geht, wo ich weiß, Anna ist meine Bezugsbetreuerin. Sie kommt mit zu den Hilfeplangesprächen, mit ihr kann man darüber reden. Weil die anderen, finde ich, hat das dann in dem Moment, gut, die besprechen dann halt immer alles untereinander auch, aber in dem Moment, wo ich das sage oder erzähle, finde ich nicht, dass die anderen das dann gleich wissen müssen, worum es geht (I.1, S.11, Z.28-S.12, Z.2).

Alexandra hebt in dieser Sequenz Anna als ihre Ansprechpartnerin hervor, mit der sie über persönlich bedeutsame Themen spricht. Sie weiß jedoch, dass die Inhalte dieser Gespräche an die anderen Betreuer weitergetragen und mit ihnen besprochen werden.

Alexandra ist sich dieser fehlenden Verschwiegenheit in der Beziehung zu Anna bewusst. Durch Alexandras Aussage *„die besprechen dann halt immer alles untereinander"* deutet sich an, dass Alexandra die Einschränkung ihrer Intimsphäre durch die von der Institution vorgegebene pädagogische Tätigkeit wahrnimmt. Jedoch möchte sie sich in dem Augenblick, in dem sie mit Anna über persönliche Themen spricht, durch ein Zweiergespräch ein Stück Intimsphäre bewahren. An dieser Stelle wird deutlich, dass Alexandra innerhalb eines institutionellen Handlungsapparates das Objekt pädagogischen Handeln ist, wodurch ihre Intimsphäre empfindlich eingeschränkt zu sein scheint.

Die Fremdbestimmung und die damit verknüpfte Einschränkung von Alexandras Handlungsautonomie werden von ihr in ihrer Globaleinschätzung ihrer Lebenssituation noch einmal zugespitzt verdeutlicht:

I: Und äh, was magst du nicht an dir, was würdest du gerne ändern?

(5) Am liebsten würde ich mein ganzes Leben verändern, dann würde ich nämlich nicht im {„Heim wohnen„}. Aber das geht ja leider nicht (5) (I.1, S.32, Z.28-31).

Alexandra äußert, dass sie gern ihr ganzes Leben verändern und somit nicht im Heim leben würde. Sie ist sich jedoch bewusst, dass dies nicht möglich ist, was sie bedauert. Erst im Anschluss an diese Aussage spricht sie über die Dinge, die sie an sich nicht mag und geht somit auf die Fragestellung der Interviewerin ein. Alexandra geht in dieser Erzählsequenz auf Distanz zu ihrem gegenwärtigen Lebenskontext Heim und betont, dass sie gern ihr *„ganzes Leben"* verändern würde und nicht im Heim leben möchte. Das Moment der Fremdbestimmung und der eingeschränkten Handlungsfähigkeit wird darin deutlich, dass sie sagt, eine Änderung ihrer gesamten Lebenssituation könne sie *„leider"* nicht herbeiführen.

Anhand der vorangegangenen Textanalysen konnte aufgezeigt werden, inwieweit wichtige Entscheidungen in Alexandras Leben von Personen getroffen werden, deren Handlungsstrukturen von institutionellen Vorgaben bestimmt sind, wodurch Alexandras Selbstbestimmung empfindlich eingeschränkt wird. Sie versucht diese zurückzuerlangen, indem sie Mitbestimmung in Situationen betont, in denen ihre Entscheidungsgewalt massiv eingeschränkt zu sein scheint. Außerdem wirkt Alexandra aktiv auf ihre Lebensgestaltung ein, indem sie mit Beginn der neunten Klasse von der Förderschule mit dem Schwerpunkt sozial-emotionale Entwicklung auf die Hauptschule wechselt. Auf diese Weise tritt sie der institutionellen Fremdbestimmung entgegen und gestaltet ihre schulische Laufbahn aktiv und nach ihren eigenen Vorstellungen. Sie empfindet dies als das Erreichen eines wichtigen persönlichen Ziels.

4.1.5 „Mittlerweile sind das halt die Ausraster, die sich jetzt so mittlerweile irgendwie entfernen, so denk ich mal" – Selbstentwurf zwischen Normalität und Abweichung

In der vorangegangenen Analyse von Alexandras Beziehungsgestaltungen konnte aufgezeigt werden, inwieweit sich ihr abweichendes Verhalten auf die Beziehung zu ihren Pflegeeltern, zu Anna und auch zu ihrer leiblichen Mutter auswirkt. In der Interaktion mit ihren Pflegeeltern macht es den Anschein, als ob Alexandra sich für ihr abweichendes Verhalten rechtfertigen muss und sich von ihren Pflegeeltern nicht verstanden fühlt. Im Kontakt mit Anna beschreibt Alexandra eskalierende Konfliktsituationen, die in *„Ausraster"* münden und sich anscheinend negativ auf die Beziehung zwischen Alexandra und ihrer Bezugsbetreuerin auswirken. Außerdem scheint sie ihr abweichendes Verhalten auch für den fehlenden Kontaktwunsch ihrer leiblichen Mutter verantwortlich zu machen, da sie die Vorstellung hat, dass ihre leibliche Mutter sie als ein *„stressiges Kind"* (I.1, S.33, Z.28) empfindet und den Kontakt zu ihr deswegen nicht kontinuierlich pflegt. An dieser Stelle verdichten sich die Hinweise, dass Alexandras abweichendes Verhalten ein zentrales Moment zu sein scheint, welches ihre Beziehungsgestaltungen negativ beeinflusst. Alexandra selbst bewertet ihr eigenes Verhalten als negativ und würde es gerne verändern:

(5) Am liebsten würde ich mein ganzes Leben verändern, dann würde ich nämlich nicht im {,,Heim wohnen,,}. Aber das geht ja leider nicht (5) und bei mir selber verändern, (3) was, was mag ich an mir selber nich ? ((Stöhnen)) An mir selber mag ich eigentlich nich, so wie ich manchmal drauf bin. Dass sich immer gleich, also dass sich immer gleich alles hochpuscht, dass ich dann immer ausraste und so, das mag ich halt an {,mir nich,}. (4) Weil das Sachen sind, die ich eigentlich gar nicht will und es {,trotzdem passiert,} (I.1, S.32, Z.30- S.33, Z.2).

Alexandra bringt zunächst ihre Unzufriedenheit über ihre aktuelle Lebenssituation und den Wunsch, diese zu verändern, zum Ausdruck. Sie bedauert die Unveränderlichkeit ihrer Lebenssituation. Des Weiteren betrachtet Alexandra ihre Ausraster als unerwünschten Teil ihrer Persönlichkeit, der für sie unkontrollierbar zu sein scheint, was in der Formulierung *„die ich eigentlich gar nicht will und es trotzdem passiert“* anklingt. Diese Lesart kann mit einer anderen Textstelle untermauert werden:

Äh, +also, ich finde, das hat eigentlich alles angefangen, an dem Tag angefangen, wo ich da weggekommen bin, weil das war mein erster /großer/ Ausraster, ich hatte so was vorher nicht + und mittlerweile sind das halt die Ausraster, die sich jetzt so mittlerweile irgendwie entfernen, so, denk ich mal, irgendwann hören die auch mal auf. Ist halt ne schwere Zeit, wenn man immer an diesen Tag denkt (I.1, S.19, Z.12-16).

Alexandra benennt als Auslöser für ihren ersten *„großen Ausraster“* den Tag der Herausnahme aus ihrer Pflegefamilie. Sie vermittelt durch die Formulierung *„irgendwann hören die auch mal auf“* die Hoffnung, dass die *„Ausraster“* irgendwann nicht mehr auftreten werden, da sie sich gegenwärtig in ihrer Häufigkeit verringert haben. Es entsteht der Eindruck, als würde sich Alexandra ihrem eigenen Verhalten gegenüber ausgeliefert fühlen, was sich auch in der Formulierung *„die sich jetzt so mittlerweile irgendwie entfernen, so, denk ich mal“* ausdrückt. Darin kommt ihr scheinbar fehlender Einfluss auf die *„Ausraster“* zum Tragen. Insgesamt entsteht der Eindruck, als ob Alexandra sich von ihrem abweichenden Verhalten distanziert, indem sie dieses als einen unerwünschten und unkontrollierbaren Teil ihrer Persönlichkeit darstellt.

Der Bedeutungshorizont des genannten Tages der Herausnahme aus der Pflegefamilie und des damit verknüpften Beginns ihrer *„großen Ausraster“* deutet sich in ihrer Äußerung *„Ist halt ne schwere Zeit, wenn man immer an diesen Tag denkt“* an. An dieser Stelle vermittelt Alexandra den Eindruck, als ob das Erlebnis bis heute permanent für sie emotional belastend sei. An einer anderen Textstelle äußert sich Alexandra zu ihrer emotionalen Lage wie folgt:

I: Das stimmt. (5) Ähm, kannst du mir sagen, in welcher Situation du das letzte Mal richtig glücklich warst?

„(10) >Ich glaub, das Gefühl hab ich im Moment gar nicht mehr, (5) °°richtig glücklich°°.> Meistens, wenn ich beim Pferd bin, wenn ich mit dem kuschel, wenn, wenn ich halt auf dem Pferd sitze und mit dem reiten kann, bin ich eigentlich {,,immer richtig glücklich,,} (I.1, S.41, Z.5-10).

Alexandra meint das Glücksgefühl gegenwärtig nicht mehr zu empfinden, wobei sie diese Aussage nach einem kurzen Augenblick des Überlegens revidiert, indem sie zum Ausdruck bringt, sich besonders dann glücklich zu fühlen, wenn sie mit dem

Pferd zusammen ist[33]. Aufgrund der letzten beiden Textstellen verdichten sich die Hinweise, dass negative Empfindungen ein wichtiges Moment ihrer emotionalen Lage ausmachen. Die nachfolgende Interviewsequenz zeigt jedoch auf, dass Glück trotz allem das dominierende Gefühl in ihrem Leben zu sein scheint:

I: Zum Beispiel, ähm, fühlst du mehr Glück oder fühlst du mehr Traurigkeit oder mehr Wut? Das waren so Beispiele.

Hhm, °°ich würde sagen mehr Glück°°. Also mehr, dass ich mich freue, als wütend oder traurig zu sein. [husten] (I.1, S.43, Z.31-S.44, Z.2).

Die Interviewerin gibt Alexandra durch ihre Frage drei beispielhafte Gefühlszustände vor und schränkt dadurch vermutlich ihre Antwortmöglichkeiten ein. Eine offenere Fragestellung hätte möglicherweise zu einer anderen Gefühlsbeschreibung geführt. Auffällig ist, dass Alexandra Glück als das dominierende Gefühl auswählt und somit ihrer grundsätzlichen emotionalen Lage eine positive Färbung verleiht. Im Zusammenhang mit den vorangegangenen Textstellen entsteht der Eindruck, als würden die glücklichen Augenblicke, die Alexandra mit Pferden verbringt, für sie ein herausragendes Moment darstellen, welches offenbar dazu beiträgt, dass sie Glück als das dominierende Gefühl in ihrem Leben beschreibt.

In Alexandras Erzählung wird außerdem deutlich, inwieweit sie aufgrund ihres abweichenden Verhaltens in institutionellen Kontexten normabweichenden Etikettierungen ausgesetzt ist. Diesen versucht sie durch die Betonung und dem Streben nach Normalität entgegenzuwirken. Im Zusammenhang mit ihrem Psychiatrieaufenthalt thematisiert Alexandra kaum ihre *„Ausraster"* und die damit verknüpfte Therapie, sondern fokussiert ihre Erzählung eher auf den Einzelunterricht und die Versorgung von Mäusen. An dieser Stelle kann die Vermutung aufgestellt werden, dass sie die normabweichende Zuschreibung seitens der Psychiatrie abwehrt. Dieser mögliche Normalitätsanspruch Alexandras kann auch durch ihren Wunsch, das Etikett der Förderschule mit dem Schwerpunkt sozial-emotionale Entwicklung abzulegen und ihren Hauptschulabschluss zu erwerben, bestätigt werden:

„Ähm, Hau:ptsch::ulzeit bin ich in E. [Dorf in Norddeutschland] halt die erste Zeit zur Schule gegangen und hab danach einen riesengroßen Schritt gemacht. <Ich bin von der Schule für Erziehungshilfe hier in D. [Dorf in Norddeutschland] auf die

[33] Die Bedeutsamkeit der Pferde für Alexandra wurde bereits an einer anderen Stelle der Analyse aufgezeigt.

Hauptschule gewechselt, letztes Jahr. Das war mein Ziel, immer, ich wollte nicht irgendwann mit nem Hauptschulabschluss da stehen, wo dann steht Schule für {„Erziehungshilfe„}. Ich hab gesagt, ich möchte ein Zeugnis haben mit Hauptschulabschluss, wo ganz normal drauf steht Hauptschule D. [Dorf in Norddeutschland]> (I.1, S.25, Z.23-29).

Alexandra betont den Schulwechsel als das Erreichen eines persönlichen Ziels, worauf sie stolz zu sein scheint. In ihrer Wortwahl *„normal"* kommt ihr Normalitätsanspruch und die Distanzierung zu einem Hauptschulabschluss, der aus dem Besuch einer Förderschule hervorgeht, zum Ausdruck. Alexandra versucht somit an dieser Stelle der institutionellen Fremdbestimmung und der daraus resultierenden normabweichenden Etikettierung entgegenzuwirken und über ihre schulische Laufbahn selbst zu bestimmen. Auch Alexandras bereits dargelegte Distanzierung zu ihren *„Ausrastern"* scheint mit dem Normalitätsanspruch verknüpft zu sein. Indem sie sich von ihrem abweichenden Verhalten und den damit verknüpften normabweichenden Zuschreibungen seitens der Psychiatrie und der Förderschule distanziert, wird der Einfluss dieser institutionellen Zuschreibungen für ihren Selbstentwurf erst recht ersichtlich.

Neben ihren *„Ausrastern"* sieht Alexandra ihre fehlende Fähigkeit sich mit Konflikten auseinanderzusetzen als eine weitere negative Eigenschaft an. Sie beschreibt dieses Verhalten als eine Schwäche:

Äh, Schwächen, ja wenn, wenn es um Konflikt geht, wenn, wenn Konflikte geklärt werden müssen, äh, (4) hab ich nicht so viel, ja, Geduld. Also ich, ich lass mich, ich möchte das immer eigentlich nicht so klären und versuch immer dem Ganzen aus dem Weg zu gehen (I.1, S.29, Z.26-28).

Als Ursache für ihr Verhalten benennt Alexandra ihre Ungeduld und meidet somit die Auseinandersetzung mit dem Konflikt. Es scheint so, als ob Alexandra dies als Anstrengung empfindet, der sie sich nicht aussetzen will, was sie im weiteren Verlauf des Interviews durch Formulierungen wie *„zu viel Laberei"* (I.1, S.30, Z.14), *„geht mir auf die Nerven"* (I.1, S.30, Z.15), *„keine Lust"* (I.1, S.30, Z.15) anklingen lässt. Des Weiteren ist es auffällig, dass es Alexandra schwer fällt, positive Persönlichkeitseigenschaften an sich zu benennen:

I: Erst mal so Persönlichkeitseigenschaften, was findest du gut an dir?

Was find ich gut an mir, äh, gute Frage, da hab ich glaub ich noch nie so drüber nachgedacht, was ich an mir gut finde.

I: Nimm dir ruhig Zeit, wenn du möchtest!

Was find ich an mir gut? (10) Ich glaub, das Einzige, was ich an mir gut finde ist, dass ich, äh, versuche immer wieder auf Menschen zuzugehen und Kontakt aufzubauen (I.1, S.32, Z.18-26).

Alexandra äußert *„noch nie so drüber nachgedacht"* zu haben, welche Persönlichkeitseigenschaften sie an sich mag. Erst nachdem sie sich offenbar mit der Frage intensiver auseinanderzusetzen beginnt, fällt ihr lediglich eine Eigenschaft ein, welche sie an sich positiv bewertet, wobei ihre Unsicherheit diesbezüglich in der Formulierung *„ich glaube"* anklingt. Auffällig ist in diesem Zusammenhang Alexandras Wortwahl *„Kontakt aufzubauen"*, da sie diese Formulierung mehrfach in Bezug auf die Beziehung zu ihren leiblichen Eltern verwandt hat. Alexandra hat damit ihre Versuche, einen kontinuierlichen Kontakt zu ihnen herzustellen, beschrieben. Aus der vorangegangenen Sequenz geht hervor, dass Alexandra wiederholt Versuche unternommen hat, zu unterschiedlichen Menschen Kontakt aufzunehmen. Inwieweit diese Bemühungen erfolgreich waren, ist jedoch aus dem Interview nicht zu entnehmen. An einer anderen Stelle im Interview führt Alexandra auf die Frage, was sie besonders gut kann, das Reiten und die damit verknüpften Erfolgserlebnisse bei Turnieren und ihre enge Beziehung zu Pferden an. In dem Satz *„Hab ne Reitbeteiligung, da bin ich auch sehr stolz auf mich"* (I.1, S.28, Z.33) klingt an, dass die Reitbeteiligung eine positive Auswirkung auf Alexandras Selbstentwurf hat.

Insgesamt bewegt sich Alexandras Selbstentwurf in einem Spannungsverhältnis zwischen Normalität und Abweichung. In der Analyse dieses biografischen Themenfeldes konnte aufgezeigt werden, inwieweit Alexandra ihr abweichendes Verhalten als negativ und unkontrollierbar bewertet. Sie versucht den damit verknüpften institutionellen Zuschreibungen entgegenzuwirken, indem sie ihren Normalitätsanspruch betont und versucht, sich von normabweichenden Etikettierungen zu lösen. Dies gelingt ihr bei dem Wechsel von der Förderschule auf die Hauptschule, was für sie ein bedeutendes Erfolgserlebnis darstellt. Dieser Schulwechsel sowie ihre positiven Erfahrungen im Reitsport werden von Alexandra in ihrer Selbstbewertung als positiv dargestellt.

4.2 Fallrekonstruktion Lena

Lenas Lebensgeschichte wird im Folgenden im Hinblick auf die fallspezifischen Ausprägungen der biografischen Themenfelder rekonstruiert.

4.2.1 Anmerkungen zur Interviewsituation

Lena ist zum Zeitpunkt des Interviews 13 Jahre alt. Das Interview findet im Wohnzimmer ihrer Gruppe statt. Sie erfährt erst kurz vor der Ankunft der Interviewerin von der Interviewanfrage. Lena wirkt, als sei sie nicht auf ein solches Interview vorbereitet, weshalb die Interviewerin ihr einen neuen Termin anbietet, den sie jedoch ablehnt. Nach einem Gespräch mit ihrem Betreuer entscheidet sie sich für das Interview. Die Zeit, die für das Gespräch zur Verfügung steht, ist jedoch sehr begrenzt, weil Lena später mit anderen Jugendlichen aus dem Heim verabredet ist. Gegen Ende des Gesprächs hat die Interviewerin dann auch den Eindruck, dass Lena zunehmend ungeduldig und unruhig wird, weil sie zum Beispiel mehrmals auf die Uhr schaut.

Während des Interviews macht Lena einen sehr erzählwilligen Eindruck. Ihre Lebensgeschichte sprudelt förmlich aus ihr heraus. Ihre Erzählweise ist anfänglich gekennzeichnet durch eine sehr hohe Sprechgeschwindigkeit und eine sehr abgehackte Sprache, was das Verstehen ihrer Erzählung erschwert. Auf inhaltlicher Ebene betont sie schon zu Beginn des Gesprächs ihre Missbrauchs- und Inzesterfahrungen, welche den weiteren Interviewverlauf deutlich dominieren.

Die Interviewerin ist während des Gesprächs zunächst kaum dazu in der Lage, Lenas Lebensgeschichte inhaltlich nachzuvollziehen, weil die Familienkonstellation sehr kompliziert ist. Das legt sich jedoch im Laufe des Interviews. Außerdem ist die Interviewerin von Lenas Erzählungen emotional sehr betroffen und spürt eine Fassungslosigkeit der Situation gegenüber.

4.2.2 Zusammenfassende Nacherzählung

Lenas Erzählung beginnt mit der Schilderung eines für sie zentralen biografischen Ereignisses. Im Alter von neun Jahren erfährt sie, dass ihre Schwester ihre leibliche Mutter ist. Für diese verwendet sie im weiteren Gespräch dann kontinuierlich die Bezeichnung Mutter[34]. Aus Lenas Erzählung wird deutlich, dass sie aus einem Inzest zwischen ihrem Vater und ihrer Schwester hervorgegangen ist. Die Bedeutung dieses biografischen Wendepunktes[35] zeigt sich auch in der sprachlichen Konstruktion, die Lena in diesem Zusammenhang wählt: Sie spricht von einem *„Weltuntergang"* (I.2, S.6, Z.24), der einen deutlichen Bruch in ihrem bis dahin positiv bewerteten Leben darstellt. Die Erzählung dieses einschneidenden Erlebnisses ist gekennzeichnet durch Ausblendungen von Details. Es wird zum Beispiel nicht deutlich, auf welchem Weg sie von welcher Person erfährt, wer ihre leibliche Mutter ist. Zudem wird dieses Erlebnis von Lena auf verschiedene Arten thematisiert, wodurch unterschiedliche Versionen entstehen.

Lena wächst bei ihrem Vater und ihrer Großmutter auf, welche sie als ihre Stiefmutter bezeichnet. Als zweiten biografischen Wendepunkt nennt sie den Umzug von dort zu ihrer Mutter und deren Freund im Alter von 12 Jahren. Sie gibt an, dass sie wegen ihrer schulischen Probleme mit ihrem Vater und ihrer Stiefmutter Diskrepanzen hatte, was den Umzug begünstigt haben könnte. Gleichzeitig ist ihre Mutter der Ansicht, dass ihr Vater sie nicht erziehen kann. Lena übernimmt bei ihrer Mutter den Haushalt und betreut ihre zum Interviewzeitpunkt acht Jahre alte Halbschwester, welche sie als Schwester bezeichnet. Durch den Freund der Mutter ist Lena einem fortlaufenden sexuellen Missbrauch ausgesetzt. Dieser Missbrauch fand bereits vor dem Umzug statt, wenn Lena ihre Mutter besuchte, und wird nun verstärkt fortgesetzt. In ihrer Erzählung bringt Lena gehäuft ihren Hass gegenüber dem Freund ihrer Mutter zum Ausdruck. Sie fühlt sich von ihrer Mutter verraten, da diese ihr den Missbrauch nicht glaubt und sie stattdessen mit körperlicher Gewalt bestraft. Des Weiteren ist das Verhältnis zu ihrer Mutter durch Schuldzuweisungen bestimmt, da Lena sie für alle negativen Ereignisse und Wendungen ihres Lebens (mit)verantwortlich macht. Während sie bei ihrer Mutter lebt, ist Lenas psychische Verfassung gekennzeichnet durch depressive Verstimmungen, gestörtes Essverhalten und Autoaggression.

---

34 Im Folgenden werden bezüglich der Familienkonstellation Lenas Begrifflichkeiten verwendet, da diese für Lenas Beziehungsdefinition ausschlaggebend sein könnten. Somit bezeichnet Lena ihre leibliche Mutter als Mutter, ihre Halbschwestern als Schwestern, ihre Großmutter als Stiefmutter und den Freund ihrer Mutter als Stiefvater. Des Weiteren möchten die Autoren durch diese Vorgehensweise Irritationen beim Nachvollzug der Fallanalyse vermeiden.

35 Unter einem biographischen Wendepunkt versteht Rosenthal ein Ereignis, welches als biographisch relevant erlebt oder rückblickend als biographisch relevant interpretiert wird und somit eine strukturbildende beziehungsweise einschneidende Bedeutung für die Lebensgeschichte aufweist (vgl. Rosenthal 1995, 142).

Im Gegensatz dazu ist die Darstellung der Beziehung zu ihrer so genannten Stiefmutter und besonders zu ihrem Vater eher von Idealisierung und einem starken Zusammengehörigkeitsgefühl gekennzeichnet. Zu diesem Teil der Familie gehört eine weitere zum Befragungszeitpunkt 23jährige Halbschwester, die von Lena ebenfalls als Schwester bezeichnet wird. Die Beziehung zu ihr beschreibt sie als eher positiv.

Sowohl im familiären als auch im freundschaftlichen Kontext spielen Gewalterfahrungen für Lena eine bedeutende Rolle, wobei sie im Kontakt mit Gleichaltrigen Gewalt vermehrt als Konfliktlösungsstrategie einsetzt. In Beziehungen zu Personen, die sie als für sich bedeutsam beschreibt, bewegt sich ihr Konfliktlösungsverhalten zwischen Vermeidung und Eskalation.

Lena entwirft sich selbst als eine sehr selbstbewusste und starke Person, die ihr Leben größtenteils aktiv gestalten kann. Außerdem betont sie, dass ihr Personen aus ihrem aktuellen Lebenskontext vermitteln, sie für ihre Stärke und Widerstandskraft zu bewundern, die sie trotz ihrer Lebensgeschichte entwickelt hat. Lena erwähnt jedoch auch, dass sie in Therapiesituationen Schwierigkeiten hat, beziehungsweise *„nicht mehr standhalten"*(I.2, S.33, Z.7-8) kann, wenn sie zu detailliert über ihre Familie sprechen muss.

In Lenas Erzählung nimmt die Schule in Form einer Bildungsinstitution, in der sie Leistung erbringen muss, um einen entsprechenden Schulabschluss zu erlangen, keinen Raum ein. Der schulische Kontext wird von ihr lediglich als Ort thematisiert, in dem sie soziale Kontakte pflegen kann.

4.2.3. „Ich hab auch keine Lust mehr irgendwie von irgendwo wieder weg zu gehen" – Beziehungsgestaltung im Kontext von Diskontinuitätserfahrungen

Lena fokussiert in ihrer Einstiegserzählung ein einschneidendes Erlebnis, welches ihre gesamte Familienkonstellation in Frage stellt und auf eine gravierende Diskontinuitätserfahrung verweist:

I: Also, zu Beginn bitte ich dich einfach zu versuchen dich an deine Kindheit zurückzuerinnern (.), wie du deine Kindheit erlebt hast. Erzähl doch mal!

°Eigentlich war sie(.) /recht/ gut°. Ähm, (   ) und so bis ich dann in dem Alter von neun kam, dann hat sich alles geändert.

I: Ja (.), ähm, was ist zu diesem Zeitpunkt passiert?

Ähm (...), ich hatte, ähm:, /vorher/, äh:, /nie/ gewusst, wer meine Mutter ist. Also, /ich/, ich hatte eine Stiefmutter sozusagen, aber ich wusste nicht, dass meine richtige Mutter, ähm, meine Schwester ist, sozusagen. + + Die haben immer gesagt, das ist meine Schwester, aber nur als Vorwand, damit ich nicht weiß, dass es meine Mutter ist (I.2, S.1, Z.31-S.2, Z.3).

Lena bewertet ihre Kindheit bis zu ihrem neunten Lebensjahr als positiv, wobei diese Aussage durch ihre Wortwahl *„eigentlich"* und *„recht gut"* eingeschränkt wird. Dieser Zeitraum wird im Interview jedoch nicht detailliert beschrieben. Die Formulierung *„dann hat sich alles geändert"* verweist auf die Tragweite des Ereignisses, als Lena erfährt, dass ihre Schwester ihre Mutter ist. Dies scheint einen biografischen Wendepunkt in Lenas Leben darzustellen. Sie erwähnt, dass andere Personen über die tatsächlichen Verwandtschaftsverhältnisse Bescheid wussten, wobei der Eindruck entsteht, als hätten diese versucht, das Familiengeheimnis vor ihr zu bewahren. Es wird aus dieser Interviewsequenz jedoch nicht ersichtlich, welche Personen mit der Wortwahl *„die"* gemeint sind. Im weiteren Verlauf des Interviews zeigt sich jedoch, dass ihre Mutter, ihr Vater und ihre Stiefmutter gemeint sein könnten:

Ja, die wussten das alle, meine Mutter, mein Vater, meine Stiefmutter.

I: Nur du wusstest das nicht?

Ja.

I: Und wie war das für dich, als du das herausgefunden hast?

Ähm, so was wie:: (..) ähm, ein Weltuntergang sozusagen, weil ich diese Frau, auch wenn es meine Schwester* bis dahin wa:r, ich habe sie verachtet sozusagen. _°Ich habe mich geschämt, dass ich mit so was verwandt bin°_* (I.2, S.6, Z.16-26).

An dieser Stelle verweist Lena explizit darauf, dass ihre Mutter, ihr Vater und ihre Stiefmutter von dem Familiengeheimnis wussten. Sie vergleicht den Moment, in dem sie erfährt, dass ihre Schwester ihre Mutter ist, mit einem *„Weltuntergang"*. Dies scheint im Wesentlichen mit der Antipathie, die sie ihrer Mutter gegenüber empfindet, zusammenzuhängen. In der Wortwahl *„ich habe sie verachtet"* und *„hab mich geschämt, dass ich mit so was verwandt bin"* kommt die Ablehnung, die Lena wohl schon vor der Aufdeckung des Inzestes gegenüber ihrer Mutter empfunden hat, zum Ausdruck. In einer anschließenden Interviewpassage erläutert Lena die Gründe für ihr schambesetztes Verhältnis zu ihrer Mutter. Sie erwähnt, ihre Mutter lediglich auf Familienfeiern gesehen zu haben, auf denen diese sich mit ihrem Freund ausschließlich über ihre Sexualität ausgetauscht hätte. Des Weiteren berichtet sie vom Drogenkonsum und vom exzessiven Sexualverhalten ihrer Mutter bei Motorradtreffen. Dieses Verhalten führte sowohl bei Lena als auch bei anderen Familienmitgliedern zu einer ablehnenden Haltung ihr gegenüber.

Lena begründet die Tatsache, dass sie ihre Mutter bis zur Aufdeckung der tatsächlichen Familienkonstellation lediglich ein *„paar Mal"* (I.2, S.7, Z.14) bei Familienfeiern gesehen hat, damit, dass ihre Mutter zu ihrem Freund gezogen ist, als Lena ein Jahr alt war. In diesem Erzählzusammenhang spricht sie davon, dass ihre Mutter sie *„nach der Geburt allein gelassen"* (I.2, S.7, Z.4) habe. Hier deutet sich bei Lena das Gefühl an, von ihrer Mutter im Stich gelassen worden zu sein, was vermutlich mit dem Gefühl der Entbehrung der leiblichen Mutter und somit mit einer Diskontinuitätserfahrung einhergeht. Nach der Aufdeckung des Familiengeheimnisses entwickelte sich zwischen Lena und ihrer Mutter anscheinend ein regelmäßiger Kontakt:

*U::nd + + das habe ich mit neun Jahren herausgekriegt + + und dann bin ich zu *ihr* gefahren (.), Ähm, (.) <u>auch</u> regelmäßig in den Ferien. Sie hatte nicht (.) so: ((atmet einmal tief ein und aus)) <u>norma:len Freund</u> (.) und er:, ähm, [eine zitternde Stimme] und er [extrem zitternde Stimme], /so mehr ich/ , ( ), hmm, ich, mich:, :so::, ( ), so mehr ich, ähm, +so, so <u>größer</u> ich wurde+, umso mehr wollte er von mir, sagen wir das mal so(.). Aber ich hab /imme:r so/ {,nicht mitgespielt,}* (I. 2, S. 2, Z. 7-13).

An dieser Stelle gibt Lena an, das Familiengeheimnis selbst aufgedeckt zu haben, jedoch bleibt offen, wie sich dies vollzog. Lena berichtet an anderen Interviewstellen einerseits davon, ihre Geburtsurkunde gefunden zu haben, andererseits gibt sie an, ihre Mutter habe ihr mitgeteilt, dass sie ihre leibliche Mutter sei. Trotz häufiger Nachfragen der Interviewerin in unterschiedlichen Sequenzen bleibt der Aufdeckungsprozess unklar. Somit spiegelt sich in Lenas unterschiedlichen Versionen, das für sie unbegreifliche Erlebnis wider.

Lena berichtet in der vorangegangenen Sequenz, regelmäßig zu ihrer Mutter gefahren zu sein, nachdem sie das Familiengeheimnis aufgedeckt hat. Sie fokussiert in diesem Zusammenhang den Freund ihrer Mutter und betont seine Normabweichung. In ihrer Aussage *„so, so größer ich wurde, umso mehr wollte er von mir"* deutet sich der sexuelle Missbrauch Lenas durch den Freund der Mutter an. Lena scheint sich jedoch gegen die sexuellen Übergriffe zur Wehr gesetzt zu haben, was in der Formulierung

„nicht mitgespielt“ anklingt. An dieser Stelle trägt die Erzählstruktur entscheidend dazu bei, einen Eindruck von Lenas Empfindungen im Zusammenhang mit dieser Thematik zu gewinnen. Die emotionale Belastung, die mit diesen Übergriffen einhergehen scheint, deutet sich in den zahlreichen Pausen, der Betonung bestimmter Wörter und der Stimmfärbung an. Es entsteht der Eindruck, als könnte Lena diese Thematik nur schwer in Worte fassen, was sich auch in der folgenden Interviewsequenz zeigt.

Also:, ja, wie=soll=ich das sagen. _Er fing an_ äh, /mir/ äh, s:o:, al:so, so: keine=Anhnung, so, mir in die Hose rein zu gehen {„und alle:s„} und dann habe ich es meiner Mutter erzä:hlt und sie hat mir nicht geglaubt und dann hat sie angefangen mich immer zu schla:gen (I. 2. S. 2, Z. 21-24).

In Lenas Formulierung *„wie soll ich das sagen“* und in ihrer augenscheinlichen Verunsicherung im nachfolgenden Satz deutet sich an, wie schwierig die Verbalisierung des sexuellen Missbrauchs für sie ist. Dabei fällt auf, dass Lena die Formulierung *„wie soll ich das sagen“* im Missbrauchskontext wiederholt verwendet, was auf eine Ohnmachtserfahrung hindeutet, die sich in ihrer Sprachlosigkeit widerspiegelt. Im weiteren Verlauf dieser Sequenz deutet Lena mit der Aussage *„mir in die Hose rein zu gehen und alles“* das Ausmaß der sexuellen Übergriffe lediglich an. Sie erwähnt, sich ihrer Mutter anvertraut zu haben, doch diese glaubte ihr nicht und reagierte mit physischer Gewalt. Diese Reaktion ihrer Mutter wird von Lena an unterschiedlichen Stellen im Interview wiederholt thematisiert, was darauf verweisen könnte, dass Lena sich von ihrer Mutter verraten und im Stich gelassen fühlt:

Ich habe ja auch alles meiner Mutter erzählt. Und dann hat sie mit ihm geredet. Und er is genauso /be:kloppt/ wie sie. Und dann, keine Ahnung, hat er zu ihr gesagt, das stimmt ga::r ni:::cht und so. Und dann hat sie mich dafür geschla::gen und so. (Weil ich ja angeblich lügen würde). Und er hat abends schön weiter gemacht (I.2, S.12, Z.7-11).

Die Tatsache, dass sie ihrer Mutter vom sexuellen Missbrauch durch den Stiefvater erzählte und für diese Anschuldigung mit physischer Gewalt bestraft wurde, trägt dazu bei, dass Lena sich besonders im Stich gelassen und dem Täter schutzlos und doppelt ausgeliefert fühlte, was zu einer Verstärkung dieser Ohnmachtserfahrung beitrug. Der zweite biographische Wendepunkt in Lenas Leben geht mit dem Umzug von ihrem Vater und ihrer Stiefmutter zu ihrer Mutter im Alter von zwölf Jahren einher.

Dies führte dazu, dass Lena dem sexuellen Missbrauch durch den Stiefvater verstärkter ausgeliefert war:

Und dann, mit zwölf, ha:tte ich eine Klassenkonferenz, in, bei meinem Vater, weil ich: mich nicht=ganz an die Regeln gehalten habe. Und dann bin ich denn sozusagen auch von der Schule runtergeholt worden, weil meine Mutter meinte, mein Vater könnte mich nicht weiter {„erzi:ehen„}. Dann bin ich mit zwölf rübergezogen. So! Bei ihr hat sich dann a:lles {„geändert„}. Sie kam, ist abends=arbeiten=gegangen. Ich konnte den ganzen Tag auf meine kleine Schwester Claudia aufpassen. Musste den ganzen Ta:g Hausarbeit machen:, pu:tzen:. Hier, dort, mich um Claudia kümme:rn (.). Meine Mutter ging arbeiten. + Mein Stiefvater=war=nicht=da und er wollte immer /abends/, als meine Mutter weg war und er=und=ich allei:ne waren und Claudia im Bett war, wollte er immer mit mir schlafen. Hat mich auch immer {„gefra:gt„}. Hat mich hier betüdelt und da betüdelt. ( ) immer nein gesagt und dann bin ( ) in mein Zimmer gegangen. U:nd hat, ist es ha:lt, sozusagen nach meinem Geburtstag, wo ich dreizehn wurde und meinen ersten Freund hatte und ähm mit dem auch mehr gemacht habe als übli:ch und dann /halt danach:/ ein halbes Jahr später kam ich mit ihm auseinander {„durch mein Stiefvater„} und meine Mutter halt das nicht mehr wollte, dass ich mich mit meinem Freund treffe, weil ich mich /so mit/ von >meinem Stiefvater immer mehr abgeseilt habe>. ( )“ (I. 2, S. 2, Z. 29 - S. 3, Z .12).

Lena gibt als ausschlaggebenden Grund für ihren Umzug an, dass ihre Mutter der Meinung gewesen sei, ihr Vater könnte sie nicht länger erziehen, und macht ihr anscheinend diesbezüglich Schuldzuweisungen. In diesem Zusammenhang muss jedoch auf eine andere Interviewsequenz verwiesen werden, in der Lena Folgendes sagt: *„... und meine Stiefmutter und mein Vater konnten nicht mehr mit mir. Weil ich immer gesagt habe, kommt, lasst mich in Ruhe. Dann bin ich rausgegangen“* (I.2, S.8, Z.10-12). Diese Aussage ist in einen Erzählzusammenhang eingebettet, in dem Lena schulische Probleme thematisiert, die zu Diskrepanzen zwischen ihr und ihrem Vater und ihrer Stiefmutter führten und den Umzug zu ihrer Mutter anscheinend begünstigten. Lena problematisiert damit ihr eigenes Verhalten und rechtfertigt somit, dass der Vater und die Stiefmutter den Umzug zugelassen haben.

Durch Lenas Formulierung *„bei ihr hat sich dann alles geändert“* in der vorangegangenen Textstelle deutet sich ein weiterer biografischer Wendepunkt an, der mit dem Umzug zu ihrer Mutter einhergeht. Lenas Alltag scheint dort durch die Führung des Haushaltes, die Betreuung ihrer kleinen Schwester und die sexuellen Übergriffe ihres Stiefvaters geprägt gewesen zu sein. Durch ihre Formulierung *„hat mich auch immer gefragt“* wird der Anschein erweckt, als hätte Lena in Bezug auf den sexuellen Kontakt zu ihrem Stiefvater ein Mitspracherecht gehabt und hätte dabei *„immer nein gesagt“*. Durch diese Darstellung entsteht der Eindruck, als würde Lena aus ihrer Opferrolle heraustreten. Des Weiteren deuten sich in dieser Sequenz das Mitwissen und die Mitschuld der Mutter an dem sexuellen Missbrauch an. Ihre Mutter hat Lena anscheinend einen festen Freund verboten, da sie sich durch diese Beziehung von dem Stiefvater *„immer mehr abgeseilt“* hat. Insgesamt verdichten sich die Hinweise darauf, dass Lena die Mutterrolle bei der Haushaltsführung und der Betreuung der kleinen Schwester übernommen hat, sowie die Rolle der Sexualpartnerin im Kontakt mit ihrem Stiefvater.

In dem Zeitraum, in dem Lena bei ihrer Mutter lebt, nimmt Gewalt in ihrer Beziehung sowohl in Konfliktsituationen als auch in Form von willkürlicher Gewaltausübung Lena gegenüber eine signifikante Rolle ein:

I: Waren das typische Situationen, dass deine Mutter dich geschlagen hat?

Ja, das war sehr oft so. Ich wollte meine Haare, ich habe sie immer so rot wie jetzt, aber ich wollte schwarze Strähnen da rein machen und so. Meine Mutter war so ein bisschen genervt, ich das nicht so mitgekriegt. (   ), „könntest du mir bitte jetzt meine Strähnen machen?“. Aber he, hö, „du nervst voll. Dann mache ich sie dir jetzt. Setz dich da jetzt endlich hin.“ Nimmt schwarz und haut mir auf mein Kopf drauf. Schlägt da richtig ein. Zieht meine Haare halb raus und dann überall hin. Ich sah danach nicht aus, als hätte ich Strähnen. Meine ganze Kopfhaut war rot. /Ich sah aus, als ob ich in irgendeine Art und Weise, was weiß ich, unter dem Farbeimer gekommen oder so/. Hat wieder mal zugeschlagen. Und dann habe ich mir die Haare ganz schwarz gefärbt. Aber noch als sie weg war, damit man es nicht so merkt. Und dann musste ich noch ein halbes Jahr warten, bis ich wieder Rot rein machen konnte und man es sieht. /Dass sie mich geschla:gen hat oder dass sie mich angeschriee::n hat oder irgend etwas (unterstellt hat oder verunstaltet) hat, war eigentlich regelrecht norma:l/ (I.2, S.22, Z.18-33).

In dieser Sequenz wird die physische und psychische Gewalt, der Lena bei ihrer Mutter häufig ausgesetzt war, ersichtlich. Eine alltägliche Handlung, wie das Färben der Haare, konnte zu einem gewaltsamen Akt werden. In Lenas Beschreibung *„meine Mutter war so ein bisschen genervt, ich das nicht so mitgekriegt“* deutet sich an, dass die psychische Verfassung der Mutter ausschlaggebend dafür war, ob es zu einer Situationseskalation kam. Folglich klingt an, dass Lena die gereizte Stimmung der Mutter wahrnehmen musste und dann keine Forderungen an sie stellen durfte, um eine Eskalation zu vermeiden. Im letzten Satz der oben angeführten Interviewsequenz trifft Lena eine Gesamtbewertung der Beziehungsgestaltung zwischen ihr und ihrer Mutter. Aus dieser Bewertung wird ersichtlich, dass diese Beziehung offenbar von physischer und psychischer Gewalt geprägt war, was Lena im Interview wiederholt thematisiert.

In der vorangegangenen Analyse wurde nachgezeichnet, dass in der Beziehung zu ihrer Mutter Gefühle des Verrats, der Scham sowie physische und psychische Gewalt dominieren. Die dargestellten Erfahrungen und damit verknüpften Emotionen stellen offenbar die Basis für Lenas ablehnende Haltung gegenüber ihrer Mutter dar. Der einzige Grund, warum sie zu ihrer Mutter noch Kontakt pflegt, besteht nach Lenas Aussage darin, dass sie sich um ihre kleine Schwester Sorgen macht, da diese noch immer bei ihrer Mutter lebt und somit dem Risiko des sexuellen Missbrauchs ausgesetzt ist. In der Gesamtsicht des Interviews gibt es lediglich eine Stelle, in der Lenas Bedürfnis nach Anerkennung und Unterstützung durch ihre Mutter anklingt:

Habe ich sie weggezogen und so. /Dann kam meine Mutter auch noch/. Und in dem Augenblick habe ich mich echt gefreut, dass meine Mutter da war, weil, ich habe ihr, äh /sie hat mir eine gezogen/. Habe ich sie richtig so auf (Würgegriff) genommen. Und dann hat sich meine Mutter eingeschaltet und hat halt gesagt, „lässt du mal die Finger von <u>meiner Tochter</u>“ und so und Ulf [der Freund der Mutter] war auch nicht dabei. Der ist zu Hause geblieben. Mein Vater war auch dort. Das war irgendwie zum Kaffee und Kuchen. Wir sind aber dann hingefahren halt. /Dann hat meine Mutter sie richtig angemeckert und hat si- am nächsten/ Tag mit ihrer Mutter getroffen und so und da war ich eigentlich schon stolz darauf, dass meine Mutter da ist (I.2, S.21, Z.1-10).

Diese Textstelle ist in einen Erzählzusammenhang eingebettet, in dem Lena von einer körperlichen Auseinandersetzung mit einer Mitschülerin berichtet. Lena war in diesem Augenblick anscheinend froh über die Anwesenheit ihrer Mutter und stolz darauf, dass diese sich für sie eingesetzt und sich dadurch mit ihr verbündet hat. Im Kontext ihrer Lebensgeschichte, in der Lena von ihrer Mutter anscheinend nie positive Zuwendung erfahren hat, war dieses Erlebnis für sie deshalb von großer Bedeutung, weil sie ihre Mutter in dieser Situation als Unterstützung empfinden konnte. An dieser Stelle deuten sich in Lenas Beziehung zu ihrer Mutter sich widerstrebende Tendenzen an, da das Gefühl der Ablehnung offenbar deutlich dominiert, sie sich aber dennoch positive Zuwendung wünscht. Die Beziehung zu ihrem Vater und zu ihrer Stiefmutter hingegen beschreibt Lena positiv, was unter anderem in der folgenden Passage anklingt:

*Mein Vater ist lieb, auf ihn kann man sich verlassen. Er hält zu einem, wenn irgendwas ist. Wenn du Probleme hast, ist er für dich da::. Er find-, hat immer einen guten Rat. ( ). *Wenn du traurig bist, kann er dich auf gute Laune bringen, von null auf hundert*. Sofort! Er kann coole Sprüche machen und so. Einfach nur genial [die Stimme klingt sehr liebevoll und fröhlich]* (I.2, S.10, Z.17-21).

Lena scheint ihren Vater in emotional belastenden Situationen als Unterstützung zu empfinden. Insbesondere hebt sie seine Fähigkeit hervor, den Zustand der Traurigkeit in ein gegenteiliges Gefühl umkehren zu können. In ihrer Formulierung *„einfach nur genial"* kommt eine bewundernde Haltung ihm gegenüber zum Ausdruck. Ihre Stimmfärbung scheint seine positive Beschreibung und die damit verknüpfte Beziehungsgestaltung zu untermauern. Seine unterstützende Funktion wird jedoch in einer anderen Textstelle abgeschwächt, in der Lena sagt: *„Er war schon immer da, wenn ich ihn brauchte, aber er war auch immer auf Arbeit"* (I.2, S.7, Z.33-34). In dieser Aussage deutet sich eine Bagatellisierung der Abwesenheit des Vaters durch seine berufliche Inanspruchnahme an. Diese Bagatellisierung zeigt sich in der zweifachen Verwendung des Adjektivs *„immer"*, die einen Bruch in der Logik der Aussage hervorruft. Lena scheint somit die negativen Facetten in der Vater-Tochter-Beziehung auszublenden, was möglicherweise zur Stabilisierung der positiven Beziehungsdefinition dient. Konfliktsituationen zwischen Lena und ihrem Vater sind von Lenas Beschwichtigungsversuchen geprägt, die vermutlich eine Eskalation vermeiden sollen:

Wenn es richtig ernst wird, >dann sagt er immer so, dann muss ich immer so lachen, weil, er sagt immer so, das ist nicht mehr lustig, Lena>. Also, dann sag ich immer, keine Ahnung, ja, Papa, dann gebe ich ihm einfach immer Recht, damit es nicht ausartet und ich nicht dann so richtig Streit mit ihm habe (I.2, S.13, Z.26-29).

In ihrer Aussage *„dann muss ich immer lachen"* deutet sich Lenas fehlender Respekt ihrem Vater gegenüber an. Sie versucht dann den Konflikt zu beenden, indem sie ihm zustimmt und somit eine Eskalation vermeidet. Hierbei entsteht jedoch der Eindruck, als ob sie damit lediglich versucht ihren Vater zu beschwichtigen. Diese Lesart kann durch eine weitere Textstelle untermauert werden:

Mein Vater macht sich sehr Sorgen um mich. Das heißt, meine Schwester raucht und so. Dadurch is:: d: manchmal rauche ich dann auch. Aber manchmal ( ). Und manchmal sagt er nicht so::: was dazu. Aber er sagt immer, die::: ähm, die Standpauken, sozusagen, die müssen sein. + + Und letztens, wenn er mir so eine Standpauke würde oder so. Dann ist er immer beleidigt, wenn ich ihm nicht zuhöre. Dann sag ich immer: „Ja, Papa, genau, Papa, du hast voll Recht. Klar, du hast voll den Pla:n." Und das regt ihn dann immer auf. Dann wird das immer ernster. Dann sagt er: „Jetzt hör mir doch mal zu und so. So, nein, Lena, das ist so. Das ist wirklich so." Und dann, keine Ahnung, wenn er mich morgens hier alleine manchmal abholt, dann haben wir auch immer das Thema Rauchen aufhören und so. Und keine Ahnung, also er wird eigentlich immer nur ernst, wenn er mir was erzählen will, ich ihm aber nicht zuhöre, weil es mir voll aus den Ohren raushängt, weil er es mir voll oft erzählt + + (I.2, S.14, Z.8-20).

In dieser Sequenz stellt Lena exemplarisch eine typische Konfliktsituation zwischen sich und ihrem Vater dar. Sie beginnt ihre Ausführungen mit dem Satz *„Mein Vater macht sich sehr Sorgen um mich"*, was in diesem Erzählkontext den Anschein erweckt, als ob Lena die Motivation des Vaters für seine reglementierende Reaktion nachvollziehen könnte. Die Konfliktdynamik zwischen den beiden ist anscheinend von Lenas Versuchen, ihren Vater zu beschwichtigen, gekennzeichnet, was jedoch offenbar mit einer respektlosen Haltung Lenas einhergeht. Diese Haltung spiegelt sich in der Aussage *„Dann sag ich immer: ja, Papa, genau, Papa, du hast voll Recht. Du hast voll den Plan'"* wider. Dieses respektlose Verhalten könnte das Scheitern ihrer Beschwichtigungsversuche begünstigen, was aus der Beschreibung der Reaktion des Vaters *„Und das regt ihn dann immer auf. Dann wird das immer ernster"* ersichtlich wird. Gleichzeitig deutet sich in der Aussage *„Jetzt hör mir doch mal zu und so. So, nein, Lena, das ist so. Das ist wirklich so"* ein Ringen des Vaters um Autorität an. Auffällig ist die inkonsequente Haltung des Vaters beim Thema Rauchen, was zum Scheitern seiner Versuche, Autorität zu erlangen, beitragen könnte.

In diesem Erzählzusammenhang schildert Lena auch den typischen Ausgang von eskalierenden Konfliktsituationen zwischen ihr und ihrem Vater, wobei sie hierfür allerdings keine konkreten Beispiele liefert. Es scheint so, als ob Lena sich der Konflikteskalation entzieht, was in ihrer Aussage *„immer knalle ich die Tür zu. Mache* *meine Anlage ganz, ganz laut an und dann kann mir dann auch nichts mehr"* (I.2, S.14, Z.1-2) anklingt. Durch dieses Handlungsmuster wird der Eskalationsprozess unterbrochen.

Neben ihrem Vater empfindet Lena offensichtlich ihre Stiefmutter als Teil ihres familiären Unterstützungssystems, was in der folgenden Beschreibung ihrer Stiefmutter deutlich wird:

> *_ _ Temperamentvoll. (....), aber sie ist eigentlich auch sehr lieb und keine Ahnung, sie hat sich sehr verändert, seitdem ich dort ausgezogen bin. Sie ist sehr lie::b geworden, noch lieber als vorher. Ich kann mit ihr über alles reden. /Sie/ hilft mir manchmal, wenn ich mit meinem Vater irgendwie nicht übereinstimme. Dann mischt sie sich ein und dann kommen ( )_ _ [die Stimme klingt sehr liebevoll]* (I.2, S.11, Z.11-15).

Lena beschreibt ihre Stiefmutter zunächst als *„temperamentvoll"* wobei sie diese Eigenschaft anscheinend negativ bewertet. Dies deutet sich in der nachfolgenden Aussage *„aber sie ist eigentlich auch sehr lieb"*, die eine relativierende Wirkung hat, an. Diese Relativierung soll vermutlich zur Stabilisierung der positiven Beziehungsdefinition beitragen. Außerdem betont Lena, dass ihre positive Beziehung zu ihrer Stiefmutter sich seit ihrem Auszug noch weiter verbessert hat. Die Gründe hierfür bleiben an dieser Stelle jedoch offen. Des Weiteren hebt sie die unterstützende Funktion ihrer Stiefmutter bei Unstimmigkeiten mit dem Vater hervor. An dieser Stelle ist darauf hinzuweisen, dass in der Gesamtsicht des Interviews der Eindruck entsteht, als würde sich die Erziehung des Vaters und der Stiefmutter dadurch auszeichnen, dass sie abwechselnd die Grenzen des anderen wieder aufheben, um sich gegen den jeweils anderen mit Lena zu solidarisieren. Dadurch werden die für Lena gesetzten Regeln und Grenzen jeweils durch die andere Bezugsperson in Frage gestellt und aufgehoben. Lena empfindet diese Situation als positiv, da sie die Solidarisierung als Unterstützung bewertet und sie sich dadurch viele Freiheiten herausnehmen kann.

Auffällig ist, dass Lenas Beziehung zu ihrer Stiefmutter von positiven Gefühlen dominiert wird, obwohl im Verlauf des Interviews ersichtlich wird, dass sie auch innerhalb dieser Beziehung Gewalt erfahren hat. Diese negative Facette der Beziehung zwischen Lena und ihrer Stiefmutter deutet sich möglicherweise bereits in dem von Lena in der oben angeführten Interviewsequenz verwendeten Adjektiv *„temperamentvoll"* an. Deutlicher kommt sie in folgender Textstelle zum Ausdruck:

Und {„meine Stiefmutter,,}, als sie, äh, mitgekriegt hat, dass ich das weiß, hat sie immer mehr verboten, wusste nicht mehr, wie alles gehen soll. Hat mich immer strenger (behandelt). Und wir hatten dann richtig Crash. Wir haben uns dann immer richtig gestritten. Es kam zu Prügeleien zwischen {„uns beiden und alles,,}. Trotzdem hatten wir uns natürlich lieb, weil, /kannten uns seit Geburt an schon, sozusagen/ (I.2, S.8, Z.5-10).

Lena geht an dieser Stelle darauf ein, inwieweit sich ihre Kenntnis über die tatsächliche Familienkonstellation auf das Verhalten der Stiefmutter ihr gegenüber auswirkte. Es scheint so, als würde Lena einen Prozess beschreiben, in dessen Verlauf ihre Stiefmutter sie zunächst immer mehr reglementierte. Es folgten permanente Auseinandersetzungen, wobei es auch zu körperlicher Gewalt kam. Diese Änderung im Verhalten der Stiefmutter könnte dadurch beeinflusst worden sein, dass die bisherige Familienkonstellation und die damit verknüpften Rollenzuschreibungen durch die Aufdeckung des Inzests in Frage gestellt wurden. Darauf verweist auch die Formulierung *„wusste nicht mehr, wie alles gehen soll"*. Diese veränderte Familiensituation beeinflusste möglicherweise den repressiven Umgang mit Lena, der mit einer starken Verunsicherung seitens der Stiefmutter einherzugehen schien. Außerdem bestand zu diesem Zeitpunkt ein erhöhtes Risiko, dass der Inzest öffentlich werden könnte, was die Stiefmutter anscheinend schon vor Lenas Geburt zu verhindern versuchte. Dies wird in einer anderen Textstelle ersichtlich, in der Lena davon berichtet, dass ihre Stiefmutter beschlossen hatte, in Lenas Geburtsurkunde keinen Vater eintragen zu lassen und offiziell zu behaupten, dass Lena bei ihren Großeltern lebt. Die erhöhte Reglementierung durch die Stiefmutter könnte somit auch ein Versuch gewesen sein, Lena von der Umwelt abzuschirmen, um den Inzest weiter geheim zu halten.

In der vorangegangenen Interviewpassage entsteht der Eindruck, als ob Lena den repressiven Umgang und die Gewalterfahrungen in der Beziehung zu ihrer Stiefmutter bagatellisieren würde. Sie verweist auf das offenbar unerschütterliche emotionale Band zwischen ihnen und begründet dies dadurch, dass sie sich *„seit Geburt an schon"* kennen würden, was möglicherweise auf die Kontinuität innerhalb dieser Beziehung verweist. Im Gegensatz dazu scheint diese Kontinuität in Lenas Beziehung zu ihrer leiblichen Mutter, die sie *„nach der Geburt allein gelassen"* (I.2, S.7, Z.4) hat, nicht gegeben zu sein, was vermutlich den Aufbau eines emotionalen Bandes zumindest erschwert.

Insgesamt scheint das Verhältnis von Lena zu ihrem Vater und ihrer Stiefmutter von einer emotionalen Verbundenheit geprägt zu sein. Dies geht offenbar mit der Tatsache einher, dass Lena bis zu ihrem zwölften Lebensjahr bei ihnen aufgewachsen ist, was auf ein Kontinuitätserleben in der Beziehung zu ihnen verweist. Des Weiteren spielt die emotionale Unterstützung, welche sie von ihnen erfährt, eine bedeutsame Rolle bei der positiven Beziehungsgestaltung. Konfliktsituationen mit dem Vater sind von Beschwichtigung und somit von Eskalationsvermeidung geprägt. Mit der Stiefmutter hingegen kam es in der Vergangenheit auch zu körperlichen Auseinandersetzungen. Sowohl diese eskalierenden Konfliktsituationen als auch Kritik an dem Vater und der Stiefmutter werden von Lena bagatellisiert, was möglicherweise ein Hinweis darauf sein könnte, dass Lena negative Facetten aus diesen Beziehungsgestaltungen ausblendet.

Der dritte große Wendepunkt in Lenas Leben geht mit der Flucht vor dem sexuellen Missbrauch durch den Freund ihrer Mutter im Alter von 13 Jahren und die damit verbundene Unterbringung im Heim einher. Diese Fremdunterbringung schien sie als Erlösung zu empfinden, da sie so den sexuellen Übergriffen entkommen konnte:

I: Hmm, ähm, wie ging es dir denn in der Zeit, als du hier angekommen bist?

Besser als zu Hause. Ich konnte wieder ruhig in meinem Bett schlafen. Weil es auch schon vorgekommen ist, dass ich in meinem Bett geschlafen habe und meine Mutter und mein Stiefvater beide zusammen abends in mein Bett, äh, in meinem Zimmer standen und sagten: „Guck dir das mal an, wie die breitbeinig da schläft".

I: Hmm.

Und ich konnte wieder ruhig schlafen. Besser schlafen (I.2, S.18, Z.11-20).

In dieser Sequenz betont Lena die Verbesserung ihrer emotionalen Lage durch die Fremdunterbringung und erklärt, dass sie *„wieder ruhig schlafen. Besser schlafen"* konnte. Sie berichtet davon, dass ihr Stiefvater und ihre Mutter in ihr Zimmer eindrangen, wenn sie schlief, wobei die Formulierung *„guck dir das mal an, wie die breitbeinig da schläft"* auf den Missbrauch verweisen könnte, der durch die sexualisierte Darstellung von Lenas Schlafposition symbolisiert wird. An einer anderen Stelle im Interview wird die erlösende Funktion der Unterbringung im Heim noch einmal explizit ersichtlich, indem Lena angibt, dass sie sich sowohl bei ihrem Vater als auch im Heim glücklich fühlt. Lediglich als sie bei ihrer Mutter gelebt habe, sei sie unglücklich gewesen. Die positive Veränderung ihrer Lebenssituation durch die Unterbringung im Heim könnte dazu beitragen, dass Lena die Heimatmosphäre wie folgt beschreibt:

Is:: recht lustig. Weil, keine Ahnung, man ist so, es sind alles Kinder. Jeder hat seine Macken. Jeder hat seine lustigen Seiten. Jeder hat seine (Scheiß) Seiten. Hier ist das nicht so. Wenn du mal, wenn mehrere in der Küche von den Kindern sitzen und nur ein Erwachsener. Dann ist das nicht so, dass die Kinder sagen, wie die Erwachsenen: ‚Hier, mach das sau:ber' ((hustet)). Dann ist eher, die machen auch noch mit. Und man ist unter seinesgleichen und so. Haben halt alle Probleme zu Hause. Es ist einfach Hammer. Es ist lustig, einfach nur" (I.2, S.28, Z.4-10).

Lena schildert den Lebenskontext Heim als *„lustig"* und *„einfach Hammer"*, was entscheidend mit dem hohen Kinderanteil verknüpft zu sein scheint. Sie betont hierbei, dass jeder mit seinen positiven und negativen Eigenschaften angenommen wird. Die Bemerkung *„man ist unter seinesgleichen, haben halt alle Probleme zu Hause"* deutet darauf hin, dass Lena sich in einer Umgebung, in der jedes Kind aus einem schwierigen familiären Kontext kommt, wohl fühlt. Dies deutet auf Lenas Bewusstsein bezüglich ihrer außergewöhnlichen Familiensituation hin, die offenbar im Heimkontext ihre normabweichende Färbung verliert. Des Weiteren vermittelt Lena den Eindruck, als würde der hohe Kinderanteil im Heim zu einer weniger strengen Reglementierung und Hierarchisierung beitragen, was sie als positiv bewertet. Dies könnte mit der Lebenssituation bei ihrer Mutter zusammenhängen, in der sie durch die bereits beschriebene Rollenumkehr unterschiedlichen Zwängen ausgesetzt war und den Lebenskontext Heim als unbeschwerter empfindet.

An dieser Stelle ist auf Lenas häufige Schilderungen der Heimatmosphäre als *„lustig"* und *„Hammer"* zu verweisen, welche auf eine Tendenz Lenas zur Harmonisierung hindeuten. Diese Tendenz könnte im Kontext ihrer Lebensgeschichte mit der Angst vor erneuten Diskontinuitätserfahrungen und den möglicherweise damit verknüpften Beziehungsabbrüchen in Zusammenhang stehen. Diese Lesart wird durch die folgende Interviewsequenz erhärtet:

Hier würde ich nicht mehr freiwillig wieder weggehen (.) und so. Auch nicht, weil, hier hab ich jetzt auch Freunde. Ich hab auch keine Lust mehr, irgendwie von irgendwo wieder weg zu gehen" (I.2, S.26, Z.10-12).

Diese Textsequenz steht in einem Erzählzusammenhang, in dem Lena von ihren vermehrten Schulwechseln aufgrund ihrer Umzüge berichtet. Sie betont, ihren aktuellen

Lebensort nicht *„mehr freiwillig“* verlassen zu wollen, was im Kontext der vorangegangenen biografischen Wendepunkte auf ein Bedürfnis nach Kontinuität und Stabilität hindeuten könnte. Lena beschreibt die Beziehung zu ihren Betreuern in ihrem aktuellen Lebenskontext als positiv. Ihre Bezugsbetreuerin Frauke, welche sie als *„Ersatzmama“* (I.2, S.28, Z.26) bezeichnet, nimmt dabei offenbar eine herausragende Position ein:

Sie, sie ist, s::ie ist mir, sie ist mir sehr wichtig. Weil, mit ihr kann ich über alles reden. Sie hört mir auch so zu::. Sie hat immer Rat. Sie nimmt mich in den Arm, wenn es mir schlecht geht. Wenn ich Stress in der Schule habe, hört sie mir zu. Probiert es mit zu regeln. Si- da mit einzusetzen und so. Also, s::ie ist, s::ie ist mir sehr wichtig. Klar, sie ist mir sehr wichtig. (wie=soll=ich=das=beschreiben). Einfach so ein Teil meines Lebens, den ich nicht verlieren will“ (I.2, S.29, Z.24-29).

Lena bringt in dieser Sequenz die Bedeutsamkeit ihrer Bezugsbetreuerin Frauke zum Ausdruck, die sie durch unterschiedliche Facetten ihrer Beziehungsgestaltung begründet. Zum einen ist sie vor allem in problembeladenen Situationen für Lena eine wichtige Ansprechpartnerin, was diese offensichtlich als Unterstützung empfindet. Außerdem erfährt Lena bei ihr körperliche Zuwendung. Durch die mehrfache Wiederholung der Aussage *„sie ist mir sehr wichtig“* entsteht der Eindruck, als wolle Lena Fraukes Bedeutsamkeit besonders betonen. Gleichzeitig deuten sich Verlustängste gegenüber ihrer Bezugsbetreuerin an. Es entsteht der Eindruck, als ob es Lena schwer fällt, ihre Emotionen zu verbalisieren, was in der Formulierung *„wie soll ich das beschreiben“* anklingt. Die positive Beziehungsgestaltung zu Frauke und Lenas Verlustangst ihr gegenüber beeinflussen vermutlich auch Lenas Verhalten in Konfliktsituationen:

I: Sprecht ihr über die Probleme, oder?

Ja, klar. Aber (   ) am nächsten Tag, ja, keine Ahnung, weil, die sind mir viel wichtiger gewesen als bei meiner Mutter. Dann gehe ich immer und sag ich immer, oh, Frauke, es tut mi::r lei:::d. Und dann sagt sie immer so, ja:: o.k., aber beim nächsten Mal besser (I.2, S.29, S.11-16).

Diese Textsequenz ist einen Erzählzusammenhang eingebettet, in dem Lena von einer Konfliktsituation mit ihren Betreuern berichtet, die dadurch zustande kam, dass Lena sich nicht an die Absprache, nach dem Abendbrot das Haus nicht mehr zu verlassen, gehalten hatte. Lena äußert, nach dem Konflikt auf ihre Bezugsbetreuerin zugegangen zu sein und sich bei ihr entschuldigt zu haben, wobei die Entschuldigung von Frauke angenommen wurde. Die Verwendung des Adverbs *„immer“* verweist auf ein Konfliktmuster zwischen ihnen. Lena begründet ihr einsichtiges Verhalten mit der subjektiven Bedeutsamkeit der Betreuer, die sie gleichzeitig mit ihrer Mutter kontrastiert. Durch diese Gegenüberstellung entsteht der Eindruck, als würde Lena damit auch begründen, warum sie sich bei Auseinandersetzungen mit ihrer Mutter nicht ähnlich einsichtig zeigt. Dies deutet auf das problembeladene Verhältnis zu ihrer Mutter hin. Neben ihrer Bezugsbetreuerin Frauke scheinen ihre Freunde Laura und Anton, die ebenfalls in der Einrichtung der stationären Erziehungshilfe leben, für Lena die zentralen Bezugspersonen zu sein.

I: Gibt es denn momentan Personen, die dir besonders wichtig sind?

Jetzt gerade im Augenblick?

I: Ja

Oh Gott. + + Mit dem ich über alles reden kann? Wo ich mich am wohlsten fühle zurzeit? + + Das sind zwei auf dem gleichen Stand sozusagen. Das sind Anton und Laura (I.2, S.51, Z.27-S.28, Z.3).

An dieser Stelle definiert Lena die Beziehungsgestaltung zu ihren Freunden Laura und Anton. Diese sind für Lena momentan die wichtigsten Personen in ihrem Leben, was anscheinend damit zusammenhängt, dass sie sich in ihrer Nähe wohl fühlt und mit ihnen *„über alles reden kann“*. Lena bringt jedoch in ihrer Beziehungsgestaltung zu Laura an unterschiedlichen Stellen im Interview die Angst vor Konfliktsituationen oder einem möglichen Beziehungsabbruch zum Ausdruck. Diese Facette in der Beziehung nimmt wahrscheinlich auch Einfluss auf den Umgang mit Meinungsverschiedenheiten:

Ja, /dann wird, ja, zum Beispiel/, wenn wir jetzt so, ähm, keine Ahnung, wenn wir jetzt zusammen weg wollen und sie nach A. [Großstadt in Norddeutschland] will und ich nach B. [Kleinstadt in Norddeutschland] oder sie nach C. [Kleinstadt in Norddeutschland] und ich nach A. [Großstadt in Norddeutschland], dann sag da immer (.) so zu ihr: „Ja, guck mal, C. [Kleinstadt in Norddeutschland] ist langweilig und ist A. [Großstadt in Norddeutschland] geil. Da kannst du viel mehr machen als in C. [Kleinstadt in Norddeutschland]“. Dann sagt sie immer: „Du hast Recht“. Oder wenn sie jetzt nach D. [Kleinstadt in Norddeutschland] will und ich nach B. [Kleinstadt in Norddeutschland] und dann sag immer ich so: „Lass uns nach D. [Kleinstadt in Norddeutschland] fahren, B. [Kleinstadt in Norddeutschland] ist auch klein und so" [Stimme klingt beschwichtigend, mit einem untergeordneten Gesprächspartner]. Ich mach eigentlich immer so, damit es keinen Streit gi:bt (I.2, S.41, Z.20-31).

Lena berichtet in dieser Sequenz von ihren Bemühungen, Meinungsverschiedenheiten mit Laura zu lösen, indem sie sowohl sich als auch Laura zufrieden stellt. Zum einen versucht sie Laura von ihrer Meinung zu überzeugen, zum anderen ist sie aber auch selbst bereit, auf ihre Wünsche zu verzichten. Diese Rücksicht auf sich widerstrebende Bedürfnisse geht jedoch offenbar mit einem konfliktvermeidenden Handlungsmuster einher, das auf Lenas Verlustängste Laura gegenüber zurückzuführen sein könnte.

In der Beziehung zu Anton ist es bereits zur Eskalation eines Konflikts gekommen, die zum Einsatz körperlicher Gewalt führte, wobei die Ursache und der Auslöser für den Konflikt nicht aus Lenas Erzählung hervorgehen. Sie bedauert in diesem Zusammenhang ihr gewalttätiges Verhalten und scheint sich mit der Aussage *„Mach ich nicht noch mal"* (I.2, S.48, Z.19) selbst das Versprechen zu geben, sich nicht erneut so zu verhalten. Außerdem berichtet sie von verbalen Auseinandersetzungen mit Anton:

Wir haben hier in dieser Einrichtung einen Jungen, der heißt Anton. Und er und ich, wir beide mögen uns sehr. Wir haben uns auch, wir nicht irgendwie jetzt so zusammen oder so, aber können miteinander über alles reden und so. Und manchmal, dann, keine Ahnung, dann sagt er zum Beispiel zu mir Rotschopf oder so /oder dann verstehe ich irgendwas/ falsch und dann regt mich das immer so auf. Dann regt er sich so auf. Dann schreien wir uns immer so an. Dann reden wir so eine Stunde oder so nicht miteinander. Das hasse ich so:. Weil, das hasse so an mir, so wie an ihm. Dieses, dieses ich muss mich verteidigen. Ich bin stärker von uns beiden und so. °Das macht voll den Krieg°" °(I.2, S.35, Z.9-17).

Die Eskalation eines Konflikts zwischen Lena und Anton wird angestoßen, weil Lena sich von Anton angegriffen fühlt, was wiederum dazu führt, dass er sich anscheinend über Lenas Reaktion ärgert. Es folgen verbale Auseinandersetzungen, die in eine Phase des Schweigens münden. In Lenas Aussage *„ich muss mich verteidigen"* klingt an, dass sie sich in ihrem Selbst bedroht fühlt. Sie kann diesem Gefühl anscheinend nur entgegenwirken, indem sie versucht, die Konfliktsituation zu dominieren. Diese Form der Dominanz führt bei Lena offenbar zu einer von Stärke gekennzeichneten

Selbstdarstellung. Mit ihrer Aussage *„weil, das hasse ich so an mir, so wie an ihm"* verweist Lena auf ihre Vermutung, dass Antons Verhalten ähnlich motiviert ist. Gleichzeitig bewertet sie diesen Umgang mit Konflikten als negativ. Des Weiteren verweist Lena in dieser Sequenz darauf, wie viel Anton ihr bedeutet, wobei sie die ausschließlich freundschaftliche Beziehung zwischen ihnen betont. Inwieweit diese Freundschaft jedoch auch von Lenas Angst vor einer Liebensbeziehung geprägt ist, wird in einer anderen Interviewsequenz ersichtlich:

Ja, keine Ahnung. Ich denke mir scho:n manchmal so, denke ich darüber so nach, _>ist das so gut, dass du mit einem Jungen so gut befreundet bist. Das könnte ja auch meh:r werden und so [Stimme klingt beängstigt]. Was machst du dann. Und was machst du, wenn hier mal was passiert.

I: Was machst du denn, wenn sich mit einem Jungen sich mehr entwickelt?

/Ich glaub, äh, ich würd, ich würde n:ur / zu Hause bleiben und dafür sorgen, dass es wieder weniger wird [aufgeregte Stimmfärbung]. Dass ich mich {,nicht in ihn verliebe oder so,}

I: Warum?

Weil die Freundschaften zu manchen Leuten, zu Anton, hier viel zu wichtig sind, um mit den was zu haben (I.2, S.52, Z.26-S.53, Z.5).

An dieser Stelle wird Lenas Angst davor ersichtlich, dass sich aus der Freundschaft zu Anton eine Liebesbeziehung entwickeln könnte. In der Formulierung *„was machst du dann"* klingt Lenas Befürchtung an, mit dieser Situation nicht umgehen zu können. Sie äußert, gegebenenfalls gegen diese Gefühle ankämpfen zu wollen, wobei in der Aussage *„dafür sorgen"* anklingt, dass sie ihre Emotionen dann bewusst steuern würde. Als Begründung für ihre abwehrende Haltung gegenüber einer Liebensbeziehung zu Anton führt Lena die Bedeutsamkeit ihrer Freundschaft an, die durch eine Liebesbeziehung möglicherweise bedroht sein könnte. Eine andere Stelle im Interview legt die Vermutung nahe, dass Lenas Haltung mit ihrer Angst, sich durch eine feste Beziehung verletzbar zu machen, in Zusammenhang stehen könnte:

I: Und als du einen Freund hattest, war er dir wichtig?

>Ja, er war mir sehr wichtig. Aber /ich hab, ich wurde sozusagen, keine Ahnung/, wir waren so sehr lange zusammen. Fast ein Jahr waren wir zusammen. Die restlichen Monate hats halt nicht mehr so gefunkt. Keine Ahnung. Er hat mich so:, sozusa-

gen sehr verletzt und sehr hintergangen und darum habe ich jetzt auch keinen Freund, weil ich keinen mehr auch will. Ich hasse ihn auch voll. Er geht in meine Nachbarklasse: Acht b. Und ich hasse ihn über alles> (I.2, S.42, Z.3-9).

Im Fokus dieser Textpassage stehen Lenas Verletzungen und der Vertrauensbruch, die sie durch ihren Ex-Freund erfahren hat. In der nachfolgenden Textpassage wird ersichtlich, dass Lena von ihm betrogen wurde. Sie benennt dies als ausschlaggebenden Grund dafür, dass sie sich nicht mehr auf eine Liebesbeziehung einlassen möchte. Diese Entscheidung könnte für Lena insoweit eine Schutzfunktion haben, als dass sie sich so dem erneuten Risiko von Verletzungen und Enttäuschungen durch einen Partner gar nicht erst aussetzt. In der Gesamtsicht des Interviews geht Lena nicht darauf ein, ob und inwieweit der erlebte sexuelle Missbrauch auf ihre aktuelle Sichtweise auf eine Liebesbeziehung zu einem Jungen Einfluss nimmt.

Insgesamt betrachtet scheinen für Lena ihre Bezugserzieherin Frauke sowie ihre Freunde Laura und Anton die wichtigsten Bezugspersonen zu sein. Auffällig ist, dass bei allen drei Beziehungsgestaltungen Lenas Verlustangst eine bedeutsame Rolle einnimmt, was im Kontext ihrer Lebensgeschichte auf ein Bedürfnis nach Kontinuität verweisen könnte. Dies scheint sich in den Beziehungen zu Frauke und Laura insofern auf die Konfliktdynamiken auszuwirken, dass Lena versucht Konflikte zu vermeiden oder diese durch die Einsicht ihres Fehlverhaltens zu lösen. In der Beziehung zu Anton hingegen berichtet Lena von eskalierenden Konfliktsituationen, die teilweise mit Gewalthandlungen einhergehen. Dieser Eskalationsprozess wird angestoßen, weil sich Lena von Anton angegriffen fühlt, was mit einer Bedrohung ihres Selbst einhergehen könnte. Indem beide nach der Dominierung der Konfliktsituation streben, wird der Eskalationsprozess vorangetrieben, was offenbar den Kern ihrer Konfliktdynamik darstellt.

4.2.4 „Ich hätte doch damals nur mitspielen brauchen" – Handlungsfähigkeit im Kontext von Ohnmachtserfahrungen

Im vorangegangenen biografischen Themenfeld wurden der sexuelle Missbrauch Lenas durch ihren Stiefvater und die damit offenbar einhergehenden Ohnmachtserfahrungen bereits angedeutet. An dieser Stelle sollen sie im Vordergrund der Analyse stehen. Die nachfolgende Textstelle verdeutlicht Lenas Hilflosigkeit innerhalb der Missbrauchssituationen:

Er ist mir in die Hose gegangen. Hat mir an d Brüste gepackt. Hier und da:.+ + Hat mich einfach so hochgehoben und hat mir einen Kuss gegeben und dann habe ich gehauen und so und dann hat er mich einfach nicht in Ruhe gelassen. & Ich war ja noch klein + + (Stimme hört sich so an, als ob ihr die Luft weg bleiben würde. Atmet nicht!)* (I. 2, S. 4, Z. 4-8)

Lena versuchte, den sexuellen Übergriffen des Stiefvaters durch körperliche Gegenwehr entgegenzuwirken. Ihre Versuche scheiterten jedoch, so dass sie ihm hilflos ausgeliefert war, was in ihrer Aussage *„Ich war ja noch klein"* und dem Ringen nach Luft bei der Wiedergabe dieses Ereignisses eindringlich zum Ausdruck kommt. Im Verlauf des Interviews wird ersichtlich, dass sich diese Erfahrungen von Ohnmacht und Hilflosigkeit auch auf Lenas psychische Verfassung auswirkten. Sie berichtet von depressiven Verstimmungen in Form starker Antriebslosigkeit, was sich unter anderem darin äußerte, dass sie das Haus nur noch selten verließ. Lenas Aussage *„So richtig dick. So rich-, habe mich dicker gefressen"* (I. 2, S. 19, Z. 10-11) verweist außerdem auf ein gestörtes Essverhalten. Des Weiteren spricht Lena von autoaggressiven Handlungen in Form von Ritzen und begründet dieses Verhalten mit dem Wunsch *„nicht mehr so auf dieser Welt"* sein zu wollen (I. 2, S. 19, Z. 15). In diesen offenbar destruktiven Verhaltensweisen deutet sich eine Selbststimulation an, welche wahrscheinlich mit dem traumatischen Erlebnis des sexuellen Missbrauchs einhergeht und auf eine Fragmentierung des Selbst verweist. Des Weiteren betont Lena in diesem Erzählzusammenhang, *„Scheiße gebaut zu haben"*, damit ihre Mutter und ihr Stiefvater sie rauswerfen. Diese Handlungen gehen vermutlich mit dem Wunsch einher, dem problembelasteten Lebenskontext nicht länger ausgesetzt zu sein. Lena scheint somit durch ihr provokatives Verhalten ihre Handlungsfähigkeit in einer von Ohnmacht geprägten Situation zurückzuerlangen beziehungsweise aufrechtzuerhalten. Ihre Provokation impliziert somit das Streben nach Autonomie und Selbstbestimmung.

An verschiedenen Stellen im Interview entsteht aber auch der Eindruck, dass Lena im Kontext der dargestellten sexuellen Übergriffe aus ihrer Opferrolle heraustritt:

Ja, es hat mir gut getan, sie mal leiden zu sehen. Sie meinte immer, sie hätte die Oberhand. Aber sollte mal überlegen, sie sagt, ich will, soll sie und Ulf auseinander bringen, ne. Wie dumm muss dieses Mädchen sein, ich will sie und ihren komischen Freund auseinander bringen. Ja, klar. Würde ich das wollen, hätte ich das ja schon längst geschafft. Ich hätte doch damals nur mitspielen brauchen, mehr nicht.

I: Was heißt damals mitspielen brauchen?

Ja, ich hätt ja damals nur sagen müssen, ja, o.k., lass miteinander schlafen. (Ja, da, äh, o.k. und so. Lass uns zusammen sein.) Dann wär sie doch jetzt weg vom Fenster. Dann hätte sie jetzt doch (gar nichts mehr mit ihm am Laufen) oder so. Aber sie labert weiter so eine Scheiße. S::ie kann nicht klar denken oder so. Keine Ahnung, was mit der Frau so los ist (I. 2, S. 24, Z. 25 - S. 25, Z. 5).

Diese Sequenz ist in einen Erzählzusammenhang eingebettet, in dem Lena berichtet, Freunde von ihr hätten ihre Mutter verbal angegriffen. Lena schien die damit verknüpfte Opferrolle der Mutter zu genießen. Dies könnte damit in Verbindung stehen, dass Lena sich, wie an einer anderen Stelle bereits dargelegt, bezüglich der sexuellen Übergriffe durch ihren Stiefvater von ihrer Mutter im Stich gelassen fühlte. In ihrer Aussage *„Wie dumm muss dieses Mädchen sein"* deutet sich Lenas Verachtung und scheinbare Überlegenheit ihrer Mutter gegenüber an. Dieser Eindruck verstärkt sich im Verlauf der Sequenz, indem sich Lena als mächtig entwirft und behauptet, dass nur ihr Einverständnis nötig gewesen wäre, um die Mutter als Partnerin des Stiefvaters abzulösen.

An dieser Stelle deuten sich zwei scheinbar widersprüchliche Empfindungen Lenas gegenüber dem erlebten sexuellen Missbrauch an. Zum einen klingt in zahlreichen Interviewpassagen Lenas Ohnmachtserleben und das damit verknüpfte Gefühl des Ausgeliefertseins an. Andererseits scheint Lena in einigen Sequenzen auf Distanz zu ihren leidvollen Erfahrungen zu gehen und sich als gleichberechtigte (Sexual-)Partnerin zu entwerfen. Dieser Entwurf könnte dazu dienen, Lenas Selbst zu stabilisieren, da sie durch die Abwendung von ihrer Opferrolle möglicherweise das Gefühl erlangt, dass sie in irgendeiner Form aktiv auf die durch Ohnmacht geprägte Situation Einfluss nehmen konnte.

Die Bedeutung der eigenen Handlungsfähigkeit erfuhr ihren Höhepunkt an dem Tag, an dem Lena vor dem Stiefvater und dem damit verknüpften sexuellen Missbrauch floh und daraufhin in der stationären Erziehungshilfe untergebracht wurde:

Und dann alles Weitere. Dann wollte, hmm, /dann hatte er/ mit + + meiner Mutter telefoniert (   ), /was gelabert/, weil ich vorher gesagt habe, ich will nicht mit dir. I:ch: /will/ n:ichts. <u>Kapiere es endlich</u>. Ich gehe zur Polizei, wenn du mich nicht in <u>Ruhe lässt</u> (Stimme hört sich an, als ob ihr die Luft weg bleiben würde.). Und d hat er gelacht und dann hat er meine Mutter angeru*=und irgendeinen {„Blödsinn er-*

zählt,,}. E ah habe, (   ) is, /ist/ auf mich losgegangen und wollte mich gegen die Garderobe werfen. Dann bin zurück auf ihn und habe ich gehauen und bin raus und dann habe ich die Polizei angerufen und bin noch mal zurück und wollte meine Sachen holen. Er hat mit meiner Mutter telefoniert. Meine Mutter hat zu mir gesagt, wenn /das jetzt stimmt/, dass ich die /Polizei/ angerufen habe und sie heute Abend nach Hause kommt und ich nicht mehr da bin, dann krieg ich Tracht Prügel hmm meines Lebens+ +.

I: Hmm.

So, (jed-falls) kam die Polizei, dann die Polizei und dann bin ich hierhin gekommen. (   ) (I. 2, S. 4, Z. 12-27).

Lena drohte ihrem Stiefvater damit, den Missbrauch der Polizei zu melden. Obwohl er Lenas Androhung zunächst nicht ernst zu nehmen schien, berichtete er der Mutter am Telefon von Lenas Plänen. In diesem Verhalten deutet sich an, dass der Stiefvater anscheinend keine reale Macht über Lena hatte, sondern die Unterstützung der Mutter benötigte, um sich durchzusetzen. Es entsteht der Eindruck, als hätte er körperliche Gewalt eingesetzt, um Lena von ihrem Vorhaben abzubringen. Diese wehrte sich jedoch und floh aus der gewaltbeladenen Situation. An dieser Stelle konnte Lena ihre Opferrolle ablegen und so ihre Handlungsfähigkeit trotz der Gewaltandrohung der Mutter und der Gewaltausübung durch den Stiefvater aufrechterhalten, was auf einen selbstbestimmten Akt verweist. Diese Lesart kann durch eine andere Interviewstelle untermauert werden:

Dass ich, er mich gegen die Garderobe geschmissen hat und ich Kleiderhaken in den Rücken gekriegt habe. Das tat weh. Das lasse ich mir von so einem Vogel nicht gefallen [Stimmfall klingt sehr wütend]" (I. 2, S. 54, Z. 23-25).

Im Kontext dieser Textstelle berichtet Lena davon, dass die körperliche Auseinandersetzung mit ihrem Stiefvater an dem Tag ihrer Flucht das schlimmste Erlebnis ihres Lebens war. Mit dem Satz *„das lasse ich mir von so einem Vogel nicht gefallen"* scheint Lena auf ihre Gegenwehr und die damit verknüpfte Selbstbestimmung zu verweisen. Des Weiteren entwirft sie sich ihrem Stiefvater gegenüber überlegen, was in der abwertenden Titulierung *„Vogel"* anklingt. Dieser Entwurf könnte ihre Ohnmacht in dieser Situation verdecken und ihr zur Wahrung ihrer Handlungsfähigkeit verholfen haben. Auffällig ist, dass sie in ihrer Erzählung das Tempus wechselt, indem sie die Situation in der Vergangenheitsform darstellt, in der Beschreibung ihrer

Gegenwehr jedoch in das Präsens wechselt. Das könnte möglicherweise auf die immer noch aktuelle emotionale Präsenz dieser Thematik hindeuten.

Insgesamt entsteht der Eindruck, als ob sich Lenas Handlungsfähigkeit in den von Ohnmacht gekennzeichneten Situationen zwischen zwei Polen bewegte. Zum einen schien sie der Missbrauchssituation ausgeliefert zu sein, was mit einer massiven Einschränkung ihrer Handlungsfähigkeit einherging. In diesen Situationen beschränkte sich ihre Selbstbestimmung lediglich auf ihren eigenen Körper und die Selbststimulationen in Form von Autoaggressionen und einem gestörten Essverhalten. Andererseits entwirft sich Lena in unterschiedlichen Situationen als gleichberechtigte (Sexual-)Partnerin, die auf den sexuellen Kontakt mit dem Stiefvater Einfluss nehmen konnte. Dieser Entwurf könnte ebenfalls zu einer Stabilisierung des Selbst beitragen, indem sich Lena als mächtig entwirft, obwohl dieser Selbstentwurf nicht mit realen Handlungsmöglichkeiten verbunden war. Dennoch hielt sich Lena ihre Handlungsfähigkeit anscheinend insoweit aufrecht, als dass es ihr letztendlich gelang, der Missbrauchssituation zu entfliehen. Dieser selbstbestimmte Akt war davon gekennzeichnet, dass sich Lena auch durch das gewalttätige Verhalten des Stiefvaters und die Gewaltandrohungen der Mutter nicht davon abbringen ließ zu flüchten und somit aus ihrer Opferrolle herauszutreten.

4.2.5. „Und man ist unter seinesgleichen" – Selbstentwurf zwischen Normalität und Abweichung

Lena betont an unterschiedlichen Stellen im Interview ihr ausgeprägtes Selbstbewusstsein, was damit einherzugehen scheint, dass sie in vielen Situationen *„standhalten"* kann:

Ja, ich mein so, ich kann Sachen mehr so standhalten /als andere. Die meisten s::agen imm::er so, so, s::o, die Paula hat immer so gesagt, man könnte Laura und dich umtauschen. Die viel kleiner als du. Du bist viel größer. Du könntest sechzehn sein. Sie könnte dreizehn sein. Ich sag, ja, genau. Und dann sag-, sie sag- und dann sagen auch die meisten, woher nimmst du mit dreizehn Jahren dir die Power nicht zu versinken oder dich zu schämen oder zu sagen, was dir nicht passt oder dass du Angst hast davor und so. Und dann sag ich immer, warum soll ich Angst haben. Das ist halt meine Meinung (..) und das (..). Keine Ahnung, auch so, wenn die meisten, wenn die Betreuer s::o bisschen mit Zimmer drohen, sozusagen, machst du das, sonst gehst du auf dein Zimmer. Ja, o.k., ich mach das ja schon [amt eine sehr unterwürfige Stimme nach]. (   ). Und wenn ich das jetzt nicht gemacht hab und das machen soll oder das gar nicht war und das machen soll und sag ich auch, ich mach das nicht. Nein. Und wenn ich dann Zimmer kriege. Das ist mir dann auch egal. Die /andern / seh-, oh, nee. Und die haben auch nur, ähm, gegen den Betreuern große Fresse, wo die wissen, dass die nichts machen, also nur an den Schwächeren (I.2, S.32, Z.19-34).

Lena scheint *„standhalten"* mit der Fähigkeit zu verknüpfen, sich selbstbewusst zu präsentieren und ihre Meinung zu vertreten. Diese Selbstpräsentation scheint für außenstehende Personen und offenbar auch für Lena mit Stärke einherzugehen, was in der Fremdzuschreibung *„woher nimmst du mit dreizehn Jahren dir die Power"* anklingt und ihr Anerkennung verschafft. Lena betont, dass sie in der Lage ist, ihre Meinung auch gegenüber den Betreuern zu vertreten und dass sie sich von drohenden Sanktionen nicht einschüchtern lässt. An dieser Stelle deutet sich Lenas Streben nach Autonomie an, welches sich offensichtlich deutlich auf ihr selbstbestimmtes Handeln auswirkt und durch die Androhung von Strafmaßnahmen nicht eingeschränkt werden kann. In diesem Erzählkontext geht Lena darauf ein, dass sie die Fähigkeit *„standhalten"* zu können von anderen Kindern und Jugendlichen im Heim unterscheidet, was sich insoweit positiv auf Lenas Selbstwertgefühl auswirkt, als dass sie diese Fähigkeit als Besonderheit bewertet. Als Schwäche hingegen bezeichnet Lena ihr *„nicht standhalten"*-Können in Situationen, in denen sie ausführlich ihre Familie thematisiert:

(Meine Schwächen) sind, /wenn ich jetzt zum Beispiel/ über meine Familie <u>mehr</u> reden muss als hier. So richtig reingehen muss und Kleinigkeiten nennen muss. So:: irgendwie, so vie:l intensiver als hier, so in der Therapie. Dann kann ich nicht standhalten, dann, dann werde ich schwach. Das ist für mich sehr schwer (I.2, S.33, Z.5-8).

Lena berichtet nicht mehr *„standhalten"* zu können, wenn sie in Therapiesituationen detailliert über ihre Familie sprechen muss. Die mehrfache Wiederholung des Modalverbs *„müssen"* verweist dabei auf einen Zwangskontext und deutet an, dass Lena freiwillig nicht so ausführlich über die familiären Ereignisse sprechen würde. Im Kontext ihrer Lebensgeschichte liegt die Vermutung nahe, dass Lena damit vor allem den sexuellen Missbrauch meint, den sie durch ihren Stiefvater erlebt hat. Mit der detaillierten Schilderung dieser Situation geht vermutlich eine emotionale Belastung einher. Diese könnte dazu führen, dass ihr identitätsstiftendes Gefühl der Stärke erschüttert wird, da ihre selbststabilisierenden Mechanismen in dieser Situation nicht mehr greifen.

Insgesamt entwirft sich Lena als stark und selbstbewusst, wodurch sie ihre Handlungsfähigkeit in den meisten Situationen bewahrt. Dieser Selbstentwurf kann im Kontext ihrer Lebensgeschichte als Überlebensstrategie betrachtet werden und hat möglicherweise die Funktion, ihr Selbst aufrechtzuerhalten. Lena definiert Stärke als *„Standhalten“*-Können in Situationen, in denen sie versucht, ihre Meinung auch gegen Widerstände durchzusetzen. Schwäche spürt sie in Situationen, in denen sie sich detailliert mit ihrer Familiensituation auseinandersetzen muss. Stärke und Schwäche scheinen für Lena zwei Pole zu sein, die offenbar als Kern ihres Selbstentwurfes betrachtet werden können. Dabei scheint ersteres mit Selbstbehauptung und Selbsterhaltung und letzteres mit der Konfrontation mit ihrer Lebensgeschichte verknüpft zu sein.

Des Weiteren entsteht in der Gesamtsicht des Interviews der Eindruck, als würde Lena ein Bewusstsein für den normabweichenden Charakter ihrer außergewöhnlichen Familiensituation haben. Dies klingt insbesondere in einer Sequenz an, in der Lena die positive Bewertung der Heimatmosphäre unter anderem mit folgender Aussage begründet: *„Und man ist unter seinesgleichen und so, haben halt alle Probleme zu Hause“* (I. 2, S. 28, Z. 9). Diese Äußerung ist in einen Erzählzusammenhang eingebettet, in dem Lena berichtet, dass im Heim jedes Kind mit seinen positiven und negativen Seiten akzeptiert wird. Die Tatsache, dass alle Kinder Probleme in ihren familiären Beziehungen aufweisen, scheint dazu beizutragen, dass Lenas außergewöhnliche Familiensituation in ihrem aktuellen Lebenskontext Heim ihre normabweichende Färbung verliert. An einer anderen Stelle im Interview entsteht der Eindruck, als wolle sich Lena zu dieser normabweichenden Facette ihrer Lebensgeschichte distanzieren:

I: Und wie würdest du das Klassenklima aus deiner Sicht beschreiben?

Hammer. Ist einfach (.) I: S:ind da Freunde von mir, die hier rausgeflogen sind. So eine ist da mit bei, mit der kann ich über alles reden. Sie hilft mir. Sie kennt auch meine Familiensituation und so. Ich erzähl nämlich nur manchen Leuten. Ist mir halt, mag ich halt nicht erzählen. Die reden sonst bestimmt scheiße über mich. Und da sind so: andere halt, die ich so von Partys und so her kenne. Also, ist schon schön dort. (I. 2, S. 26, Z. 18-25)

Lena berichtet in dieser Sequenz von der positiven Klassenatmosphäre, wobei sie betont, zu einer Mitschülerin eine besondere Beziehung zu haben. Diese ist Lenas Ansprechpartnerin und kennt auch ihre familiäre Situation. Es wird an dieser Stelle jedoch nicht ersichtlich, welche Problematik der von ihr verwendete Begriff der *„Familiensituation"* genau impliziert. Aufgrund ihrer rekonstruierten Lebensgeschichte könnten sowohl der sexuelle Missbrauch als auch der Inzest gemeint sein. Außerdem erwähnt Lena, dass sie nur mit ausgewählten Personen über ihre Familie spricht, da sie anscheinend befürchtet, diesbezüglich Ablehnung zu erfahren. An dieser Stelle deutet sich Lenas Bewusstsein für den normabweichenden Charakter ihrer familiären Situation erneut an, von dem sie sich anscheinend zu distanzieren versucht, indem sie diesen Teil ihrer Lebensgeschichte meistens verschweigt. Es verdichten sich die Hinweise darauf, dass Lena den Heimkontext als geschützten Raum erlebt, in dem sie aufgrund der besonderen familiären Verhältnisse jedes einzelnen Kindes nicht befürchten muss, diesbezüglich abgelehnt zu werden.

Lena benennt im Interview ihren Vater als Vorbild, da sie mit Konfliktsituationen gerne ähnlich umgehen würde wie er:

I: Gibt es denn Menschen, die du absolut toll findest und wärst gerne wie sie? Und was findest du an diesen Menschen toll?

Nein, ich hab s:::o, so eher s:- so von meinem <u>Vater</u> so, s:o ein <u>kleines</u> Vorbild für mich, weil, ich wär gern s- s:o locker wie er °manchmal° [Stimme klingt so, als ob der Sprecherin die Luft wegbleiben würde]. Wenn mich jemand beleidigt, /dann würd ich gern voll locker darüber stehen und sagen, schön, laber doch/ °°und so was°° (I.2, S.37, Z.25-31).

Lena verweist zu Beginn dieser Sequenz darauf, dass es in ihrem Leben niemanden gibt, den sie bewundert und dem sie nacheifert. Dennoch bezeichnet sie ihren Vater als *„kleines Vorbild"* was offenbar auf eine eingeschränkte Vorbild- und somit auch Identifikationsfunktion des Vaters hindeutet. Sie bewertet jedoch seinen Umgang mit Konflikten als positiv und erstrebenswert. Im weiteren Verlauf der Sequenz wird ersichtlich, dass sie in Konfliktsituationen, in denen sie angegriffen wird, stets die Konfrontation sucht, was wiederum einen Eskalationsprozess anstößt. Dass Lena sich wünscht, in Konfliktsituationen nicht impulsiv zu reagieren, und dennoch nicht danach handeln kann, deutet auf ihre eingeschränkten Einflussmöglichkeiten bezüglich des Konfliktverlaufs hin, was mit einem Kontrollverlust einhergehen könnte.

Als Gemeinsamkeit mit ihrem Vater und ihrer Mutter benennt Lena ihre Augenfarbe:

°_Ich mag sie_° [Stimme klingt liebevoll], weil die, sie, sie sind, das ist etwas mich, meine Mutter und mein Vater so:: verbindet. °_Das ist ein Punkt, wo ich sagen kann, das sind wir alle, da haben wir alle eins gemeinsam, haben alle braune Augen_°" (I.2, S. 38, Z. 24-26).

An dieser Stelle klingt Lenas Wunsch nach Verbundenheit mit ihren beiden Elternteilen an. Als verbindendes Element kann jedoch offenbar lediglich ein optisches Merkmal dienen, da die Beziehung zu ihrer Mutter von Ablehnung und Distanzierung dominiert wird. Somit kann Lena vermutlich keine Gemeinsamkeiten bezüglich ihrer Persönlichkeit zulassen, da dies mit einer Selbstabwertung einhergehen würde. Es wird ersichtlich, dass Lenas Vater lediglich eingeschränkt und ihre Mutter in keiner Hinsicht als elterliche Identifikationsfigur dienen kann.

Lenas Zukunftsvorstellungen sind hauptsächlich von dem Wunsch geprägt, ihrem Vater räumlich wieder nah zu sein. Lena gibt an, dass ihr dies zur Zeit verwehrt bleibt, da ihre Mutter das Jugendamt belogen und somit den Beschluss erwirkt habe, dass Lena ihrem Vater lediglich Tagesbesuche abstatten dürfe. Die Gründe für die Entscheidung des Jugendamtes bleiben offen. Es liegt jedoch die Vermutung nahe, dass sie mit dem verübten Inzest zusammenhängen könnten.

4.3 Fallrekonstruktion Marc

Im Folgenden werden die fallspezifischen Ausprägungen der biografischen Themenfelder im Kontext von Marcs Lebensgeschichte nachgezeichnet.

4.3.1 Anmerkungen zur Interviewsituation

Zum Zeitpunkt des Interviews ist Marc 14 Jahre alt. Das Interview findet in der Küche der Verselbstständigungsgruppe statt, die während des Interviews für die anderen Gruppenmitglieder nicht zugänglich ist. Die Interviewerin wird von Marc sehr förmlich empfangen, indem er ihr zur Begrüßung die Hand reicht und sich danach erkundigt, ob ihre Anreise angenehm gewesen sei. Er führt die Interviewerin zu den Räumlichkeiten und lässt sie noch einen Moment zum Geräteaufbau allein. Außerdem bietet Marc ihr Getränke an. Er verweist darauf, dass ihn die Interviewerin aus seinem Zimmer abholen kann, wenn sie fertig ist.

Von Beginn an wirkt Marc sehr höflich und gastfreundlich. Während des Interviews vermittelt er den Eindruck, wenig von sich preisgeben zu wollen. Für die Interviewerin ist es somit teilweise sehr schwierig, den Gesprächsfluss in Gang zu halten.

4.3.2 Zusammenfassende Nacherzählung

Marc leitet seine Erzählung ein, indem er die schwierige Beziehung zu seiner Mutter in der Kindheit und sein zu diesem Zeitpunkt abweichendes Verhalten kurz erläutert. Hierzu zählten Schulabsentismus und seine sogenannten *„Ausraster"* (I.3, S16, Z.23) in Form von aggressiven Handlungen gegen Personen und Gegenstände sowie emotionale Ausbrüche in Form von starkem Weinen und Schreien. Er erwähnt, dass er mit acht Jahren für einen Zeitraum von sechs Monaten ins Kinderkrankenhaus eingewiesen wurde. Dabei verwendet er nicht den Begriff der Kinder- und Jugendpsychiatrie, jedoch wird aus dem lebensgeschichtlichen Kontext ersichtlich, dass es sich um eine psychiatrische Einrichtung handelte.

Marc wächst bis zur Einweisung in die Kinder- und Jugendpsychiatrie bei seiner alleinerziehenden Mutter auf. Der Vater verlässt die Familie nach der Trennung der Eltern, als Marc ungefähr ein Jahr alt ist. Er nimmt den Kontakt zu seinem Sohn erst während Marcs stationärem Aufenthalt in der Kinder- und Jugendpsychiatrie wieder auf. Nach dem Psychiatrieaufenthalt kommt Marc in die stationäre Erziehungshilfe, wo er bis zum aktuellen Zeitpunkt lebt. Die Heimatmosphäre wird von ihm aufgrund der ständigen Konfliktsituationen zwischen den Gruppenmitgliedern und des hohen Lärmpegels als stressbeladen beschrieben. Er versucht sich dieser Atmosphäre durch seine zahlreichen Freizeitaktivitäten und den Besuch bei Freunden, welche außerhalb des Heims leben, zu entziehen. Abgesehen von seinem Bezugsbetreuer Richard benennt Marc keine für ihn bedeutsamen Personen im Rahmen des Heimkontextes. Die Beziehung zu anderen Betreuern beschreibt er ebenfalls als positiv und begründet dies mit seiner Angepasstheit. Er schildert kaum Konflikte zwischen ihm und den Betreuern, treten dennoch welche auf, ist Marc dazu in der Lage, diese im Gespräch auszutragen. Die Jugendlichen in seiner Wohngruppe werden in seiner Erzählung ausgeklammert. Die einzigen Informationen, die er über diesen Personenkreis vermittelt, bestehen in der Erwähnung von Konfliktsituationen, die teilweise durch Betreuer geschlichtet werden müssen, um Eskalationen zu begrenzen. Marc scheint gelegentlich in diese Konflikte verwickelt zu sein.

In Marcs Schilderung kommt zum Ausdruck, dass in seiner Kindheit die Mutter-Sohn-Beziehung dadurch geprägt war, dass seine Mutter ihre versorgende Rolle nicht erfüllen konnte. Marc erzählt von Schamgefühlen gegenüber dem Verhalten seiner Mutter, die anscheinend nicht in der Lage war, ihren Haushalt eigenständig zu bewältigen und mitunter zu *„phantasieren"* (I.3, S.5, Z.5) begann. Deshalb wurde Marc und seiner Mutter eine Familienhelferin zur Unterstützung zugeteilt. Aufgrund der psychischen Auffälligkeiten der Mutter hat Marc heute noch das Gefühl, sie bei der Alltagsbewältigung unterstützen zu müssen. Nur ungern besucht er sie und meint, dass sie ihm aufgrund ihrer mit Arbeitslosigkeit verbundenen finanziellen Schwierigkeiten wenig bieten kann. Konflikte zwischen ihm und seiner Mutter sind von Nachgiebigkeit seitens der Mutter geprägt, so dass Marc meistens seinen Willen bekommt.

Die Vater-Sohn-Beziehung ist von der Abwesenheit des Vaters bis zu Marcs neuntem Lebensjahr geprägt. Als der Vater wieder Kontakt zu seinem Sohn aufnimmt, befindet er sich bereits in einer neuen Partnerschaft, aus der inzwischen zwei Töchter hervorgegangen sind, die zum Zeitpunkt des Interviews vier und sechs Jahre alt sind. Marc nimmt seinen Vater heute als den versorgenden Elternteil wahr, der zudem über die finanziellen Mittel verfügt, um seinen Kindern eine attraktive Freizeitgestaltung zu ermöglichen. Die Beziehung zu seinem Vater schildert Marc bis auf kleinere Meinungsverschiedenheiten als weitgehend frei von Konflikten.

Marc möchte weder bei seiner Mutter noch bei seinem Vater wohnen, ohne dafür nähere Gründe zu nennen. Das Heim, in dem er lebt, ordnet er aber auch nicht als sein Zuhause ein. Er äußert zurückhaltend, dass er sich abgesehen von seinem aktuellen Lebensort nur ein Leben in einer *„richtigen Familie"* (I.3, S.29, Z.25) vorstellen kann. Diese Aussage wird von ihm jedoch nicht weiter ausgeführt.

Marc erachtet Schulbildung und ihre Bedeutsamkeit für seine Zukunft als wichtig und hebt seine guten schulischen Leistungen auf der Förderschule mit dem Schwerpunkt Lernen hervor. Er strebt den Hauptschulabschluss und wenn möglich den Realschulabschluss an.

Insgesamt entwirft sich Marc als einen angepassten, leistungsorientierten, gepflegten und netten Jungen. Durch diese Eigenschaften bekommt Marc sowohl von seinen Betreuern als auch von seinem Vater eine positive Rückmeldung. Des Weiteren distanziert er sich von normabweichenden Verhaltensweisen und Zuschreibungen.

4.3.3 *„Weil ich, ja, ich pass mich halt auch immer gut an hier" – Beziehungsgestaltung im Kontext von Diskontinuitätserfahrungen*

Marc gibt in seiner Einstiegserzählung einen kurzen Abriss über die verschiedenen Stationen seines Lebens, die Hinweise auf unterschiedliche Diskontinuitätserfahrungen geben:

I: Dann würde ich dich zu Beginn bitten, dich an deine Kindheit zurückzuerinnern, soweit du dich zurückerinnern kannst. Wie du es erlebt hast, erzähl doch mal!

Ja, also, meine Kindheit hab ich erlebt, da war, also da, da hab ich noch bei meiner /Mutter/ gewohnt in A. [mittelgroße Stadt in Norddeutschland]. Ja und da, (5) das war halt, also früher immer ziemlich stressig /mit/ meiner Mutter, weil wi- wi-, ja, wir haben uns nich so gut verstanden. Also wenn ich meinen Willen dann nicht bekommen und so was (4), dann +dann bin ich irgendwann schnell ausgerastet und so was halt ne, ja.+ Ja und dann, weil es dann irgendwann nich mehr geklappt hat, bin ich glaub ich mit neun Jahren, nee mit acht Jahren ins Kinderkrankenhaus gekommen.

I: Ja

Dort hab ich dann sechs Monate un- ungefähr gelebt, nen halbes Jahr. Ja und dann bin irgendwann von dort hierher gekommen, mit ungefähr neun Jahren war es, glaub ich. Ja und jetzt bin ich seit ich /neun/ bin hier und da-, jetzt geht's mir auch halt besser, °auf jeden Fall°, ja (I.3, S.1, Z.11-28).

Marc fokussiert zu Beginn dieser Sequenz die schwierige Beziehung zu seiner Mutter und spricht in diesem Zusammenhang von seinen Ausrastern[36], deren Auslöser anscheinend Meinungsverschiedenheiten zwischen ihm und seiner Mutter waren, bei denen Marc seinen Willen nicht durchsetzen konnte. In diesem Erzählzusammenhang erwähnt er auch, dass er aufgrund dieser Problematik im Alter von acht Jahren für sechs Monate in die Kinder- und Jugendpsychiatrie eingewiesen wurde. Marc verwendet an dieser Stelle den Begriff des Kinderkrankenhauses, wobei aus der Gesamt-

[36] An einer anderen Stelle im Interview zeigt sich, dass sich Marcs Ausraster in Form von aggressiven Handlungen gegen Personen und Gegenständen sowie emotionalen Ausbrüchen in Form von starkem Weinen und Schreien äußern.

sicht des Interviews ersichtlich wird, dass es sich um die Kinder- und Jugendpsychiatrie gehandelt haben muss. Im Anschluss wird Marc in die stationäre Erziehungshilfe aufgenommen, die bis heute sein aktueller Lebensort ist. Mit der Aussage *„jetzt geht's mir auch halt besser, auf jeden Fall, ja"* scheint Marc den Heimaufenthalt insoweit als positiv zu bewerten, als dass dieser zu einer Verbesserung seiner emotionalen Lage beiträgt. Insgesamt entsteht somit der Eindruck, dass Marc seinen aktuellen Lebenskontext als eine positive Veränderung bewertet, was auf die weiterhin schwierige Beziehungsgestaltung zu seiner Mutter und auf die Bedingungen, unter denen er bei ihr lebte, hindeuten könnte:

Ja, also, weil sie halt auch immer nich so richtig eingekauft hat, also mei-, meine Mutter. So richtig, so geregelte Mahlzeiten und so was. Ich war auch richtig dünn (I.3, S.18, Z.13-14).

Marc geht darauf ein, dass seine Mutter ihn in seiner Kindheit physisch nicht ausreichend versorgte, was anscheinend zu seiner Untergewichtigkeit führte. Die Formulierung *„so geregelte Mahlzeiten und so was"* deutet weitere Verhaltensweisen seiner Mutter an, die wohl eine nicht ausreichende Versorgung Marcs zur Folge hatten. Diese Vermutung wird durch eine andere Interviewsequenz erhärtet:

I: Mhm (4) kannst du mir so ein Beispiel nennen, wie sie dich unterstützt haben? Ich will so ein genaues Bild bekommen, wie die Situation war.

Ja, also sie, /ja/, ich weiß auch nich mehr so was dazu. Ja, also zum Beispiel beim Duschen und so was. Ja, also wie, wie oft ich dusche und so, wusste ich nich so. Hab bei meiner Mutter immer nicht so richtig geduscht (I.3, S.19, Z.24-29).

An dieser Stelle betont Marc die Unterstützung der Betreuer in der Kinder- und Jugendpsychiatrie in Bezug auf seine Körperhygiene und verweist auf seine mangelnde Körperhygiene in der Zeit, in der er bei seiner Mutter lebte. In seiner Formulierung *„wusste ich nich so"* deutet sich an, dass er den Umgang mit Körperhygiene durch seine Mutter nicht vermittelt bekommen hat. Aufgrund der bisherigen Analyse verdichten sich die Hinweise darauf, dass Marcs Mutter ihrer versorgenden Rolle nicht ausreichend nachkam und somit keine verlässliche Basis für die Befriedigung seiner physischen Bedürfnisse darstellte. Die psychische Auffälligkeit der Mutter beeinflusst auch die aktuelle Beziehungsgestaltung zwischen Marc und seiner Mutter:

Äh, ja, zum Beispiel, ähm, auf der Straße, das war schon früher, da war sie, da, da war ich mit ihr irgendwie unterwegs, da hat sie halt wieder angefangen zu

I/phantasieren/, rumzuschreien und so was. Hat mit sich selber geredet. Ja, das is halt nich so angenehm, wenn man unter anderen Leuten ist und so was (I.3, S.5, Z.9-12).

Marc beschreibt die psychische Auffälligkeit seiner Mutter und schildert dabei eine Situation in der Öffentlichkeit. Ihr normabweichendes Verhalten scheint bei ihm mit Schamgefühlen besetzt zu sein. Auffällig ist, dass Marc in der Beschreibung der Situation Vergangenheitsformen verwendet, dann jedoch in das Präsens wechselt, als er seine Schamgefühle schildert. Dies deutet darauf hin, dass seine Mutter auch aktuell noch psychische Auffälligkeiten zeigt.

Im Verlauf des Interviews schildert Marc Konfliktsituationen zwischen ihm und seiner Mutter, welche von Nachgiebigkeit seitens der Mutter geprägt zu sein scheinen:

I: Wie war sie zum Beispiel, wenn ihr, (4) wenn du was wolltest oder?

Wenn ich was wollte? Ja, sie, ja, sie hat es mir eigentlich immer /gegeben/ gleich. Ja, wenn ich zum Beispiel irgendwas haben wollte im Markt, da hat sie eigentlich zuerst nein gesagt und dann aber irgendwann doch, weil ich, also, wenn ich meinen Willen nich bekommen hab und so was, ne, ja.

I: Was passierte dann, wenn du deinen Willen nich bekommen hast?

Ja, dann hab ich halt im-, immer rumgeschrien und so was halt, ne und geweint halt, ja.

I: Und dann hast du?

Ja, dann hab ich es bekommen (I.3, S.3, Z. 6-19).

Marc charakterisiert in dieser Sequenz die Interaktionsstruktur zwischen ihm und seiner Mutter bei Meinungsverschiedenheiten in seiner Kindheit, bei denen er Forderungen an sie stellte. Diese Konfliktsituationen scheinen nach einem bestimmten Muster abgelaufen zu sein. Die Mutter setzte Grenzen, welche sie nach Marcs vehementen Protest durch die Erfüllung seiner Forderungen wieder aufhob. Erst auf Nachfragen der Interviewerin beschreibt Marc sein Protestverhalten, was darauf hinweisen könnte, dass er eine detaillierte Beschreibung dieser Verhaltensweisen aussparen möchte. Dies könnte damit zusammenhängen, dass Marc sein Protestverhalten rückblickend negativ bewertet, was in einer anschließenden Interviewpassage deutlich wird. In der vorangegangenen Textsequenz zeigt sich die massiv eingeschränkte Grenzsetzung der Mutter Marc gegenüber. An einer anderen Stelle im Interview wird dieses Verhalten der Mutter im Zusammenhang mit Marcs Schulabsentismus noch einmal näher beleuchtet. Marc berichtet davon, dass seine Mutter nichts gegen sein Fernbleiben vom Unterricht unternommen und ihm diesbezüglich keine Grenzen gesetzt hat.

In der vorangegangenen Analyse konnte nachgezeichnet werden, dass die Lebensbedingungen, unter denen Marc bei seiner Mutter aufgewachsen ist, anscheinend von einer nicht ausreichenden physischen Versorgung gekennzeichnet waren. Außerdem stellten die psychische Auffälligkeit der Mutter sowie ihre Schwierigkeiten, Marc wahrnehmbare Grenzen zu setzen, zentrale Merkmale ihrer Beziehungsgestaltung dar. Insgesamt entsteht der Eindruck, als sei die Erfüllung von Marcs physischen und psychischen Bedürfnissen durch seine Mutter nur eingeschränkt möglich gewesen, weshalb sie für ihren Sohn vermutlich keine sichere Basis sein konnte. Diese anscheinend von mangelnder Verlässlichkeit und fehlender Vorhersagbarkeit geprägte Beziehung geht mit unterschiedlichen Diskontinuitätserfahrungen einher. Das beschriebene Mutter-Kind-Verhältnis bestimmt auch die aktuelle Beziehungsgestaltung. Marcs Mutter scheint auch gegenwärtig nicht dazu in der Lage zu sein, sich angemessen zu versorgen, was dazu führt, dass sie von Marc Unterstützung erwartet. Dies klingt an, wenn Marc beschreibt, welches Verhalten seine Mutter sich von ihm wünschen würde:

I: Wenn du der ideale Sohn wärst, wie wärst du dann?

Ja, ich würde immer ihr helfen, beim Einkaufen, immer regelmäßig hinfahren, so was halt. Würde sie immer /unterstützen/ in allen Dingen, °immer, so, ja ° (I.3, S.37, Z.21-24).

An dieser Stelle deutet sich eine Erwartungshaltung der Mutter gegenüber Marc an, in der ihm eine unterstützende Funktion zukommt. In der mehrfachen Verwendung des Adverbs *„immer"* und in der Formulierung *„in allen Dingen"* drückt sich die augenscheinlich grenzenlose Unterstützungserwartung der Mutter und die damit einhergehende Rollenumkehr aus. Marc versucht sich von dieser Erwartungshaltung abzugrenzen, was in seiner Äußerung *„ich will mich auch nicht überfordern"* (I.3, S.38, Z.8) deutlich wird. Des Weiteren erwähnt Marc in diesem Zusammenhang den Wunsch seiner Mutter, dass er wieder zu ihr zieht, was von ihm jedoch abgelehnt wird. Dies könnte mit seinem Bedürfnis verknüpft sein, sich von den Erwartungshaltungen seiner Mutter zu distanzieren, was bei einer räumlichen Trennung eher möglich ist. Außerdem könnte die grenzenlose Unterstützungserwartung der Mutter mit ihrer psychischen Auffälligkeit einhergehen. Ihre Auffälligkeit wird von Marc bewertet, als er beide Elternteile miteinander vergleicht:

I: Ja, ähm was findest du an ihm so o.k.?

Ja, er ist halt nicht so wie meine Mutter, er is halt so normal halt. Er phantasiert nich so, ja so was halt (I.3, S.7, Z.6-9).

Marc benennt als positive Eigenschaft seines Vaters, dass dieser im Gegensatz zu seiner Mutter *„normal"* ist, wobei er die psychische Auffälligkeit seiner Mutter als eine negative Normabweichung zu empfinden scheint. Im Verlauf des Interviews nimmt Marc wiederholt eine Kontrastierung beider Elternteile vor. Er erwähnt, sein Vater könne im Gegensatz zu seiner Mutter seinen Haushalt selbstständig führen und betont, ihn lieber zu besuchen, da er ihm aufgrund seiner finanziellen Ressourcen eine abwechslungsreichere Freizeitgestaltung bieten kann. Die Mutter hingegen ist arbeitslos, was laut Marcs Aussage in seiner Kindheit zu unterschiedlichen materiellen Entbehrungen führte. Außerdem betont Marc im Interview mehrfach die versorgende Fähigkeit seines Vaters, insbesondere gegenüber seinen Halbgeschwistern. Im Kontext seiner Lebensgeschichte könnte dies möglicherweise ebenfalls auf eine Kontrastierung von seiner Mutter und seinem Vater hindeuten, da im Verlauf der Analyse die nicht ausreichende physische Versorgung Marcs durch seine Mutter bereits ersichtlich wurde. Obwohl Marc die Beziehung zu seinem Vater als positiv darstellt, äußert er, nicht bei ihm leben zu wollen. Auf die Frage, ob er sich bei seinem Vater und dessen Familie wohl fühle, antwortet er wie folgt:

I: Fühlst du dich wohl dort?

Ja, eigentlich schon. Ja, ja, eigentlich schon, ja.

I: Oder hast du bestimmte Punkte, die du kritisieren würdest, was besser sein soll?

Nee, ja nee, eigentlich nich. Ja, is halt schon so o.k., aber ich fühl mich halt auch noch nicht ganz wohl, weil, ich kenn ihn ja /auch/ noch nicht so lange. {,Also, es geht schon aber,} (I.3, S.13, Z.4-11).

Marc scheint mit seiner Antwort darauf verweisen zu wollen, dass er sich bei seinem Vater wohl fühlt. Seine Formulierung *„Ja, eigentlich schon. Ja, ja, eigentlich schon, ja"* scheint jedoch von Verunsicherung geprägt zu sein. Des Weiteren wird seine bejahende Antwort durch die Wortwahl *„eigentlich schon"* abgeschwächt. Auf Nachfragen der Interviewerin verdeutlicht Marc, sich nur eingeschränkt bei seinem Vater wohl zu fühlen, was in seiner Formulierung *„noch nicht ganz wohl"* anklingt. Dies scheint mit der Tatsache verknüpft zu sein, dass Marc seinen Vater erst seit seinem neunten Lebensjahr kennt, was auf eine Diskontinuitätserfahrung in ihrer Beziehungsgestaltung verweist, die mit einer eingeschränkten Nähe zwischen ihm und seinem Vater einherzugehen scheint. Die Verwendung des Adverbs *„noch"* deutet jedoch auf eine Zukunftsperspektive hin, die eine Intensivierung der Beziehung beinhalten könnte. An dieser Stelle muss jedoch die mögliche Bedeutung der Interaktionsstruktur zwischen Marc und der Interviewerin beachtet werden. Die Nachfrage der Interviewerin fokussiert Kritikpunkte in Marcs Beziehung zu seinem Vater. Dies könnte das Antwortverhalten von Marc so beeinflussen, dass er folglich explizit äußert, sich bei seinem Vater nur eingeschränkt wohl zu fühlen. In folgender Textstelle wird deutlich, welchen Einfluss die Abwesenheit des Vaters in Marcs Kindheit auf die aktuelle Beziehungsgestaltung hat:

I: °Wie war es für dich, dass du vorher keinen Kontakt zu deinem Vater hattest?°

>Ja, also mein Vater war, der, der war ja nich da und so vorher. Der hat sich ja nich gemeldet, seitdem ich klein war, die ganzen Jahre> (I. 3, S.13, Z.23-26).

Marc betont die Abwesenheit des Vaters und macht ihm offenbar diesbezüglich Vorwürfe, denn er stellt den langen Zeitraum, in dem sein Vater keinen Kontakt zu ihm aufgenommen hat, besonders heraus. Diese Sichtweise könnte die Intensivierung der Beziehung zwischen Marc und seinem Vater erschweren. Marcs Stimme scheint traurig gefärbt zu sein, was auf eine emotionale Belastung bei der Thematisierung der Abwesenheit seines Vaters hindeutet, wobei er seine Emotionen jedoch nicht explizit verbalisiert. Diese Erzählstruktur zieht sich als wiederkehrendes Muster durch Marcs gesamte Erzählung. Es macht den Anschein, als ob Marc seine Emotionen stark regulieren und sich selbst kontrollieren würde. Dies hängt vermutlich mit dem Kontrollverlust der Mutter aufgrund ihrer psychischen Erkrankung und der daraus resultierenden Rollenumkehr zusammen.

Marc beschreibt seine Mutter und seinen Vater, wie bereits dargelegt, konträr zueinander. Beim Umgang mit Meinungsverschiedenheiten scheinen beide jedoch nach einem ähnlichen Handlungsmuster zu agieren:

I: Und worüber streitet ihr so genau?

Ja, sie will eigentlich nich, /dass/ ich immer so viel Geld verschwende und so was. Aber sie hat ja auch nich so viel Geld.

I: Mhm und diese Streitereien hast du auch mit deinem Vater?

Nee, mit meinem Vater /hab/ ich so was eigentlich gar nicht.

I: Ach so und wie löst ihr das Problem, wenn du solche Streitereien mit deiner Mutter hast?

Ja, dann, dann sagt sie halt auch das wie mein Vater. Ja, wenn du es unbedingt haben wolltest und so. Und dann hab ich es mir gekauft (I.3, S.10, Z.16-28).

In dieser Sequenz berichtet Marc von einer Meinungsverschiedenheit zwischen ihm und seiner Mutter, bei der sie seinen Umgang mit Geld kritisiert. Eine Lösung des Konfliktes findet durch die Nachgiebigkeit der Mutter statt, die in der Formulierung *„wenn du es unbedingt haben wolltest"* zum Ausdruck kommt. Diese Form der Konfliktlösung scheint auch bei seinem Vater üblich zu sein. An einer anderen Stelle im Interview betont Marc, mit seinem Vater im Gegensatz zu seiner Mutter keine ernsthaften Auseinadersetzungen zu haben. In Konfliktsituationen mit seiner Mutter spielt Marcs Umgang mit Geld anscheinend eine herausragende Rolle. In diesem Zusammenhang verweist Marc auf die schwierige finanzielle Lage seiner Mutter.
Insgesamt entsteht der Eindruck, dass Marc seinen Vater überwiegend als Gegenpol zu seiner Mutter entwirft. Der Vater repräsentiert offenbar den Pol der Normalität, denn er hat finanzielle Ressourcen, zeigt kein normabweichendes Verhalten, das auf eine labile psychische Verfassung schließen lässt und ist in der Lage, sein Leben aktiv zu gestalten. Des Weiteren ist er in der Lage, seine versorgende Vaterrolle auszuüben. Dennoch fühlt sich Marc bei seinem Vater und dessen neuer Familie nicht als ein Familienmitglied, was mit der langjährigen Abwesenheit des Vaters zusammenhängen könnte.

Die Mutter hingegen stellt offenbar den Pol des abweichenden Verhaltens und der sozialen Randständigkeit dar. In Marcs Kindheit schien die Fähigkeit der Mutter, seine psychischen und physischen Bedürfnisse angemessen zu befriedigen und ihren Haushalt eigenständig zu führen, stark eingeschränkt zu sein, wodurch man auf eine gewisse Verwahrlosung Marcs schließen kann. Das schwierige Mutter-Kind-Verhältnis aus seiner Kindheit bestimmt auch die aktuelle Beziehungsgestaltung, die offenbar durch Abgrenzung und Rollenumkehr geprägt ist. Marc distanziert sich zu den psychischen Auffälligkeiten seiner Mutter, indem er sie als normabweichend bewertet. Außerdem versucht er sich von den Unterstützungserwartungen seiner Mutter und der damit verknüpften Rollenumkehr abzugrenzen. Sowohl in der Beziehung zu seiner Mutter als auch in der Beziehung zu seinem Vater erlebte Marc unterschiedliche Diskontinuitätserfahrungen, die mit der fehlenden Verlässlichkeit der Mutter und der Abwesenheit des Vaters einhergingen und, wie bereits nachgezeichnet, die aktuelle Beziehungsgestaltung beeinflussen. Die genannten Erfahrungen beeinflussen vermutlich Marcs Entscheidung, weder bei seinem Vater noch bei seiner Mutter leben zu wollen, und die stationäre Erziehungshilfe als Wohnort vorzuziehen. Dieser Lebenskontext ist nach Marcs Erzählungen durch klare Strukturen und Regeln gekennzeichnet, die sich in vorhersagbaren Tagesabläufen manifestieren. Die verlässlichen Rahmenbedingungen der stationären Erziehungshilfe verleihen Marcs Leben vermutlich Kontinuität und Stabilität.

In seinem aktuellen Lebenskontext Heim benennt Marc seinen Bezugserzieher Richard als wichtigste Bezugsperson, wobei die konkrete Beziehungsgestaltung sowohl zu Richard als auch zu den anderen Betreuern von Marc nicht näher beschrieben wird. Insgesamt bewertet er das Verhältnis zu seinen Betreuern als positiv, wobei er die Gründe hierfür selbst benennt:

I: Und wie würdest du deine Beziehung zu den Betreuern beschreiben?

Gut, die ist ganz gut, weil ich, ja, ich pass mich halt auch immer gut an hier. Ich mach halt nich /so/ viel Mist @(.)@ (I.3, S.23, Z.26-29).

Marc begründet das positive Verhältnis zu seinen Betreuern durch sein angepasstes Verhalten, welches sich darin äußert, dass er sich überwiegend regelkonform verhält. In einer anderen Interviewstelle wird Marcs unauffälliges Verhalten, welches ihm bei seinen Betreuern wohl Anerkennung und positive Zuwendung einbringt, noch einmal näher beleuchtet. Hier betont Marc, dass ihn seine Betreuer als netten und zuverlässigen Jungen beschreiben würden, der regelmäßig die Schule besucht. Im Kontext von Marcs Lebensgeschichte, die von unterschiedlichen Diskontinuitätserfahrungen geprägt ist, lässt sich vermuten, dass Marcs angepasstes Verhalten von dem Bedürfnis beeinflusst wird, sich vor erneuten Beziehungsabbrüchen zu schützen. Des Weiteren ist Marc bei Meinungsverschiedenheiten mit seinen Betreuern kooperativ und vermag diese Konflikte im Gespräch auszutragen:

I: Und wie löst ihr das Problem, wenn ihr einen Streit hattet?

Ja, dann klären wir das /entweder/, dass ich da hinfahren darf oder dass ich einfach hier bleibe. Ich bin ja auch Gruppensprecher und muss ja die Versammlung da leiten und so was (I.3, S.24, Z.7-10).

Diese Interviewsequenz ist in einen Erzählstrang eingebettet, in dem Marc von einer Situation berichtet, in der es zu Meinungsverschiedenheiten zwischen ihm und seinen Betreuern gekommen ist, da sein Training teilweise zeitgleich mit den Hausversammlungen stattfindet. Seine Formulierung *„dann klären wir das"* scheint darauf zu verweisen, dass Marc sich mit seinen Betreuern auseinandersetzt, um eine Lösung für den Konflikt zu finden. Interessant ist bei dieser Sequenz, dass Marc seine Verantwortung als Gruppensprecher sehr ernst nimmt. Es entsteht der Eindruck, als wäre diese der ausschlaggebende Punkt für seine Einsicht, bei Hausversammlungen nicht problemlos fehlen zu können. Diese Verantwortung, die er in seiner Position als Gruppensprecher hat, und die damit verknüpfte Anerkennung scheinen die zentralen Gründe für sein kooperatives Verhalten zu sein. Marc erkennt anscheinend in der Zurückstellung seiner Bedürfnisse einen Sinn, den es für ihn bei Meinungsverschiedenheiten mit seinen Eltern offenbar nicht gibt. Dazu kommt, dass die Strukturen im Heim mit bestimmten Regeln verknüpft sind. Das Nichteinhalten dieser Regeln hat Konsequenzen, die für ihn transparent zu sein scheinen. Die Eindeutigkeit bestimmter Grenzen scheint ihm Sicherheit und Verlässlichkeit zu vermitteln, die er in der Beziehungsgestaltung zu seinen Eltern bisher nicht erfahren durfte und die seine Kooperationsfähigkeit offenbar fördern. Er zeigt jedoch auch eine andere Facette mit Konflikten umzugehen. Eine Interviewsequenz gibt Hinweise auf sein Konfliktmuster, wenn er sich gekränkt oder angegriffen fühlt. Es deutet sich Mars Versuch an, die Situation zu dominieren. Seine Reaktion geht jedoch mit seiner eingeschränkten Impulsivität einher. Er bewertet sein Verhalten als negativ, wobei er wenig Kontrolle darüber zu haben scheint.

Im gesamten Interview bleibt Marcs Beziehungsgestaltung zu seinen Freunden und zu anderen Gleichaltrigen gestaltlos. Es wird lediglich deutlich, dass er seine Feizeitaktivitäten mit ihnen teilt.

4.3.4 „Ich bin deshalb ja auch, ja auch nicht so oft hier im Haus. Ich bin halt bei meinen Freunden oder so" – Handlungsfähigkeit im Kontext von Ohnmachtserfahrungen

Marcs Lebensgeschichte ist durch seine Unterbringung in der Kinder- und Jugendpsychiatrie und der Aufnahme in die stationäre Erziehungshilfe maßgeblich geprägt. Die Ursachen für Marcs Einweisung in die Psychiatrie waren seine gehäuften Ausraster in Form von aggressiven Handlungen gegen Personen und Gegenstände sowie emotionale Ausbrüche in Form von starkem Weinen und Schreien. Auslöser für dieses Verhalten waren Meinungsverschiedenheiten zwischen ihm und seiner Mutter, bei denen Marc versuchte, seinen Willen durchzusetzen. Die Zeit in der Kinder- und Jugendpsychiatrie beschreibt Marc wie folgt:

Dort, ähm? Ja, es war halt erst mal langweilig, weil, konnte nich so viel raus, nur mal ein bisschen in den Garten. Also nich so viel Fahrrad fahren und so was alles. Ja, es war eigentlich ganz o.k.. Ja, da waren auch halt so=ein paar Jungs. Mit denen hab ich auch so ein bisschen geredet und so, ja (I.3, S.16, Z.33-S.17, Z.2).

Marc betont die eingeschränkten Freizeitaktivitäten, die ihm aufgrund der stationären Unterbringung zur Verfügung standen. Insgesamt beschreibt er diesen Zeitraum als *„ganz o.k.“*. Diese Einschätzung steht vermutlich mit dem Kontakt zu Gleichaltrigen im Zusammenhang. Die Ausraster und die damit verknüpfte Therapie bleiben unerwähnt. Im Anschluss an diese Sequenz bewertet Marc die Trennung von seiner Mutter zunächst positiv, da das Verhältnis zwischen ihnen oft angespannt war. Marc erwähnt, nach einiger Zeit den Wunsch verspürt zu haben, die Psychiatrie zu verlassen. Dies war aufgrund der stationären Unterbringung jedoch nicht möglich, was in seiner Aussage *„Wollte ich immer abhauen, nach Hause und so, ja“* (I.3, S.17, Z.10-11) zum Ausdruck kommt und auf die Einschränkung seiner Handlungsautonomie und der damit einhergehenden Ohnmachtserfahrung hindeutet. An dieser Stelle zeigt sich, inwieweit die Unterbringung in der Kinder- und Jugendpsychiatrie Marcs Selbstbestimmung empfindlich einschränkte. Seine Freizeitaktivitäten waren begrenzt und er konnte nicht selbst entscheiden, wann er die Unterbringung verlassen wollte.

Nach seinem Aufenthalt in der Kinder- und Jugendpsychiatrie wurde Marc in die stationäre Erziehungshilfe aufgenommen, welche bis heute sein Lebensort ist. Die Eingewöhnungsphase beschreibt er wie folgt:

Erstmal war alles komisch und so, ne, weil hier so viele Leute waren, das war ich halt nich gewohnt. Ja, war ich halt hier erst mal sehr zurückhaltend, ganz ruhig. Ja, dann irgendwann hab ich hier Freunde gefunden, in der Schule und so. Dann hab ich irgendwann mit Fußball angefangen, Schwimmen und so was, ja. Und jetzt geht es halt schon, hab mich hier eingelebt (I.3, S.22, Z.15-18).

In dieser Sequenz erläutert er zunächst die für ihn ungewohnte Situation, im Kontext der stationären Erziehungshilfe mit einer großen Anzahl von Personen zusammenzuleben. Dies führte bei Marc zu Beginn anscheinend zu einer Rückzugstendenz, was sich in den Aussagen *„sehr zurückhaltend"* und *„ganz ruhig"* andeutet. Im Laufe der Zeit fand Marc in der Schule Freunde und widmete sich unterschiedlichen sportlichen Aktivitäten. Es entsteht der Eindruck, als ob diese Veränderungen maßgeblich dazu beitragen konnten, dass sich Marc mittlerweile im Heim *„eingelebt"* hat. Eine weitere Stelle im Interview unterstreicht die Bedeutung seines Freundeskreises für Marcs Leben im Kontext der stationären Erziehungshilfe:

I: Wie findest du denn das Klima hier im Heim? Wie ist denn so die Stimmung?

Ja, ja eigentlich nich so gut. Ich bin deshalb ja auch, ja auch nicht so oft /hier/ im Haus. Ich bin halt bei meinen Freunden oder so. Bin unterwegs, ja.

I: Kannst du mir beschreiben, warum die Stimmung hier nicht so gut ist?

Ja, die streiten sich hier, es ist laut. Ahh, jetzt hab ich hier so Herzstechen oder so was.

I: Oh, möchtest du eine Pause machen @(.)@?

Ja, nee, es geht schon. Das hab ich häufiger, (2) wenn ich °hier° bin.

I: Oh, warum denn?

Ja, keine Ahnung. Ja, nicht Herzstechen. So hier in der Brust, da zieht es hier so (I.3, S.27, Z.8-23).

Marc beschreibt die Heimatmosphäre als stressbeladen. Die Auseinandersetzungen und der hohe Lärmpegel scheinen dazu zu führen, dass er die Stimmung insgesamt eher negativ bewertet. In diesem Zusammenhang erwähnt Marc, sich selten im Heim, sondern eher bei seinen Freunden aufzuhalten. Durch die Formulierung *„Ich bin deshalb ja auch ja auch nicht so oft hier im Haus"* deutet sich an, dass sich Marc der stressbeladenen Heimatmosphäre entziehen möchte. Des Weiteren schildert er das gehäufte Auftreten von Herzstechen, wobei nicht eindeutig ist, welchen Ort Marc mit dem Präpositionaladverb *„hier"* meint. Aufgrund des Erzählkontextes und der Tatsache, dass das Interview in den Räumlichkeiten seiner Wohngruppe stattfand, liegt jedoch die Vermutung nahe, dass Marc damit auf den Heimkontext verweist. Im Anschluss an diese Textstelle berichtet Marc ausführlicher von den Konflikten zwischen den Gruppenmitgliedern. Er gibt an, gelegentlich in die verbalen und körperlichen Auseinandersetzungen verwickelt zu sein, wobei die Auslöser und Hintergründe offen bleiben.

Die beschriebene Heimatmosphäre und das anscheinend psychosomatische Symptom „Herzstechen“ legen die Vermutung nahe, dass Marc sich in seinem Lebenskontext Heim offenbar nur begrenzt wohl fühlt. Er hat jedoch wohl keine Möglichkeiten, auf die stressbeladene Heimatmosphäre Einfluss zu nehmen oder einen für ihn geeigneteren Lebensort zu wählen, woraus eine weitere Ohnmachtserfahrung resultiert. Es entsteht der Eindruck, als würde Marc sich durch seine Freunde und seine Freizeitaktivitäten der Heimatmosphäre entziehen und sich somit ein Stück Autonomie und aktive Lebensgestaltung schaffen, indem er außerhalb des Heims Rückzugsmöglichkeiten für sich findet. Sein bereits beschriebenes angepasstes Verhalten kann ebenfalls als Versuch betrachtet werden, seinen Lebenskontext aktiv mitzugestalten, indem er Konflikte mit den Betreuern meidet, um die stressbeladene Atmosphäre in der Wohngruppe nicht noch zusätzlich zu belasten.

4.3.5 „Ja, also, ich find mich eigentlich ganz gut, weil hier klappt alles gut“ – Selbstentwurf zwischen Normalität und Abweichung

Im Verlauf des Interviews wird deutlich, welche Bedeutung Marcs angepasstes Verhalten für seinen Selbstentwurf hat. Dies wird auch in folgender Aussage ersichtlich:

Ja, also, ich find mich eigentlich ganz gut, weil, hier klappt alles gut. Ich bin /sehr/ nett zu anderen (I.3, S.36, Z.1-2).

Marc verdeutlicht an dieser Stelle des Interviews, dass seine positive Selbsteinschätzung auch daran gekoppelt ist, dass es für ihn im Heim reibungslos läuft. Der ausschlaggebende Grund dafür ist vermutlich sein angepasstes Verhalten. Diese Annahme lässt sich aufgrund der vorangegangenen Analyse formulieren. Des Weiteren betont Marc an unterschiedlichen Stellen im Interview seine guten schulischen und sportlichen Leistungen als seine besondere Stärke, was auf eine ausgeprägte Leistungsorientierung seinerseits hindeutet. Diese Vermutung lässt sich mit einer Textstelle untermauern, in der Marc die Bedeutsamkeit von Schulbildung für seine eigene Zukunftsgestaltung hervorhebt. Seine Zielstrebigkeit scheint außerdem eine Eigenschaft zu sein, die er mit seinem Vater gemeinsam hat:

Ach so, Charaktereigenschaften. Ja, also, er ist halt auch, er will immer auch immer alles so gut machen, nicht schlecht, so, zur Schule gehen. Er sagt halt auch du solltest gut zur Schule gehen und so, nicht schwänzen und so was. Ja, das hab ich glaub ich von ihm (I.3, S.41, Z.20-22).

In dieser Sequenz zieht Marc eine Parallele zu seinem Vater, indem er Zielstrebigkeit als Gemeinsamkeit zwischen ihnen benennt. Durch die Formulierung *„immer alles"* wird der hohe Erfolgsanspruch, den Marc an sich stellt, ersichtlich. Dieser wird vermutlich durch die Erwartungshaltung des Vaters verstärkt. Außerdem ist es in der Gesamtsicht des Interviews auffällig, dass sein pflichtbewusster Umgang mit schulischen Anforderungen ein zentraler Bestandteil der von ihm vermuteten Fremdeinschätzung sowohl durch seine Eltern als auch durch seine Betreuer ist. Marc scheint sich somit durchaus darüber klar zu sein, dass seine schulischen Leistungen eine große Bedeutung für das Bild haben, das andere sich von ihm machen, und dass er über dieses Bild in seinem sozialen Umfeld Anerkennung erhält.

Als eine negative Eigenschaft benennt er seine zurückhaltende Art, insbesondere in öffentlichen Kontexten. Auffällig ist hierbei, dass diese negative Eigenschaft offenbar ein gemeinsames Element zwischen ihm und seiner Mutter darstellt:

Zwischen mir und meiner Mutter? (5) Ich, (4) ja, (3) °ich weiß es nicht °. Ja, ich glaub dieses <u>Zurückhaltende</u> an mir. Also, ich bin halt, ja, also, also, manchmal so zurückhaltend, sie ist glaub ich auch so, ja (I.3, S.42, Z.2-4).

Marc benennt seine zurückhaltende Art als Gemeinsamkeit zwischen ihm und seiner Mutter, wobei der Eindruck entsteht, als ob er bei der Beantwortung dieser Frage verunsichert sei. Im weiteren Verlauf des Interviews wird ersichtlich, dass Marc Zurückhaltung anscheinend mit geringer Kontaktfreudigkeit gleichsetzt. Als differentes Merkmal zwischen ihm und seiner Mutter benennt er seine Fähigkeit, sich selbst versorgen zu können. Im Kontext der bisher nachgezeichneten Beziehungsgestaltung könnte dies ein Versuch sein, sich von dem abweichenden Verhalten seiner Mutter zu distanzieren. Somit zeichnet sich eine erneute Polarisierung der beiden Elternteile ab. Sein Vater verkörpert für Marc positive Eigenschaften und fungiert somit als Identifikationsfigur. Seine Mutter hingegen scheint wiederholt den Pol der unerwünschten und abweichenden Verhaltensweisen darzustellen, von denen sich Marc distanzieren möchte.

In der Gesamtsicht des Interviews klingt in unterschiedlichen Aussagen Marcs eine Distanzierung zu jeglichen Normabweichungen und den damit verknüpften Zuschreibungen bezüglich seines eigenen Verhaltens an. Zum einen ist es auffällig, dass Marc die Kinder- und Jugendpsychiatrie in seiner gesamten Erzählung als Kinderkrankenhaus betitelt. Sein abweichendes Verhalten und die damit verknüpfte Therapie werden in diesem Erzählzusammenhang von ihm ausgespart und der Fokus wird auf seine dort eingeschränkten Freizeitaktivitäten gelegt. Außerdem entsteht der Eindruck, dass Marc sein abweichendes Verhalten als einen Teil seiner Vergangenheit betrachtet, der abgeschlossen ist, da er ausschließlich im Zusammenhang mit seiner Kindheit darüber spricht. Er erwähnt jedoch, dass er in Konfliktsituationen, in denen er sich angegriffen fühlt, impulsiv reagiert:

(3) Eigenschaften, die ich nich mag? Ja, also, (4) wenn, wenn irgendwer mich beleidigt oder so was, dann werde ich halt schnell laut und beleidige den zurück oder so was. Das ist halt nicht so gut, ja (I.3, S.36, Z.15-17).

Marc betont, sich in Situationen, in denen er von anderen Personen beleidigt wird, verbal zur Wehr zu setzen. In den Ausdrücken *„schnell laut"* und *„beleidige den zurück"* deutet sich Marcs impulsive Reaktion auf verbale Angriffe an. Er nimmt eine negative Bewertung seines Verhaltens vor und distanziert sich von diesen Reaktionen, die anscheinend im Kontrast zu seinem dominierenden angepassten Verhalten stehen. Des Weiteren betont Marc in einer anderen Interviewsequenz die Bedeutsamkeit seines gepflegten Äußeren, denn er möchte von anderen Personen nicht als ungepflegt und unhygienisch bezeichnet werden. Im Kontext seiner Lebensgeschichte könnte seine hohe Sensibilität für körperliche Hygiene mit der vermutlich erlebten physischen Verwahrlosung zusammenhängen. Hier wird erneut Marcs Distanzierung zu Normabweichungen ersichtlich.

Neben seinem zielstrebigen und angepassten Verhalten, das mit Marcs Normalitätsanspruch einherzugehen scheint, spielen materielle Güter für seinen Selbstentwurf offenbar eine herausragende Rolle. Dies wird unter anderem an einer Interviewstelle ersichtlich, in der er beschreibt, aus welchen Gründen sein Bezugserzieher Richard sein Vorbild ist:

Ja, er hat ein eigenes Haus, glaub ich, ja. Er hat ein Auto und ein teures Motorrad. Er hat ne Familie, zwei Kinder, ne Frau und so (I.3, S.40, Z.26-27).

An dieser Interviewstelle zeigt sich, dass neben der Gründung einer eigenen Familie der Besitz materieller Güter für ihn ein erstrebenswertes Ziel ist. Diese Vermutung kann durch weitere Aussagen untermauert werden, in denen er sich zu dem schönsten und schlimmsten Erlebnis in seinem Leben äußert. Diese Erlebnisse stehen mit dem Besitz materieller Güter in direktem Zusammenhang. Als schönstes Erlebnis bezeichnet Marc den Erhalt eines Fernsehers, als schlimmstes den Verlust eines MP3-

Players. Die Betonung materieller Güter sowie die Perspektive auf eine eigene Familie sind insoweit mit Marcs Lebensgeschichte verwoben, als dass er aufgrund der schwierigen finanziellen Lage seiner Mutter in seiner Kindheit zahlreiche materielle Entbehrungen erfahren musste. Außerdem ist er in einem familiären Kontext aufgewachsen, der von den Auffälligkeiten im Verhalten der Mutter und der Abwesenheit des Vaters gekennzeichnet war, wodurch ihm eine eigene Familie als erstrebenswert erscheint.

Marcs Erzählung verweist auf das Spannungsverhältnis von Normalität und Abweichung und dessen Bedeutsamkeit für seinen Selbstentwurf. Hierbei kann Marcs angepasstes und zielstrebiges Verhalten insoweit als identitätsstiftend betrachtet werden, als dass es ihm Anerkennung in seinem sozialen Umfeld verschafft und somit als entscheidendes Moment seines positiv geprägten Selbstentwurfes betrachtet werden kann. Damit verknüpft scheint seine Distanzierung zu jeglichen Normabweichungen zu sein, die sein positives Selbst- und Fremdbild beeinträchtigen könnten. Er spricht offenbar seinen Ausrastern eine aktuelle Bedeutsamkeit ab, indem er sie ausschließlich im Zusammenhang mit seiner Kindheit erwähnt. Des Weiteren äußert sich Marc zu Verhaltensweisen, die von seiner Angepasstheit abweichen, durchaus sehr selbstkritisch, was ebenfalls auf seinen hohen Normalitätsanspruch verweisen könnte.

5. Zusammenfassung der Ergebnisse der Fallrekonstruktionen und anschließende Kontrastierung

Im Folgenden werden die Fallrekonstruktionen von Alexandra, Lena und Marc anhand der am Ankerfall Alexandra herausgearbeiteten biografischen Themenfelder zunächst auf einer abstrakteren Ebene zusammenfassend dargestellt und anschließend kontrastierend zueinander in Beziehung gesetzt. Im Fokus stehen die individuellen Ausprägungen und Akzentuierungen der Themenfelder in den drei Lebensgeschichten.

Beziehungsgestaltung im Kontext von Diskontinuitätserfahrungen

In den drei Fallrekonstruktionen konnte nachgezeichnet werden, dass Diskontinuitätserfahrungen sowohl auf die aktuellen Beziehungs- und Konfliktgestaltungen der Jugendlichen als auch auf die subjektive Bewertung der stationären Erziehungshilfe Einfluss nehmen. Im Folgenden werden unterschiedliche Facetten von Diskontinuitätserfahrungen in den drei Lebensgeschichten aufgezeigt.

In Alexandras Lebensgeschichte gibt es zwei biografische Wendepunkte, die als Diskontinuitätserfahrungen in ihren Beziehungsgestaltungen betrachtet werden können. Zum einen bewertet sie die Tatsache, dass sie im Alter von drei Jahren ihre leibliche Familie verlassen musste und in einer Pflegefamilie untergebracht wurde, retrospektiv als den Beginn eines negativen Verlaufs ihrer Biografie. Zum anderen sieht sie in der Herausnahme aus ihrer Pflegefamilie, die sie mit dem Beginn ihrer *„großen Ausraster"* markiert, den zweiten biografischen Wendepunkt.

Bereits in der Beziehungsgestaltung zu ihrer leiblichen Mutter erlebte Alexandra Diskontinuitätserfahrungen in Form von fehlender Verlässlichkeit in regelmäßiger Kontaktaufrechterhaltung, was für die von Ambivalenz gekennzeichnete Beziehung zu ihrer leiblichen Mutter von fundamentaler Bedeutung zu sein scheint. Einerseits unternimmt Alexandra Anstrengungen, um einen kontinuierlichen Kontakt zu ihrer leiblichen Mutter aufzubauen und somit Nähe und Vertrauen zu schaffen. Andererseits versucht sie, sich emotional von ihr zu distanzieren. Des Weiteren scheint sich Alexandra durch ihre starke Abweichung von dem Idealbild einer Tochter aufgrund ihrer Verhaltensauffälligkeit selbst indirekt eine (Mit-)Schuld und Verantwortung an der ablehnenden Haltung ihrer leiblichen Mutter ihr gegenüber zuzuschreiben. Somit könnte ihre Verhaltensauffälligkeit aus Alexandras Perspektive einen regulierenden Einfluss auf die Beziehungsgestaltung zu ihrer leiblichen Mutter haben. Die Beziehung zu ihrem Vater ist von dessen Abwesenheit geprägt, wobei sich auch hier Ablehnungserfahrungen andeuten.

Im Kontext dieser von Ablehnung geprägten Beziehungsgestaltung sowohl zu ihrer leiblichen Mutter als auch zu ihrem leiblichen Vater kann Alexandras Standpunkt, ihre leiblichen Eltern seien für sie die unwichtigsten Personen in ihrem Leben, als ein Versuch zur Selbststabilisierung interpretiert werden.

In Bezug auf die Beziehungsgestaltung zu ihren Pflegeeltern betont Alexandra zwei vermutlich zueinander in Beziehung stehende Merkmale dieses Beziehungserlebens: Kontinuität und Vertrauen. Den Aufbau von Vertrauen betrachtet sie dabei als einen von ihr aktiv gestalteten Prozess. Auch in dieser von ihr positiv definierten Beziehung hat Alexandra jedoch eine massive Diskontinuitätserfahrung erlebt, als sie diesen Lebensraum verlassen musste. Dieses negative Erleben von Diskontinuität wirkt durch die Rahmenbedingungen der Herausnahme, die gewaltsam und gegen ihren Willen vollzogen wurde, stark emotional belastend. Die mögliche Mitverantwortung der Pflegeeltern an der Herausnahme wird von Alexandra, vermutlich zugunsten der Auflösung von Ambivalenzen und der Herstellung von Eindeutigkeit in dieser von ihr als positiv bewerteten Beziehungsgestaltung, ausgeblendet. Aktuell ist die Beziehung zu den Pflegeeltern geprägt von Zuneigung, Vertrauen und positiven Erinnerungen. Die fast ausschließlich telefonisch stattfindende Kontaktinitiative geht jedoch von den Pflegeeltern aus, was darin begründet sein könnte, dass Alexandra sich ihren Pflegeeltern gegenüber für ihr auffälliges Verhalten rechtfertigen muss. Hier wird der Einfluss ihres abweichenden Verhaltens auf diese Beziehungsgestaltung ersichtlich. Vermutlich geht es hier auch um Alexandras Wahrnehmung von den Pflegeeltern nicht vollständig, also auch mit ihrer Verhaltensauffälligkeit, angenommen zu werden.

Zusammenfassend zeigt sich, dass die Diskontinuitätserfahrungen in der Beziehungsgestaltung zu ihren leiblichen Eltern mit einer fehlenden Verlässlichkeit und Ablehnungserfahrungen in der Beziehung zu ihrer leiblichen Mutter und mit der dominierenden Abwesenheit des leiblichen Vaters und auch dort vermuteten Ablehnungserfahrungen einhergeht. Der Bruch mit ihrem von Kontinuität und Vertrauen geprägten Leben durch die Herausnahme aus der Pflegefamilie stellt die Diskontinuitätserfahrung in der Beziehungsgestaltung zu ihren Pflegeeltern dar. Diese ging zusätzlich mit dem Verlust des Lebensortes einher, den sie als ihr Zuhause empfunden hat. Diese Erfahrungen in ihren Beziehungsgestaltungen im familiären Kontext beeinflussen offenbar auch die Beziehung zu ihrer Bezugsbetreuerin Anna, die im Kontext der stationären Erziehungshilfe die wichtigste Person für Alexandra ist. Alexandra empfindet ihr gegenüber ein starkes Nähebedürfnis, wobei sie große Verlust- und Trennungsängste äußert. Auffällig ist in dieser Beziehungsgestaltung, dass die Regulierung des Nähe-Distanz-Verhältnisses offenbar ausschließlich von Anna ausgeht. Sie scheint Alexandras Bedürfnis nach Nähe nur dann zu erfüllen, wenn diese erwünschte Verhaltensweisen zeigt. Somit nimmt Alexandras Verhaltensauffälligkeit einen regulierenden Einfluss auf das Nähe-Distanz-Verhältnis zwischen ihnen. Im Kontext von Alexandras Diskontinuitätserfahrungen und den damit einhergehenden Verlustängsten stellt ihr geringer Einfluss auf die Befriedigung ihres Bedürfnisses nach Nähe in der Beziehung zu Anna eine Herausforderung im doppelten Sinne dar, dieses Spannungsverhältnis zwischen Nähe und Distanz auszuhalten.

Bei Meinungsverschiedenheiten mit Anna befürchtet Alexandra Ablehnung zu erfahren. Dies begünstigt bei ihr ein konfliktvermeidendes Handlungsmuster, das bei Alexandra anscheinend bei Themen, die zu einer Meinungsverschiedenheit zwischen ihr und Anna führen könnten, dominierend ist. Dennoch kommt es seitens Alexandras zu Konflikteskalationen, die in ihre sogenannten *„Ausraster"* und den damit einhergehenden Verlust ihrer Impulskontrolle münden. Die Beziehung zu ihrem Freund scheint für Alexandra von Unsicherheiten in der Beziehungsdefinition geprägt zu sein. Konflikte zwischen ihnen führen zu Kontaktunterbrechung oder vorübergehenden Beziehungsabbrüchen, welche eine weitere Form der Diskontinuitätserfahrung verkörpern.

Insgesamt hat Alexandra im schulischen Kontext mit Gleichaltrigen starke Ablehnung und körperliche Gewalt erfahren. Zu Pferden hingegen hat Alexandra eine ausschließlich positiv definierte Beziehung. Sie scheinen ihre Vergangenheit, ihre Gegenwart und ihre Zukunftsvorstellungen in positiver Weise miteinander zu verknüpfen und ein Kontinuitätserleben zu erzeugen. Gefühle des Verlustes oder die Herausforderung, das Spannungsverhältnis zwischen Nähe und Distanz auszuhalten, scheinen in dieser Beziehung keinen Raum einzunehmen. Des Weiteren fördern ihre Leistungen im Reitsport Alexandras Selbstwertgefühl. Das Reiten als Ausdruck einer Fähigkeit zum einen und die positive Beziehung zu den Pferden zum anderen stellen für Alexandra somit Selbstobjekterfahrungen im doppelten Sinne dar.

Im Folgenden werden die Diskontinuitätserfahrungen, die Lena im Kontext ihrer Beziehungen erlebt hat, zusammenfassend dargestellt. In ihrer Lebensgeschichte lassen sich drei unterschiedliche biografische Wendepunkte erkennen, welche mit massiven Diskontinuitätserfahrungen einhergehen. Lena markiert den Zeitpunkt, zu dem sie erfährt, wer ihre leibliche Mutter ist, als einen negativen Wendepunkt in ihrer Biografie, der einen Bruch mit ihrem bis dahin positiv bewerteten Leben bedeutet. Als einen weiteren Wendepunkt erlebt sie den Umzug zu ihrer Mutter und ihrem Stiefvater, was dazu führt, dass Lena dem sexuellen Missbrauch durch den Stiefvater verstärkt ausgesetzt ist. Ihre Flucht und die darauf folgende Unterbringung in der stationären Erziehungshilfe scheinen für Lena den letzten Wendepunkt in ihrer Biografie darzustellen. Die Fremdunterbringung empfindet sie offenbar als Erlösung, da sie dem Missbrauch hier nicht mehr ausgesetzt ist.

Lena macht aufgrund des Familiengeheimnisses[37] und dessen Aufdeckung, als sie neun Jahre alt ist, in all ihren familiären Beziehungen eine massive Diskontinuitätserfahrung, da das bis dahin definierte Familiensystem mit den jeweiligen Rollenzuschreibungen zumindest in ihrer biologischen Gestalt von diesem Zeitpunkt an nicht mehr existierte. Das Unfassbare an diesem Erlebnis spiegelt sich in Form und Inhalt von Lenas Erzählung wider. Die Beziehungsgestaltung zu ihrem Vater und ihrer Stiefmutter scheint von einer emotionalen Verbundenheit geprägt zu sein. Dies geht offenbar mit der Tatsache einher, dass Lena bis zu ihrem zwölften Lebensjahr bei ihnen aufgewachsen ist und auf ein Kontinuitätserleben mit ihnen verweist. Der Umzug zu ihrer Mutter markiert einen Einschnitt in der Beziehungsgestaltung zu ihrer Stiefmutter und zu ihrem Vater, der mit dem Verlassen ihres Zuhauses verbunden ist. Negative Facetten der Beziehung zu ihrem Vater, beispielsweise seine häufige Abwesenheit und die Gewalterfahrungen durch die Stiefmutter, werden zugunsten der Herstellung von Eindeutigkeit und Vermeidung von Ambivalenzen, vermutlich zur Stabilisierung der positiven Beziehungsdefinition, bagatellisiert.

Lenas Beziehung zu ihrer Mutter wird dominiert durch Gefühle von Scham und Verrat und durch das Erleben von physischer und psychischer Gewalt. Damit gehen unterschiedliche Formen von Diskontinuitätserfahrungen einher. Die Tatsache, dass sie

[37] Wie bereits an anderer Stelle dargelegt, erfährt Lena im Alter von neun Jahren, dass ihre Schwester ihre leibliche Mutter ist.

erst mit neun Jahren von den tatsächlichen Familienkonstellationen und somit von ihrer leiblichen Mutter erfährt, bedeutet einen massiven Einschnitt in diese Beziehungsgestaltung. Diese Erfahrung geht retrospektiv offenbar mit dem Gefühl der Mutterentbehrung einher. Das Ausüben von psychischer und (willkürlicher) physischer Gewalt sind weitere Brüche, die Lena in dieser Beziehungsgestaltung erfährt. Als sie ihrer Mutter von dem sexuellen Missbrauch durch den Stiefvater erzählt und ihre Mutter darauf mit körperlicher Gewalt ihr gegenüber reagiert und den Missbrauch weiterhin zulässt, ist Lena dem Missbrauch schutzlos und im doppelten Sinne ausgeliefert. In ihrer Beziehung zu ihrer Mutter lassen sich Verrat, Schuldzuweisungen und Vertrauensbruch als weitere Facetten von Diskontinuitätserfahrungen erkennen. Der sexuelle Missbrauch steht im Zentrum der von Verachtung geprägten Beziehung Lenas zu ihrem Stiefvater und ist als eine weitere massive Form von Diskontinuitätserfahrung zu betrachten. Damit verknüpft ist eine Umkehr der Rollen, weil Lena die Mutterrolle bei der Haushaltsführung und bei der Betreuung ihrer kleinen Schwester und die Rolle der Partnerin im sexuellen Kontakt mit dem Stiefvater übernehmen musste.

Lena empfindet die Fremdunterbringung offenbar als Erlösung, da sie dem sexuellen Missbrauch durch den Stiefvater jetzt nicht mehr ausgesetzt ist. Des Weiteren zeigt sie Tendenzen zur Harmonisierung ihres aktuellen Lebenskontextes, was im Rahmen ihrer Erzählung auf das Bedürfnis nach Stabilität und Kontinuität und die Angst vor erneuten Diskontinuitätserfahrungen verweisen könnte. Außerdem scheint sie sich in der stationären Erziehungshilfe wohl zu fühlen. Das ist unter anderem darauf zurückzuführen, dass in diesem Lebenskontext alle Kinder aus schwierigen familiären Verhältnissen kommen und ihre Familienkonstellation unter diesen Bedingungen ihre normabweichende Färbung verliert.

Gegenwärtig scheinen Lenas Bezugsbetreuerin Frauke und ihre Freunde Anton und Laura ihre wichtigsten Bezugspersonen zu sein. Sie bringt zum Ausdruck, dass sie Frauke, die sie als Ersatzmutter bezeichnet, als eine für sie emotionale Unterstützung bietende Person wahrnimmt. Des Weiteren erfährt sie von ihr körperliche Zuwendung. Die Bedeutsamkeit ihrer Bezugsbetreuerin geht mit Verlustängsten dieser gegenüber einher und scheint auf das herrschende Konfliktmuster zwischen ihnen Einfluss zu nehmen. Lena zeigt sich in Konfliktsituationen einsichtig und begründet dies mit Fraukes Bedeutsamkeit für sie.

Auch in der Beziehung zu Laura bringt Lena Verlustangst in Form eines möglichen Beziehungsabbruchs zum Ausdruck, die sich anscheinend auch in ihrem konfliktvermeidenden Handlungsmuster niederschlägt. Zwischen Anton und Lena hingegen ist es bereits zur Eskalationen von Konflikten gekommen, die mit körperlicher Gewalt einhergingen. Lena scheint in Konfliktsituationen mit Anton ihr Selbst bedroht zu sehen und versucht dieser Bedrohung entgegenzuwirken, indem sie die Dominierung der Situation anstrebt. Dieses Verhalten wird von ihr selbst als negativ bewertet. Eine Liebesbeziehung möchte Lena zu Anton nicht eingehen, da sie sich vor dem Scheitern der Beziehung fürchtet, was den Verlust der Freundschaft bedeuten könnte. Des Weiteren scheint es so, als ob Lena sich aufgrund der Verletzungen und des Vertrauensbruchs, die sie bei ihrem vorherigen Freund erlebt hat, vor einer erneuten Verletzung durch einen neuen Partner schützen möchte.

In Marcs Lebensgeschichte nehmen die Diskontinuitätserfahrungen zu seinen Eltern, insbesondere zu seiner Mutter, eine bedeutende Rolle ein. Die psychische Auffälligkeit der Mutter beeinflusst diese Beziehungsgestaltung maßgeblich. In seiner Kindheit war die angemessene Versorgung seiner physischen und psychischen Bedürfnisse durch seine Mutter anscheinend massiv eingeschränkt. So erfuhr Marc mangelnde Verlässlichkeit und Vorhersagbarkeit. Des Weiteren ist das normabweichende Verhalten seiner Mutter in der Öffentlichkeit bei ihm offenbar bereits in seiner Kindheit mit Schamgefühlen besetzt gewesen. Das beschriebene Mutter-Kind-Verhältnis bestimmt auch die aktuelle Beziehungsgestaltung. Marcs Mutter scheint auch gegenwärtig nicht in der Lage zu sein, sich selbst zu versorgen und von ihm permanente Unterstützung zu erwarten. In dieser Erwartungshaltung deutet sich eine Rollenumkehr an, von der sich Marc vor allem durch die Entscheidung, nicht bei seiner Mutter zu wohnen, zu distanzieren versucht. Diese Rollenumkehr und Marcs Abgrenzung davon scheinen zentrale Merkmale in der Beziehung zu seiner Mutter zu sein.

Die Diskontinuitätserfahrung in Marcs Beziehung zu seinem Vater ist durch dessen langjährige Abwesenheit gekennzeichnet. Bei Marc deuten sich diesbezüglich Vorwürfe seinem Vater gegenüber an, weil er besonders betont, dass sein Vater über einen langen Zeitraum hinweg keinen Kontakt zu ihm aufgenommen hat. Gegenwärtig fühlt Marc sich bei seinem Vater und dessen neu gegründeter Familie nicht als Familienmitglied. Er schließt jedoch eine zukünftige Intensivierung der Vater-Sohn-Beziehung nicht aus. Somit befindet sich Marc offenbar in einem Prozess der Annäherung an seinen Vater. Insgesamt entsteht der Eindruck, als würde er seinen Vater als Gegenpol zu seiner Mutter entwerfen. Der Vater repräsentiert durch seine nicht normabweichende psychische Verfassung, seine finanziellen Ressourcen zur aktiven Lebensgestaltung und die Wahrnehmung seiner Versorgungspflicht den Pol der Normalität. Die Mutter hingegen stellt den Pol des abweichenden Verhaltens und der sozialen Randständigkeit dar. Die Konfliktgestaltung zwischen Marc und seinen Eltern ist von Nachgiebigkeit seitens der Eltern geprägt, wobei er betont, mit seinem Vater im Gegensatz zu seiner Mutter keine ernsthaften Auseinandersetzungen zu haben. Das nachgiebige Verhalten seiner Mutter und ihre Schwierigkeiten, ihm wahrnehmbare Grenzen zu setzen, bestimmten bereits in Marcs Kindheit die Konfliktgestaltung. Marc verweist auf ein allgemeines Konfliktmuster, wenn er sich gekränkt oder angegriffen fühlt. In diesem Fall versucht er anscheinend die Situation zu dominieren, wobei seine Reaktion mit Impulsivität einhergeht. Er bewertet sein Verhalten jedoch als negativ und es scheint so, als ob er wenig Kontrolle über diese Reaktion hat.

Marc beschreibt die Beziehung zu seinen Betreuern als positiv, wobei die Beziehungsgestaltung sowohl zu seinem Bezugsbetreuer Richard als auch zu den anderen Betreuern konturlos bleibt. Das positive Verhältnis zu ihnen begründet er durch sein angepasstes Verhalten, welches sich darin äußert, dass er sich überwiegend regelkonform verhält und dafür Anerkennung bekommt. Marcs Anpassung kann im Kontext seiner Lebensgeschichte als eine Schutzfunktion angesehen werden, die ihn vor Beziehungsabbrüchen bewahren soll. Die Beziehungsgestaltung zu seinen Freunden und zu Gleichaltrigen bleibt in seiner Erzählung konturlos. Es wird lediglich deutlich, dass er zahlreiche Freizeitaktivitäten mit ihnen teilt. In der gesamten Erzählung erweckt er den Eindruck, als würde er seine Emotionen stark regulieren, indem er seine Gefühle kaum verbalisiert. Marcs angepasstes und kontrolliertes Verhalten könnte von dem durch psychische Auffälligkeit bedingten Kontrollverlust seiner Mutter begünstigt werden.

Die massiven Diskontinuitätserfahrungen, die Marc in der Beziehungsgestaltung zu seinen Eltern erlebt hat, beeinflussen vermutlich seine Entscheidung, weder bei seiner Mutter noch bei seinem Vater zu leben und die stationäre Erziehungshilfe als Wohnort vorzuziehen. Marc erfährt dort aufgrund der Regeln und Strukturen verlässliche und somit kontinuierliche Rahmenbedingungen, die ihm in seiner Lebensgeschichte bisher gefehlt haben.

Die dargestellten Ergebnisse der Fallrekonstruktionen sollen nun in einem kontrastierenden Fallvergleich zueinander in Beziehung gesetzt werden. Alexandra, Lena und

Marc machen im Kontext ihrer jeweiligen Lebensgeschichte in ihren Beziehungsgestaltungen unterschiedliche Diskontinuitätserfahrungen, die in ihren Akzentuierungen differieren. Diese Erfahrungen nehmen offenbar einen signifikanten Einfluss auf die gegenwärtigen Beziehungsgestaltungen und wirken sich auf die Bewertung der stationären Erziehungshilfe aus. Für Alexandra scheint dieser Lebensort mit einem negativen biografischen Verlauf verknüpft zu sein. Lena hingegen empfindet die Fremdunterbringung als Erlösung, da sie den sexuellen Übergriffen des Stiefvaters nicht mehr ausgesetzt ist. Auch Marcs Beurteilung fällt positiv aus. Der aktuelle Lebensort trägt für ihn zur Verbesserung seiner emotionalen Verfassung bei, die von der schwierigen Beziehungsgestaltung zu seiner Mutter und den Bedingungen, unter denen er bei ihr lebte, geprägt ist.

Aufgrund der beschriebenen Diskontinuitätserfahrungen scheint es für die Jugendlichen schwierig zu sein, eine Balance zwischen Nähe und Distanz zu finden. Diese Herausforderung wird durch das Streben nach Kontinuität und Stabilität in den Beziehungen beeinflusst. Ihre Antworten darauf sind jedoch individuell unterschiedlich und im Kontext der jeweiligen Lebensgeschichten sinnhaft. Sowohl bei Lena als auch bei Alexandra ist das Nähe-Distanz-Verhältnis zu für sie bedeutsamen Personen maßgeblich von ihrer Verlustangst geprägt. Diese beeinflusst anscheinend auch ihre Konfliktmuster. Die mit der Verlustangst einhergehende Konfliktvermeidung impliziert eine Einschränkung ihrer Autonomie in der konkreten Situation, da das Austragen von Konflikten ein Ausdruck von Autonomie in der Verbundenheit bedeutet.

Alexandras Handlungsmuster in Konflikten mit ihrer Bezugsbetreuerin bewegt sich zwischen Konfliktvermeidung und Konflikteskalation, die mit einem Kontrollverlust eng verknüpft zu sein scheint. Auch bei Lena existiert offenbar das Spannungsverhältnis zwischen Konfliktvermeidung und Konflikteskalation, welches bei ihr jedoch anders akzentuiert wird. Sie zeigt je nach Bezugsperson ein anderes Konfliktmuster. Konfliktvermeidung weist sie bei ihrer besten Freundin auf. Bei Anton kommt es vermutlich zu Konflikteskalationen in der Form von Selbstbehauptung[38], da Lena ihr Selbst bedroht sieht und die Situation dominieren möchte. Ähnlich wie Lena zeigt auch Marc Tendenzen zur Konflikteskalation als einer Form der Selbstbehauptung, die in seinen impulsiven Reaktionen anklingen und einen Kontrollverlust andeuten.

---

[38] „Mit Selbstbehauptung soll hier die Fertigkeit verstanden werden, die auf die Wahrung und den Schutz des eigenen Selbst, der eigenen Grenzen zielt und die in verbaler, aber auch körperlicher Form in Interaktionen aktiv zum Tragen kommt." (Silkenbeumer 2006, 178)

Marc signalisiert in seinen Beziehungsgestaltungen weder Verlustangst noch emotionale Verbundenheit. Dennoch scheint auch bei ihm das Streben nach Kontinuität und Stabilität ein regulierendes Moment seiner Beziehungsgestaltungen darzustellen, was jedoch in einer anderen Gestalt auftritt als bei Lena oder Alexandra. Er schafft offenbar durch sein angepasstes, regelkonformes Verhalten und durch seinen konstruktiven Umgang mit Konflikten in der Beziehung zu seinen Betreuern Stabilität und Kontinuität. Doch auch diese Anpassung, die ihm Anerkennung verschafft, geht vermutlich mit einer Form der Autonomieeinschränkung einher. Im Kontext der Diskontinuitätserfahrungen mit seiner Mutter, die von ihrer psychischen Auffälligkeit und dem damit einhergehenden Kontrollverlust geprägt waren, scheinen Marcs Anpassungsbestrebungen eine sinnhafte Form der Herstellung von Kontinuität zu sein.

Auffällig in den drei Fallrekonstruktionen ist, dass die familiären Beziehungen von den Jugendlichen in jeweils zwei Pole aufgeteilt werden: Es gibt den Pol der positiven und den Pol der negativen Beziehungsgestaltungen. Es scheint so, als würden die Jugendlichen die Ambivalenzen in den Beziehungen, die sie eher positiv erleben, zugunsten der Stabilisierung der positiven Beziehungsdefinition auflösen. Diese Polarisierung ist im Kontext ihrer Diskontinuitätserfahrungen und den damit einhergehenden emotionalen Belastungen und Verunsicherungen zu sehen.

Alexandra kontrastiert die Beziehung zu ihren leiblichen Eltern mit der zu den Pflegeeltern und blendet in ihrer Beziehungsdarstellung die mögliche Mitverantwortung der Pflegeeltern an der Herausnahme aus der Pflegefamilie aus. Für Lena haben ihr Vater und ihre Stiefmutter den Pol der positiven Beziehungsgestaltungen inne, wobei sie die negativen Facetten der Beziehung zu ihnen, wie die häufige Abwesenheit des Vaters und die Gewalterfahrungen durch die Stiefmutter, bagatellisiert. Ihre leibliche Mutter verkörpert hingegen den negativen Pol. Für Marc dient der Faktor der Normalität als Einteilungskriterium. Sein Vater repräsentiert den Pol der Normalität und seine Mutter den der psychischen Abweichung.

Sowohl bei Alexandra als auch bei Marc scheinen Normabweichungen die Beziehungsgestaltungen maßgeblich zu beeinflussen. Alexandra fühlt sich nicht vollständig, also in der Ganzheit ihrer Persönlichkeit, angenommen. Sie scheint sich aufgrund ihres auffälligen Verhaltens indirekt eine (Mit-)Schuld an der ablehnenden Haltung ihrer leiblichen Mutter ihr gegenüber zuzuschreiben. In der Beziehungsgestaltung zu ihren Pflegeeltern fühlt sie sich aufgrund ihres Verhaltens anscheinend ebenfalls nicht vollständig angenommen, weshalb sie wohl nicht von sich aus den Kontakt zu ihnen sucht. In der Beziehung zu Anna erfährt Alexandra ebenfalls eine negative Bewertung ihres abweichenden Verhaltens, da hier die Erfüllung des Nähebedürfnisses an erwünschte Verhaltensweisen gekoppelt ist.

Bei Marc beeinflussen die Normabweichungen seine Beziehungsgestaltungen in einer anderen Art und Weise. Er kann seine Mutter aufgrund ihrer Normabweichung nicht vollständig annehmen und distanziert sich von ihr und ihrer psychischen Auffälligkeit. Seine Bemühungen um Stabilität und Kontinuität durch Anpassung in der Beziehung zu seinen Betreuern könnten vermutlich auch als ein Streben nach Normalität und nach vollständigem Angenommen-Sein interpretiert werden. Lena deutet im Verlauf des Interviews an, dass sie ein Bewusstsein für ihre normabweichende Familienkonstellation hat. Doch in der stationären Erziehungshilfe, in der alle Kinder und Jugendlichen aus schwierigen familiären Verhältnissen kommen, verliert ihre Familiensituation die abweichende Färbung. Es ist jedoch aus Lenas Interview nicht zu entnehmen, ob sie in ihren außerfamiliären Beziehungen mit ihrer ungewöhnlichen Familienkonstellation in negativer Weise konfrontiert wurde.

In diesem biografischen Themenfeld wurden die unterschiedlichen Facetten und Ausprägungen von Diskontinuitätserfahrungen in den Lebensgeschichten von Alexandra, Lena und Marc herausgearbeitet. Bei ihnen kann der adoleszente Ablösungsprozess aufgrund der unterschiedlichen Brüche in den Beziehungen zu ihren Eltern nicht schrittweise stattfinden, was die Präsenz der schwierigen familiären Verhältnisse in ihrem emotionalen Erleben offenbar begünstigt. Sie sind im Verlauf ihrer Biografie aufgrund der von außen wirkenden Diskontinuitätserfahrungen mehrmals herausgefordert, ihre bisherigen Beziehungen neu zu strukturieren und neue Beziehungen einzugehen. Das Finden einer Balance zwischen Nähe und Distanz ist im Kontext des ausgeprägten Strebens nach Kontinuität und Stabilität in diesen Beziehungen besonders erschwert.

Handlungsfähigkeit im Kontext von Ohnmachtserfahrungen

Innerhalb dieses biografischen Themenfelds zeigen die Jugendlichen ein Diskrepanzerlebnis zwischen Fremdbestimmung im weitesten Sinne und ihren individuellen Bewältigungsmöglichkeiten auf, was mit dem Gefühl der Ohnmacht einhergeht. In ihren Reaktionen deuten sich ihre Bestrebungen an, Handlungsfähigkeit und Autonomie zu bewahren beziehungsweise zurückzuerlangen.

Alexandras Biografie weist unterschiedliche Stationen auf, die von Fremdbestimmung und einem damit verknüpften Ohnmachtsgefühl geprägt waren. Durch ihre Betonung von Mit- und Selbstbestimmung versucht sie ihre Handlungsfähigkeit zu bewahren beziehungsweise zurückzuerlangen. Insbesondere in der Beschreibung von Situationen, in denen ihre Entscheidungsgewalt massiv eingeschränkt war, nimmt sie zumindest sequentiell diese Betonung vor. Alexandra bringt ihre Traurigkeit darüber zum Ausdruck, dass sie nicht bei ihren leiblichen Eltern aufgewachsen ist und betrachtet die Herausnahme aus der Herkunftsfamilie als den Beginn eines negativen biografischen Verlaufs. Bereits hier deutet sich bei Alexandra retrospektiv ein fremdbestimmter biografischer Wendepunkt an. Des Weiteren wurde bei der Herausnahme aus der Pflegefamilie ihre Handlungsautonomie massiv eingeschränkt, wodurch sie diesen Akt in besonderem Maße als fremdbestimmt und ohnmächtig erlebt hat. Durch ihren Widerstand gegen die Herausnahme konnte sie vermutlich einen Teil ihrer Handlungsfähigkeit in dieser von Ohnmacht geprägten Situation bewahren. Des Weiteren versuchte sie offenbar den Ausgang der Situation mitzubestimmen, indem sie schließlich einwilligte, mit den Mitarbeitern des Jugendamts mitzufahren. Diese Darstellung der Ereignisse suggeriert einen subjektiven Handlungsspielraum in einer absolut fremdbestimmten Situation, vermutlich mit der Funktion, das Gefühl der Hilflosigkeit zumindest abzuschwächen.

Des Weiteren schildert Alexandra ihre Einweisung in die Psychiatrie als einen selbstbestimmten Akt und wirkt der Fremdbestimmung entgegen. Sie blendet dabei das ungleiche Machtverhältnis zwischen ihr und ihren Betreuern aus, welches sich in der Drohung, sie in die Kinder- und Jugendpsychiatrie einweisen zu lassen, ausdrückt. Auf diese Weise wird ihre Abhängigkeit von den Betreuern in ein gleichberechtigtes Verhältnis umgewandelt. Dieser Entwurf scheint in der von Ohnmacht gekennzeichneten Situation eine selbststabilisierende Funktion zu haben.

Alexandra ist innerhalb des institutionellen Handlungsapparates der stationären Erziehungshilfe das Objekt pädagogischen Handelns, was sich unter anderem in der Einschränkung ihrer Intimsphäre ausdrückt. Sie verschafft sich jedoch Rückzugsmöglichkeiten, indem sie für sie bedeutsame Themen mit ihrer Bezugsbetreuerin alleine bespricht. In diesen Zweiergesprächen repräsentiert Alexandra weniger das Objekt pädagogischen Handelns, sondern den Pol des Subjektes mit seiner Autonomie und Selbstbestimmung. Diese Darstellung scheint eine konfliktmildernde Funktion zu haben, wobei der Kern des Konfliktes in den Strukturen der Institution verankert ist. In

Alexandras Globaleinschätzung ihrer Lebenssituation, die beinhaltet, dass sie ihr ganzes Leben verändern möchte, um nicht im Heim zu leben, wird der biografiestrukturierende Charakter von Fremdbestimmung ersichtlich.

Alexandra scheint jedoch in ihrer von Fremdbestimmung gekennzeichneten Lebenssituation trotzdem die ihr zur Verfügung stehenden Ressourcen wahrzunehmen und ihren Alltag und ihre Biografie aktiv zu gestalten, wodurch sie wiederum an Selbstbestimmung gewinnt. Sie hat sich zum Beispiel durch den eigenen Fernseher in ihrem Zimmer Rückzugsmöglichkeiten von dem hohen Lärmpegel und den Konflikten bei der Nutzung des Gemeinschaftsfernsehers geschaffen. An dieser Stelle konnte sie ihre Situation aktiv mitgestalten und an Handlungsautonomie gewinnen. Ein weiteres zentrales Moment ihrer aktiven Lebensgestaltung zeigt sich in dem Wechsel von der Förderschule mit dem Schwerpunkt sozial-emotionale Entwicklung auf die Hauptschule. Durch die aktive Gestaltung ihrer schulischen Laufbahn wirkte sie der institutionellen Fremdbestimmung entgegen und erlangte in diesem Lebenskontext ihre Autonomie und Selbstbestimmung zurück.

Das biografische Themenfeld „Handlungsfähigkeit im Kontext von Ohnmachtserfahrungen" nimmt auch in Lenas Lebensgeschichte eine bedeutende Rolle ein. Lena hat durch den sexuellen Missbrauch durch den Stiefvater Ohnmachtserfahrungen erlebt, welche mit unterschiedlichen Facetten der Aufrechterhaltung von Handlungsfähigkeit einhergingen.

In Lenas Erzählung deuten sich scheinbar zwei sich widerstrebende Tendenzen im Hinblick auf das Erleben des sexuellen Missbrauchs an. Einerseits kommt in zahlreichen Interviewsequenzen Lenas Ohnmachtserleben zum Ausdruck. Andererseits scheint sie sich in mehreren Situationen von dieser Opferrolle abzuwenden und sich als ein aktives Subjekt zu entwerfen. Lena berichtet im Kontext des sexuellen Missbrauchs von depressiven Verstimmungen, gestörtem Essverhalten, Autoaggression und dem Wunsch nicht mehr leben zu wollen. Diese psychischen Auffälligkeiten verweisen auf Momente einer massiven Ohnmachtserfahrung, die ihre Handlungsfähigkeit offenbar so stark eingeschränkt hat, dass sich ihr Streben nach Selbstbestimmung lediglich auf ihren Körper fokussierte. In diesem Kontext berichtet Lena von provokativen Handlungen, mit denen sie erreichen wollte, dass ihre Mutter und ihr Stiefvater ihr verbieten, bei ihnen zu wohnen. Diese Provokationen kennzeichneten Momente ihrer Handlungsfähigkeit, die ihr Streben nach Autonomie und Selbstbestimmung implizieren.

Lenas Sichtweise, sich als im Vergleich zu ihrer Mutter gleichberechtigte (Sexual-)Partnerin zu entwerfen, löst das tatsächlich herrschende Abhängigkeitsverhältnis, das zwischen ihr und ihrem Stiefvater besteht, auf. Mit diesem Entwurf scheint sie auf Distanz zu ihren leidvollen Erfahrungen zu gehen, was eine selbststabilisierende Funktion haben könnte. Lenas Handlungsfähigkeit im Kontext von Ohnmachtserfahrungen fand ihren Höhepunkt in ihrer Flucht vor ihrer Mutter und ihrem Stiefvater, in deren Folge sie in der stationären Erziehungshilfe untergebracht wurde. Durch ihr Handeln hat sie sich aktiv zur Wehr gesetzt und konnte so aus einer Situation entkommen, in der sie durch den Stiefvater körperliche Gewalt erfuhr und ihre Mutter ihr Gewalt androhte. Lenas Bereitschaft sich zur Wehr zu setzen kommt in ihrer Beschreibung dieser gewaltbeladenen Situation zum Ausdruck, in der ihre abwertende Haltung ihrem Stiefvater gegenüber deutlich wird. Durch diese Abwertung ihres Peinigers entwirft Lena ein Machtverhältnis, in dem sie scheinbar überlegen ist, was ihre Ohnmacht verdeckt und zur Wahrung ihrer Handlungsfähigkeit beitragen könnte.

Das Themenfeld „Handlungsfähigkeit im Kontext von Ohnmachtserfahrungen“ zeigt in Lenas Leben eine biografiestrukturierende Wirkung, die in ihrer Flucht und der anschließenden Fremdunterbringung deutlich wird.

Auch in Marcs Lebensgeschichte ist dieses biografische Themenfeld von großer Bedeutung. Er berichtet, die Trennung von seiner Mutter während seines sechsmonatigen Aufenthaltes in der Psychiatrie aufgrund des angespannten Verhältnisses zunächst positiv bewertet zu haben. Nach einiger Zeit habe er jedoch den Wunsch verspürt, die Psychiatrie zu verlassen, was aber durch den Rahmen der stationären Unterbringung nicht möglich war. Dieses Erlebnis deutet auf eine Ohnmachtserfahrung hin. Marc erzählt nicht, ob er Versuche unternahm, aus der Einrichtung zu fliehen. Die für ihn wichtigste Ohnmachtserfahrung steht im Zusammenhang mit seiner Fremdunterbringung. Er scheint sich in seinem aktuellen Lebenskontext nur begrenzt wohl zu fühlen. Auch das psychosomatische Symptom „Herzstechen“, das auftritt, wenn er sich in der stationären Erziehungshilfe aufhält, verweist darauf. Des Weiteren berichtet er von der stressbeladenen Atmosphäre in seiner Wohngruppe. Er hat aber keinen Handlungsspielraum, um seine Lebenssituation direkt zu beeinflussen oder einen für ihn geeigneteren Lebensort zu wählen. Es scheint so, als würde sich Marc durch Unternehmungen mit seinen Freunden außerhalb des Heimkontextes und zahlreiche Freizeitaktivitäten der Heimatmosphäre entziehen und sich so Rückzugsmöglichkeiten schaffen. Auf diese Weise gestaltet er sein Leben auch im Rahmen dieser Ohnmachtserfahrung aktiv mit. Sein angepasstes Verhalten kann ebenfalls mit einer aktiven Lebensgestaltung zusammenhängen, indem er durch Vermeidung von Konflikten mit den Betreuern vermutlich eine zusätzliche Belastung der Heimatmosphäre verhindert.

In allen drei Fallrekonstruktionen wird „Handlungsfähigkeit im Kontext von Ohnmachtserfahrungen" in unterschiedlicher Intensität thematisiert. In jeder Lebensgeschichte findet sie eine andere Akzentuierung. Die Steuerungsmöglichkeiten der Jugendlichen scheinen in ihre Reaktionen auf die Ohnmachtserfahrungen integriert zu sein. Inwieweit sie sich in Situationen ohnmächtig fühlen, wird offenbar von ihren biografischen Erfahrungen beeinflusst.

In Alexandras Globaleinschätzung ihres Lebens deutet sich die Fremdbestimmung als ein zentrales Moment ihrer Lebensgestaltung an. Diese Fremdbestimmung führte zu unterschiedlichen Ohnmachtserfahrungen, die sich in die Dimensionen der Fremdbestimmung ihres Lebensortes und der Fremdgestaltung ihrer schulischen Laufbahn unterteilen lassen. Diese Dimensionen gehen mit Zuweisungen zu unterschiedlichen Institutionen einher, was charakteristisch für Alexandras Biografie und die damit einhergehenden Ohnmachtserfahrungen zu sein scheint. Spezifisch für Alexandra ist die Betonung von Selbst- und Mitbestimmung, was offenbar ein Bewältigungsmuster im Umgang mit Ohnmachtserfahrungen darstellt und somit zur Aufrechterhaltung ihrer Handlungsfähigkeit beiträgt.

In Lenas Erzählung hingegen zeigen sich im Umgang mit Ohnmachtserfahrungen zwei unterschiedliche Tendenzen. Einerseits bringt sie in verschiedenen Interviewsequenzen ihre Ohnmacht deutlich zum Ausdruck, wenn sie zum Beispiel ihr Selbstbestimmungsbestreben in Form von gestörtem Essverhalten und Autoaggression auf ihren Körper fokussiert. Sie schafft es jedoch andererseits auch, aus dem Ohnmachtserleben hinauszutreten und ihre Selbstbestimmung und ihr Autonomiebestreben nach außen zu richten. Diese Momente sind gekennzeichnet von provokativen Handlungen, der Auflösung ihres Abhängigkeitsverhältnisses und dem Gefühl der Überlegenheit durch die abwertende Haltung ihrem Stiefvater gegenüber. Die Auflösung von Abhängigkeitsverhältnissen wird bei Alexandra durch die Ausblendung von Machtverhältnissen eingeleitet, was sich auch in ihrer Beurteilung der Beziehung zu den Betreuern zeigt, die sie in die Kinder- und Jugendpsychiatrie einweisen lassen wollten.

Marcs Ohnmachtserfahrungen hingegen stehen im Zusammenhang mit seinem Leben in der stationären Erziehungshilfe. Das psychosomatische Symptom, das im Heimkontext auftritt, scheint ein Ausdruck seiner Ohnmacht in Bezug auf die Wahl eines geeigneten Lebensortes zu sein. Marc hält anscheinend durch sein angepasstes Verhalten und durch Schaffung von Rückzugsmöglichkeiten außerhalb des Heims seine Handlungsfähigkeit aufrecht und gewinnt so an Selbstbestimmung. Auffällig ist, dass auch Alexandra versucht sich der stressbeladenen Heimatmosphäre durch die Schaffung von Rückzugsmöglichkeiten zu entziehen. Sowohl Marc als auch Alexandra gestalten ihren Alltag in der stationären Erziehungshilfe durch die Nutzung ihrer Ressourcen aktiv mit und gewinnen dadurch offenbar an Selbstbestimmung. Lena scheint dagegen keine Rückzugsmöglichkeiten aus diesem Lebenskontext zu benötigen, da sie die Fremdunterbringung als Erlösung empfindet. Ihre Flucht aus einer von Ohnmacht gekennzeichneten Situation zeigt die biografiestrukturierende Wirkung dieses Themenfeldes in Lenas Lebensgeschichte. Diese Strukturierung der Biografie ist auch bei Alexandra zu finden, zeigt sich dort jedoch in einer anderen Ausprägung. Sie wirkt mit ihrem Schulwechsel der institutionellen Fremdbestimmung entgegen und gestaltet ihre Biografie auf diese Weise aktiv mit.

Selbstentwurf zwischen Normalität und Abweichung

In diesem biografischen Themenfeld wird in den Fallrekonstruktionen das Spannungsverhältnis zwischen Normalität und Abweichung in den Selbstentwürfen der interviewten Jugendlichen ersichtlich. Inwieweit sie sich als normabweichend wahrnehmen und welche Versuche sie unternehmen, dem entgegenzuwirken, hängt dabei von ihren spezifischen biografischen Erfahrungen ab. Alle drei zeigen ein Normalitätsstreben, das in ihren Lebensgeschichten in unterschiedlichen Ausprägungen zum Ausdruck kommt.

Für Alexandra stellt ihr abweichendes Verhalten ein zentrales Moment ihres Selbstentwurfes dar. Sie fühlt sich aufgrund ihrer *„Ausraster“* in den Beziehungsgestaltungen nicht vollständig angenommen und wird zugleich immer wieder mit dem identitätsstiftenden Etikett der Abweichung konfrontiert. Sie entwirft ihre Verhaltensauffälligkeit als einen negativen und unkontrollierbaren Teil ihrer Persönlichkeit und versucht sich auf diese Weise von ihrer Abweichung zu distanzieren. Durch den Besuch der Förderschule mit dem Schwerpunkt sozial-emotionale Entwicklung scheint Alexandra ebenfalls negativen institutionellen Zuschreibungen ausgesetzt gewesen zu sein. Der Wechsel von der Förderschule auf die Hauptschule bedeutete für Alexandra die Betonung ihres Normalitätsanspruchs und das Erreichen eines wichtigen persönlichen Ziels. Auf diese Leistung ist sie sehr stolz. Neben ihrer ausschließlich positiv definierten Beziehung zu Pferden und ihren Erlebnissen im Reitsport nimmt gerade diese Erfahrung einen positiven Einfluss auf ihre Selbstbewertung und wirkt damit in positiver Weise identitätsstiftend.

Lenas Selbstentwurf ist hauptsächlich davon geprägt, dass sie sich als stark und selbstbewusst inszeniert und hierfür Anerkennung erhält. Dieser Entwurf stellt sowohl den Kern ihrer Selbstdarstellung als auch des von ihr wahrgenommenen Fremdbildes dar. Lena scheint Stärke und Schwäche mit den Begrifflichkeiten *„standhalten"* und *„nicht standhalten"* auszudrücken. Ersteres steht für Selbstbehauptung und letzteres steht für die starke emotionale Belastung, die Lena spürt, wenn sie sich detailliert mit ihrer familiären Situation auseinandersetzen muss. Sie benennt als charakteristisches Merkmal ihrer Stärke, dass sie ihre Meinung auch gegenüber den Betreuern vertreten kann und sich von drohenden Sanktionen nicht einschüchtern lässt. Lena hebt diese Fähigkeit als Besonderheit im Vergleich zu anderen im Heim lebenden Kindern und Jugendlichen hervor. Durch diesen Entwurf von sich selbst, der eine Art Überlebensstrategie darstellt, kann sie ihre Handlungsfähigkeit anscheinend aufrechterhalten beziehungsweise wiedererlangen. Somit hat diese Selbstzuschreibung eine selbststabilisierende und identitätsstiftende Funktion.

Dennoch zeigt sich auch in Lenas Selbstentwurf ein Spannungsverhältnis zwischen Normalität und Abweichung. Im Verlaufe des Interviews deutet sich an, dass ihr der normabweichende Charakter ihrer familiären Situation durchaus bewusst ist. Aus Angst vor Ablehnung spricht sie nur mit Personen ihres Vertrauens über ihre Familie und schützt sich so vermutlich zugleich vor dem Etikett der Abweichung. Dieses Verhalten hat eine selbststabilisierende Funktion. Im Kontext der stationären Erziehungshilfe scheint Lena jedoch keine Angst davor zu haben, aufgrund ihrer Familiensituation Ablehnung zu erfahren, da hier alle Kinder aus problembelasteten familiären Verhältnissen kommen. So verliert ihre außergewöhnliche Familiensituation dort ihre normabweichende Färbung.

Marcs Selbstentwurf ist durch sein angepasstes Verhalten und das damit verknüpfte Streben nach Normalität gekennzeichnet. Er distanziert sich so von jeglicher Form von Abweichung. Dies zeigt sich unter anderem in seiner Leistungsorientierung und

Zielstrebigkeit, was er als seine Stärken benennt und was ihm bei seinen Betreuern und seinen Eltern Anerkennung verschafft. Die von ihm erwähnten Eigenschaften schätzt Marc auch an seinem Vater. Dieser dient für ihn als Identifikationsfigur, da er Eigenschaften verkörpert, die für Marc erstrebenswert sind. Die Tatsache, dass er sich mit seinem Vater identifiziert, wird vermutlich maßgeblich davon beeinflusst, dass dieser den wünschenswerten Pol der Normalität repräsentiert, was bereits in der vorangegangenen Analyse dargestellt wurde. Seine Mutter hingegen besetzt erneut den Pol des unerwünschten und abweichenden Verhaltens, was offenbar zur Folge hat, dass Marc sich konträr zu ihr entwirft. Kritik an sich übt Marc bezüglich seiner eingeschränkten Impulskontrolle in Situationen, in denen er sich angegriffen fühlt. Durch die negative Bewertung dieser Reaktion distanziert er sich jedoch davon und kann so die Anpassung als kennzeichnendes Merkmal seines Selbstentwurfes aufrechterhalten.

In diesem biografischen Themenfeld zeigt sich, dass sowohl bei Alexandra als auch bei Lena und Marc der Selbstentwurf vom Streben nach Normalität geprägt ist. Jeder der drei zeigt individuelle Handlungsmuster, um diesem Normalitätsanspruch nachzukommen.

Alexandra wird aufgrund ihrer Verhaltensauffälligkeit und dem damit verknüpften Besuch der Förderschule mit negativen institutionellen Zuschreibungen konfrontiert. Sie wirkt dem aktiv entgegen, indem sie den Wechsel von der Förderschule auf die Hauptschule schafft. Auch in ihren Beziehungsgestaltungen wird Alexandra offenbar aufgrund ihrer *„Ausraster"* mit normabweichenden Etikettierungen konfrontiert, was anscheinend zur Folge hat, dass sie sich nicht vollständig angenommen fühlt. In ihrer ausschließlich positiv definierten Beziehung zu Pferden hingegen scheint sie diese Einschränkung nicht zu erfahren. Die Bedeutsamkeit, sich in sozialen Interaktionen vollständig angenommen zu fühlen, wird sowohl bei Lena als auch bei Marc ersichtlich. Lenas Bedürfnis, vollständig angenommen zu werden, äußert sich darin, dass sie aus Angst vor Ablehnung in sozialen Interaktionen nur Personen ihres Vertrauens ihre normabweichende Familiensituation offenbart. Im Kontext der stationären Erziehungshilfe hingegen verliert Lenas außergewöhnliche Familiensituation ihren normabweichenden Charakter, was anscheinend zur Folge hat, dass sie sich in der Ganzheit ihrer Person angenommen fühlen kann. In diesem Lebenskontext hebt sie zur Betonung ihrer Individualität ihre Stärke hervor, für die sie Anerkennung bekommt.

Bei Marc hingen scheint die Anpassung und seine Distanzierung zu jeglicher Normabweichung das handlungsleitende Muster zu sein, um sein Streben nach Normalität aufrechtzuerhalten. Marc erfährt durch sein angepasstes Verhalten offenbar von seinen Betreuern und von seinem Vater Anerkennung, was darauf hindeutet, dass er sich von ihnen angenommen fühlt.

6. Diskussion und theoretische Reflexion

In der vorangegangenen Darstellung und Kontrastierung der drei Fallanalysen wurde aufgezeigt, wie die Beziehungsgestaltungen der Jugendlichen durch unterschiedliche Diskontinuitätserfahrungen maßgeblich geprägt wurden. Dies wirkt sich insofern auch auf ihre aktuellen Beziehungsgestaltungen aus, als dass diese in unterschiedlichen Ausprägungen von der Suche nach Stabilität und Kontinuität geprägt sind.

Baur verweist darauf, dass dem Bedürfnis der Heranwachsenden nach Stabilität und Kontinuität aufgrund der strukturellen Rahmenbedingungen der stationären Erziehungshilfe nur eingeschränkt nachgekommen werden kann. Durch Dienst- und Schichtpläne sowie unkontrollierbare Fluktuationen im Personalbereich und unter den Heranwachsenden entsteht somit ein von Unsicherheit geprägtes Beziehungsgefüge (vgl. Baur 1996, 205f.).

Es stellt sich somit die Frage, inwieweit die Kinder- und Jugendhilfe den Bedürfnissen der jungen Menschen nach stabilen und tragfähigen Beziehungen unter den beschriebenen strukturellen Rahmenbedingungen nachkommen kann.

In diesem Zusammenhang wird vermehrt die alternative Unterbringung in Pflegefamilien diskutiert, die dem Heranwachsenden stabilere Beziehungen bieten soll. Diese Unterbringungsform beinhaltet jedoch ebenfalls verschiedene Problemkonstellationen. Die jungen Menschen zeigen aufgrund ihrer oftmals traumatischen Erfahrungen vermehrt Verhaltensauffälligkeiten, die von den Pflegeltern aufgrund ihres geringen professionellen Handlungsrepertoires nur begrenzt aufgefangen werden und das Klima in der Pflegefamilie nachhaltig belasten können. Durch das intensive Zusammenleben können sich enge Beziehungen aufbauen, die bei einer Rückführung in die Herkunftsfamilie wieder unterbrochen werden. Mit dieser Situation können pädagogische Mitarbeiter, die sich aufgrund ihrer beruflichen Beziehung zu den Kindern und Jugendlichen vermehrt eine gewisse Distanz bewahren, vermutlich besser umgehen als die Pflegeeltern. Außerdem stellen sowohl das Jugendamt als auch die leiblichen Eltern ein intervenierendes Element dar, welches permanent auf die Pflegefamilie einwirkt und die Privatsphäre massiv einschränken kann. Diese Faktoren können sich negativ auf die Herstellung von Stabilität und Orientierung auswirken. Somit ist die Unterbringung in einer Pflegefamilie besonders dann zu empfehlen, wenn die elterliche Erziehung ersetzt werden und der Heranwachsende auf Dauer in die Pflegefamilie eingegliedert werden soll (vgl. Post 1997, 111ff.). Aufgrund der eingeschränkten Möglichkeiten, den Kindern und Jugendlichen im Rahmen der stationären Erziehungshilfe auf Dauer angelegte tragfähige Beziehungen anzubieten, liegt der Fokus vermehrt auf der Vermeidung der Fremdunterbringung von Heranwachsenden durch präventive Unterstützungsangebote.

Aus einer theoretischen Perspektive werden in diesem Zusammenhang vermehrt die lebensweltorientierte Heimerziehung und die damit einhergehenden Präventions- und Regionalisierungsbemühungen als mögliche Alternativen diskutiert (vgl. Baur 1996, 238). Post geht ausführlich darauf ein, dass der Ausbau präventiver Maßnahmen notwendig ist, um dem tiefgreifenden Einschnitt der Herausnahme aus der Herkunftsfamilie entgegenzuwirken. Hierbei betont er, dass reine Zielformulierungen, ambulante Hilfen den teilstationären und stationären Unterstützungsmaßnahmen vorzuziehen, wie sie im KJHG verankert sind, nicht ausreichen. Lediglich eine gesetzlich vorgeschriebene Umlenkung der finanziellen Ressourcen auf den schwerpunktmäßigen Ausbau und die Förderung prophylaktischer Strukturen kann somit sinnvoll sein (vgl. Post 1997, 94).

Dennoch muss an dieser Stelle erwähnt werden, dass die Zahlen des Statistischen Bundesamtes für den Zeitraum von 1991 bis 2001 einen erheblichen Rückgang der Nutzung stationärer Erziehungshilfen und einen gleichzeitigen Anstieg der ambulanten Hilfen verzeichnen (vgl. Statistisches Bundesamt 2003, 6). Die Bedeutung des weiteren Ausbaus der präventiven Maßnahmen ist auch damit zu begründen, dass die Jule-Studie aufzeigen konnte, dass die Kinder und Jugendlichen, die in der stationären Erziehungshilfe untergebracht sind, vermehrt in familiären Verhältnissen aufwachsen, die durch soziökonomische Belastungsfaktoren, Gewalterfahrungen, Alkoholproblematiken der Eltern sowie damit einhergehende problematische Beziehungsgestaltungen geprägt sind (vgl. Bundesministerium für Familie, Senioren, Frauen und Jugend 1998, 24).

Diese Familien benötigen eine kontinuierliche Alltagsbegleitung und professionelle Unterstützung bei der Bewältigung ihrer Problemlagen, so dass die Erziehungsbedingungen im familiären Kontext soweit verbessert werden, dass eine Fremdunterbringung gar nicht erst notwendig wird. Spitzt man diesen Gedanken zu, so wäre es am effektivsten, Familien nicht erst im Sinne einer sekundären Prävention zu unterstützen, wenn sich bestimmte Problemlagen bereits verfestigt haben, sondern gleichzeitig die primäre Prävention auszubauen. Die damit verknüpften Unterstützungsmaßnahmen stärken die Familien und Eltern von Beginn an in ihren Erziehungskompetenzen. Dies kann zum Beispiel in Form von Familienbildung geschehen (vgl. Post 1997, 94ff.). Hierbei wäre es sinnvoll, Elternarbeit in bereits vorhandene lokale und institutionelle Netzwerke wie Kindergärten, Schulen, Vereine oder Kirchengemeinden einzubinden (a.a.O., 99).

Neben dem erstrebenswerten Ausbau präventiver Strukturen und damit verknüpfter ambulanter Hilfemaßnahmen bleibt die Fremdunterbringung von Kindern und Jugendlichen dennoch ein zentrales und bedeutsames Element im Maßnahmenspektrum der Kinder- und Jugendhilfe. Dies klingt auch in den subjektiven Beurteilungen von Lena und Marc an, die mit der Unterbringung in der stationären Erziehungshilfe eine Verbesserung ihrer Lebenssituation verbinden.

Im Rahmen der Fremdunterbringung existieren, wie bereits beschrieben, unterschiedliche Möglichkeiten die Heranwachsenden außerhalb ihrer Familie unterzubringen. Es ist von zentraler Bedeutung, die individuelle Bedürfnislage des jungen Menschen mit den vorhandenen möglichen Unterstützungsmaßnahmen abzugleichen, um eine positive Ausgangslage für den weiteren Entwicklungsverlauf zu schaffen (vgl. Bundesministerium für Familie, Senioren, Frauen und Jugend 1998, 42f.). Die stationäre Erziehungshilfe bietet im Rahmen der lebensweltorientierten Regionalisierung die Möglichkeit, die Kinder und Jugendlichen von ihren Familien räumlich zu trennen und dennoch die häufig damit verbundenen Diskontinuitätserfahrungen und Beziehungsabbrüche abzumildern. Regionale Fremdunterbringung zielt somit darauf ab, dass die Kinder und Jugendlichen nicht aus ihrem gewohnten sozialen Umfeld herausgerissen werden. Dadurch kann ein kontinuierlicher Kontakt zu den vertrauten Betreuungspersonen aufrechterhalten und der Bruch mit dem bisherigen Lebensumfeld möglicherweise abgeschwächt werden. Außerdem kann durch diese Rahmenbedingungen gegebenenfalls die Rückführung in die Herkunftsfamilie erleichtert werden (vgl. Jordan/Sengling 2000, 5).

Ein weiteres zentrales Themenfeld, welches sich in den rekonstruierten Lebensgeschichten in unterschiedlichen Ausprägungen zeigt, besteht in dem Diskrepanzerleben zwischen Selbst- und Fremdbestimmung und der damit verknüpften Aufrechterhaltung von Handlungsfähigkeit in von Ohnmacht geprägten Situationen. Hierbei legt insbesondere Alexandra den Fokus auf Fremdbestimmungserfahrungen im Rahmen von institutionellen Entscheidungsprozessen, die auch mit einer Einschränkung ihrer Intimsphäre einhergehen. Auch in Marcs Erzählungen lassen sich Momente der institutionellen Fremdbestimmung erkennen, die sich maßgeblich auf sein Wohlbefinden im Rahmen der Einrichtung auswirken.

In der Literatur wird der Gedanke der Selbstbestimmung im Kontext der Heimerziehung unter anderem von Baur aufgegriffen. Er benennt den Partizipationsgedanken der Heranwachsenden und ihrer Eltern an der Planung und Durchführung von Hilfemaßnahmen als Leitprinzip einer lebensweltorientierten Heimerziehung (vgl. Baur 1996, 238). Die Bedeutung des Erlebens von Eigenständigkeit und somit von Selbstwirksamkeit wird auch von Finkel betont und neben der Stärkung des Selbstwertgefühls und der Selbstachtung als das vorrangige Ziel von Unterstützungsmaßnahmen im Kontext der stationären Erziehungshilfe benannt. Dies schlägt sich unter anderem darin nieder, dass die Jugendlichen auf das institutionelle Regelwerk Einfluss nehmen und an der Gestaltung ihrer Hilfeplanung aktiv mitwirken können (vgl. Finkel 2004, 316 u. 322). Fühlen sich die jungen Menschen in ihren Bedürfnissen nicht ernst genommen, kann das zu einem Gefühl des Ausgeliefert-Seins im Rahmen von Hilfeplanungsprozessen führen. Diese Wahrnehmung wird durch das Machtgefälle zwischen dem jungen Menschen und dem Mitarbeiter des Jugendamtes noch einmal verstärkt, weil dieser schließlich allein darüber entscheidet, welche Hilfemaßnahmen er bewilligt. Unterstützungsmaßnahmen sind also lediglich dann sinnvoll, wenn sie in einem kooperativen Prozess gemeinsam mit dem Betroffenen erarbeitet werden und dabei die biografischen Erfahrungen, die aktuelle Lebenssituation und die damit verknüpfte Bedürfnislage Berücksichtigung finden[39] (vgl. Finkel 2002, 88).

Wie bereits in der Analyse von Alexandras Beziehungsgestaltungen dargelegt, nimmt ihr normabweichendes Verhalten offenbar einen negativen Einfluss auf ihre Beziehungsgestaltungen. In der Beziehung zu ihrer Bezugsbetreuerin erfährt sie aufgrund ihres abweichenden Verhaltens Ablehnung, da ihr dann die Erfüllung ihres Wunsches nach körperlicher und emotionaler Nähe verweigert wird. Diese Erfahrung geht offenbar mit dem Gefühl einher, dass sie in der Gesamtheit ihrer Person nicht angenommen wird. Zeigt Alexandra hingegen erwünschte Verhaltensweisen, wird sie dafür mit Zuwendung belohnt.

Crain äußert sich aus einer selbstpsychologischen Perspektive dazu, von welch zentraler Bedeutung es ist, Kinder und Jugendliche, die abweichende Verhaltensweisen zeigen, vollständig anzunehmen. Dies ist allerdings oft nur eingeschränkt möglich.

---

[39] Obwohl Finkel ihre Aussagen auf die Unterbringung von Mädchen in der stationären Erziehungshilfe bezieht, haben diese Aussagen vermutlich auch für Jungen ihre Gültigkeit.

Hierbei ist es bedeutsam, den Heranwachsenden nicht in einer Art Belohnungssystem für erwünschte Verhaltensweisen positive Verstärkung in Form von Zuwendung zukommen zu lassen, wie dies im lerntheoretischen Sinne vertreten wird. Durch diese Beziehungsgestaltung wird dem Heranwachsenden indirekt vermittelt, dass ein Teil seiner Persönlichkeit von seinem Gegenüber nicht angenommen wird. Im Zentrum der selbstpsychologischen Überlegungen stehen die Selbstobjektfunktionen, die es dem Heranwachsenden ermöglichen, die spiegelnde Annahme nachzuholen, die ihm in seiner Kindheit verwehrt geblieben ist. Demnach ist es von zentraler Bedeutung, dem jungen Menschen das Gefühl zu vermitteln, ihn in der Gesamtheit seiner Person anzunehmen, ohne sein abweichendes Verhalten, zum Beispiel in Form von Gewalttätigkeit, zu billigen. Durch die Anerkennung des Erwachsenen erhalten die Heranwachsenden die Möglichkeit, im begrenzten Maße Nachholprozesse im Bereich des bipolaren Selbst[40], also sowohl des exhibitionistischen Größenselbst als auch des idealisierten Imago, nachzuholen (vgl. Crain 2005, 146f.).

Des Weiteren konnte in den drei biografischen Fallrekonstruktionen nachgezeichnet werden, dass sich der Selbstentwurf der jungen Menschen in einem Spannungsverhältnis zwischen Normalität und Abweichung bewegt. Hierbei deutet sich sowohl bei Alexandra als auch bei Lena und Marc eine Distanzierung zu Normabweichungen und den damit verknüpften Stigmatisierungen an. Dies geht mit einem Streben nach Normalität einher, welches sich in unterschiedlichen Ausprägungen zeigt.

---

40 „Das *Selbst* ist nach Kohut ein tiefenpsychologisches Konzept, das sich auf den Kern der Persönlichkeit bezieht, der aus verschiedenen Bestandteilen besteht, die sich zu einer kohärenten und dauerhaften Konfiguration entwickeln, wobei sich angeborene und umweltbedingte Faktoren und die frühesten Selbstobjekterfahrungen des Kindes wechselseitig beeinflussen“ (Wolff 1998, 224). Der Begriff des bipolaren Selbst geht auf Kohut zurück. Die Selbstobjektbeziehungen definieren auf einer intrapsychischen Ebene die Erfahrungen der Beziehungen zu den Objekten. Die Objekte werden durch die Bezugspersonen verkörpert. Durch diese Selbstobjekterfahrungen entwickelt das Individuum ein bipolares Selbst, wobei der Pol der Größenfantasien, der mit einem Streben nach Macht und Anerkennung einhergeht, für Reiser den Autonomieaspekt repräsentiert. Der andere Pol enthält die idealisierten Elternimagines, ist durch leitende Ideale gekennzeichnet und stellt laut Reiser den Dependenzaspekt dar. Beide Pole sind durch einen Spannungsbogen miteinander verknüpft. Durch unzureichende Selbstobjekterfahrungen können die beiden Pole des bipolaren Selbst nicht in einem durch Kohäsion, Stärke oder Harmonie geprägten Spannungsbogen miteinander verknüpft werden. Dies kann wiederum zu Selbststörungen führen, die, je nachdem in welchem Entwicklungsprozess das Selbst sich befindet, zu verschiedenen psychischen Auffälligkeiten wie zum Beispiel Depressionen oder Aggressionen führen können (vgl. Reiser 2006, 76f.).

Hohmeier (1975) definiert Stigma als ein Merkmal, welches die Person innerhalb eines bestimmten Personenkreises von anderen unterscheidet und das der Person als abweichend zugeschrieben wird. Stigmatisierte weichen somit in unerwünschter Weise von allgemeinen Erwartungen ab, was mit negativen Sanktionierungen einhergeht. Stigmata bestehen inhaltlich meist aus drei Aspekten: Zum einen beinhalten sie Aussagen über Eigenschaften von Personen und Gruppen. Zum anderen gehen diese Eigenschaften gleichzeitig mit einer Bewertung einher und geben explizit und implizit Hinweise auf den Umgang mit stigmatisierten Personen und Gruppen. Stigmata sind außerdem häufig mit einer Generalisierung der Gesamtperson verbunden, die sich durch alle Lebensbereiche zieht. Somit werden dem Merkmalsträger weitere negative Eigenschaften zugeschrieben, die mit dem ursprünglichen abweichenden Merkmal, welches den Stigmatisierungsprozess ausgelöst hat, nicht in Verbindung stehen (vgl. Randoll 1991, 60f.). Personen sind jedoch erst dann als Stigmatisierte zu betrachten, wenn sie die negativen Zuschreibungen in ihr Selbstbild aufgenommen haben. Dies kann mit negativen Auswirkungen auf die Persönlichkeit einhergehen und die Biografie maßgeblich prägen. Nach Hohmeier (1975) und Bächthold et al. (1990) lassen sich die Folgen von Stigmatisierungen für die Betroffenen auf drei miteinander verknüpften Ebenen ansiedeln:

- Ebene der Teilhabe des Individuums an gesellschaftlichen Prozessen
- Ebene der Teilhabe an sozialen Interaktionen, zum Beispiel durch Ausgliederungsprozesse in Familie und Schule
- Persönlichkeits-/Identitätsebene

Stigmata gehen für die Betroffenen vermehrt mit dem Verlust von bisher ausgeübten Rollen einher oder schränken die Möglichkeit bestimmte soziale Rollen, zum Beispiel im Beruf, zu erwerben von vornherein stark ein. In diesem Zusammenhang sinken die gesellschaftlichen Teilhabechancen und führen, gekoppelt mit dem Verlust von Privilegien sowie sozialer Isolation, vermehrt zum Ausschluss aus bestimmten Interaktionsprozessen. Außerdem werden die stigmatisierten Personen in der Interaktion mit anderen aufgrund ihres normabweichenden Merkmals gehäuft mit ihren Etikettierungen konfrontiert, was zur Folge hat, dass es für die Verarbeitung von Stigmata erheblicher Anstrengungen bedarf. Zur Aufrechterhaltung ihres Selbstwertgefühls und ihrer Selbstachtung sind die stigmatisierten Personen im Interaktionsprozess stets bestrebt, sich als gleichberechtigte Partner zu präsentieren, was unter anderem mit massiven Anstrengungen, Ängsten und Verunsicherungen einhergeht und sich somit negativ auf die Aufrechterhaltung oder Entstehung einer stabilen Identität auswirkt (vgl. Randoll 1991, 69f.).

Außerdem muss berücksichtigt werden, dass sich Alexandra, Lena und Marc in der Adoleszenz befinden. Diese Lebensphase mit ihren spezifischen Anforderungen, wie der Umgestaltung der familialen Bindungen und dem damit einhergehenden Prozess der Individuation, müssen als Hintergrundfolie der Fallrekonstruktionen betrachtet werden. Es entsteht der Eindruck, dass diese Jugendlichen aufgrund ihrer biographischen Erfahrungen in besonderem Maße herausgefordert sind, diese Anforderung zu bewältigen.

Laut King stellt die Phase der Adoleszenz mit ihren tiefgreifenden Veränderungen der familiären Beziehungen einen tiefgreifenden Bruch dar. (vgl. King 2004, 42). „Als katastrophal können die mit der adoleszenten Lebensphase verbundenen Trennungsprozesse und Anforderungen daher beispielsweise vor allem von jenen erlebt werden, die einerseits entwurzelt sind und deren Chancen andererseits marginal sind, sich neu zu verankern" (a.a.O., 42).

Die Individuation ist laut King jedoch nicht an die primären Beziehungen an sich gekoppelt, sondern an die Chancen, diese in der Adoleszenz zu verarbeiten. Somit besteht die Möglichkeit die vergangenen und gegenwärtigen Beziehungen umzugestalten und in Folge dessen verschiedene Erfahrungsbereiche zu integrieren, was die Herstellung von Kohärenzerleben bezüglich der eigenen Biographie begünstigen kann (a.a.O., 114). Hierbei dient insbesondere das Spannungsverhältnis zwischen dem familiären und dem außerfamiliären Lebenskontext und den damit einhergehenden divergierenden Erfahrungen mit Familienbeziehungen und Peer-Groups als Antriebskraft für Neukonstruktionen. Insbesondere die Perspektiverweiterung von Kommunikations- und Beziehungsstilen fördert den reflexiven Umgang mit selbstverständlichen Beziehungsmustern und Strukturen innerhalb der Herkunftsfamilie. King fasst diese Erweiterung sozialer Räume und die damit verknüpften Umgestaltungsmöglichkeiten als adoleszente Triade in Form von Familie, Adoleszente und Gleichaltrige zusammen. Diese wird durch psychosexuelle Wandlungsprozesse angestoßen und ermöglicht im günstigsten Fall eine schrittweise Integration der unterschiedlichen Beziehungserfahrungen, welche in eine neue Sicht auf die eigene Biographie und damit einhergehende Zukunftsvorstellungen mündet. Die Themen, die innerhalb der Adoleszenz bearbeitet werden müssen, stehen in einem engen Zusammenhang mit der eigenen Biographie und den unterschiedlich gestalteten Bindungen zu den Eltern. Die Formen, mit denen diese Themen bearbeitet werden, und die ungleich verteilten Ressourcen, die den jungen Menschen in ihrem adoleszenten Möglichkeitsspielraum hierbei zur Verfügung stehen, stellen die Rahmenbedingungen von Individuations- und Neuschöpfungsprozessen dar (a.a.O., 258f.).

Es ist in diesem Zusammenhang von zentraler Bedeutung, diejenigen jungen Menschen in den Blick zu nehmen, die im Zuge der gesellschaftlichen Modernisierungsprozesse vermehrt davon gefährdet sind, die notwendigen Ressourcen zur Selbstgestaltung ihrer Biographie nicht aufbringen zu können. Hierbei können die Unterstützungsmaßnahmen der Kinder- und Jugendhilfe ein zentrales Instrument darstellen, um die jungen Menschen in ihren Entwicklungsmöglichkeiten zu fördern und somit aktiv auf die Gestaltung von Lebenslagen einzuwirken (vgl. Finkel 2004, 172).

Die vorangegangenen Ausführungen verweisen auf verschiedene Ansatzpunkte, die unterschiedlichen zentralen Phänomene der Fallrekonstruktionen aus einer theoretischen Perspektive zu beleuchten. Somit wird ersichtlich, dass die Ergebnisse der Fallrekonstruktionen an bestimmte theoretische Grundgedanken anschlussfähig sind. Die gewonnenen Erkenntnisse der vorliegenden Arbeit eröffnen jedoch einen erweiterten Blick auf die individuellen Bedürfnislagen und Sichtweisen von Mädchen und Jungen im Kontext der stationären Erziehungshilfe. Sie verschaffen einen Einblick in die Komplexität der Verknüpfung der einzelnen Themenfelder in ihren individuellen Ausprägungen. Diese wurden im Verlauf des Forschungsprozesses aufgrund der Übersichtlichkeit zwar getrennt voneinander diskutiert, sie sind jedoch je nach Fallrekonstruktion auf vielschichtigen Ebenen miteinander verwoben. Hierbei gehen die erlebten Diskontinuitätserfahrungen in den Beziehungsgestaltungen der jungen Menschen vermehrt mit einem Ohnmachtserleben sowie den damit verknüpften individuellen Bewältigungs- und Handlungsmustern einher und wirken sich wechselseitig auf den vorhandenen Selbstentwurf aus. Neben den biographischen Erfahrungen fließen dabei auch strukturelle, gesellschaftliche, kulturelle und soziale Einflussfaktoren und die damit verknüpften Anforderungen an die jungen Menschen mit ein. Es ist an dieser Stelle jedoch zu berücksichtigen, dass die im Rahmen dieser Arbeit herausgearbeiteten Themenfelder lediglich einen Ausschnitt der drei Lebensgeschichten repräsentieren und diese somit nur eingeschränkt in ihrer Komplexität abgebildet werden können.

Aufgrund der vorangegangenen Ausführungen ist es von zentraler Bedeutung, dass Unterstützungsmaßnahmen im Bereich der Kinder- und Jugendhilfe die individuellen Bedürfnislagen sowie die spezifischen Handlungs- und Bewältigungsmuster der jungen Menschen im Umgang mit ihrer Lebenssituation anerkennen und diese somit bei der weiteren Gestaltung ihres Lebensentwurfs begleiten. Hierfür stellen individuelle Unterstützungsarrangements, die es dem Heranwachsenden ermöglichen, maßgeblich Einfluss auf seine Lebensgestaltung zu nehmen, die entscheidende Grundlage dar.

Des Weiteren soll zum Abschluss dieser Forschungsarbeit darauf verwiesen werden, dass sich im Verlauf unserer Untersuchung einige interessante Phänomene aufgetan haben, die Ansatzpunkte für weitere qualitative Untersuchungen im Bereich der stationären Erziehungshilfe bieten. Zum einen wäre es interessant, den geschlechtsspezifischen Fokus in einer weiteren Untersuchung auf Jungen zu legen, da in diesem Bereich lediglich Forschungsergebnisse zu Mädchen existieren. Zum anderen besteht ein großer Bedarf, die Seite des Personals näher zu beleuchten und somit einen Einblick in ihre subjektiven Sichtweisen zu erhalten. Des Weiteren hat sich sowohl in unserem Ankerfall als auch in anderen Interviews, die nicht mit in den Auswertungsprozess einflossen, die hohe emotionale Bedeutsamkeit von Tieren gezeigt. Es wäre somit interessant, genauer zu beleuchten, welchen Stellenwert die Mensch-Tier-Beziehung für Kinder und Jugendliche einnimmt, die im Kontext der stationären Erziehungshilfe leben.

7. Literaturverzeichnis

Baur, Werner (1996): Zwischen Totalversorgung und der Straße. Langzeitwirkungen öffentlicher Erziehung. Eine qualitative Studie zu Lebensverlauf, Individuallage und Habitus eines ehemaligen Heimzöglings. Kempten: Armin Vaas Verlag

Billmann-Mahecha, Elfriede (1996): Wie authentisch sind erzählte Lebensgeschichten? Ein Interpretationsproblem. In: Strobel, Rainer & Böttger, Andreas (Hrsg.): Wahre Geschichten? Zu Theorie und Praxis qualitativer Interviews. Baden-Baden: Nomos, 111-129

Bohnsack, Ralf (2008): Rekonstruktive Sozialforschung. Einführung in qualitative Methoden. Opladen; Farmingten Hills: Barbara Budrich (7., durchgesehene und aktualisierte Auflage)

Bundesministerium für Familie, Frauen, Senioren und Jugend (Hrsg.) (1998): Leistungen und Grenzen von Heimerziehung: Ergebnisse einer Evaluationsstudie stationärer und teilstationärer Erziehungshilfen; Forschungsprojekt JULE. Stuttgart; Berlin; Köln: Kohlhammer

Bundesministerium für Familie, Frauen, Senioren und Jugend (Hrsg.) (2002): Effekte erzieherischer Hilfen und ihre Hintergründe. Stuttgart: Kohlhammer

Crain, Fitzgerald (2005): Fürsorglichkeit und Konfrontation. Psychoanalytisches Lehrbuch zur Arbeit mit sozial auffälligen Kindern und Jugendlichen. Gießen: Psychosozial-Verlag

Diezinger, Angelika (1995): Biographien im Werden: Qualitative Forschung im Bereich von Jugendbiographien. In: König, Eckard & Zedler, Peter (Hrsg.): Bilanz qualitativer Forschung. Band II: Methoden. Weinheim: Deutscher Studien Verlag, 265-287

Finkel, Margarete (2002): Auf der Suche nach Zwischenräumen. Überlegungen zu Hilfeentscheidungen teil- und vollstationärer Erziehungshilfen. In: Fröhlich-Gildhoff, Klaus (Hrsg.): Indikation in der Jugendhilfe. Grundlagen für die Entscheidungsfindung in Hilfeplanung und Hilfeprozess. Weinheim; München: Juventa, 77-91

Finkel, Margarete (2004): Selbstständigkeit und etwas Glück. Einflüsse öffentlicher Erziehung auf die biographischen Perspektiven junger Frauen. Weinheim; München: Juventa

Flick, Uwe (1996): Qualitative Forschung. Theorie, Methoden, Anwendung in Psychologie und Sozialwissenschaften. Hamburg: Rowohlt (2. Auflage)

Flick, Uwe (2002): Qualitative Sozialforschung. Eine Einführung. Hamburg: Rowohlt (6. Auflage)

Flick, Uwe/von Kardorff, Ernst & Steinke, Ines (2005): Was ist qualitative Forschung? Einleitung und Überblick. In: Dies. (Hrsg.): Qualitative Forschung. Ein Handbuch. Reinbeck: Rowohlt, 13-29 (4. Auflage)

Friebertshäuser, Barbara (1997): Interviewtechniken. Ein Überblick. In: Dies. & Prengel, Annedore (Hrsg.): Handbuch Qualitative Forschungsmethoden in der Erziehungswissenschaft. Weinheim; München: Juventa, 371-395

Goffman, Erving (1973): Asyle. Über die soziale Situation psychiatrischer Patienten und anderer Insassen. Frankfurt am Main: Suhrkamp

Günder, Richard (1995): Praxis und Methoden der Heimerziehung. Frankfurt am Main: Eigenverlag des Deutschen Vereins für öffentliche und private Fürsorge

Hansen, Gerd (1994): Die Persönlichkeitsentwicklung von Kindern in Erziehungsheimen. Ein empirischer Beitrag zur Sozialisation durch Institutionen der öffentlichen Erziehungshilfe. Weinheim: Deutscher Studien Verlag

Jaeggi, Eva/Faas, Angelika & Mruck, Katja (1998): Denkverbote gibt es nicht! Vorschlag zur interpretativen Auswertung kommunikativ gewonnener Daten. Forschungsbericht aus der Abteilung Psychologie im Institut für Sozialpsychologie der Technischen Universität Berlin, Nr. 98-2 Verfügbar über: http://psydok.sulb.uni-saarland.de/volltext/2004/291/pdf/ber199802.pdf [Zugriff: 06.01.2007] (2. überarb. Fassung)

Jordan, Erwin/Sengling, Dieter (2000): Kinder- und Jugendhilfe. Einführung in die Geschichte und Handlungsfelder, Organisationsformen und gesellschaftliche Problemlagen. Weinheim; München: Juventa (Neuauflage)

King, Vera (2004): Die Entstehung des Neuen in der Adoleszenz. Individuation, Generativität und Geschlecht in modernisierten Gesellschaften. Wiesbaden: VS

Lamnek, Siegfried (1995): Qualitative Sozialforschung. Band 2, Methoden und Techniken. Weinheim: Beltz (3. Auflage)

Landenberger, Georg/Trost, Rainer (1988): Lebenserfahrungen im Erziehungsheim. Identität und Kultur im institutionellen Alltag. Frankfurt am Main: Brandes und Apsel

Mey, Günter (1999): Adoleszenz, Identität, Erzählung. Theoretische, methodologische und empirische Erkundungen. Berlin: Köster

Mayring, Philipp (2002): Einführung in die Qualitative Sozialforschung. Weinheim, Basel: Beltz (5., überarbeitete und neu ausgestattete Auflage)

Mruck, Katja unter Mitarbeit von Günther Mey (2000, Januar): Qualitative Sozialforschung in Deutschland [54 Absätze]. Forum: Qualitative Sozialforschung/Forum: Qualitative Social Research [On-line Journal], 1 (1). Verfügbar über: http://qualitative-research.net/fqs [Zugriff:11.05.2007]

Pankofer, Sabine (1997): Freiheit hinter Mauern. Mädchen in geschlossenen Heimen. Weinheim; München: Juventa

Post, Wolfgang (1997): Erziehung im Heim. Perspektiven der Heimerziehung im System der Jugendhilfe. Weinheim; München: Juventa

Randoll, Dirk (1991): Lernbehinderte in der Schule. Integration oder Segregation? Köln; Wien: Böhlau

Reinders, Heinz (2005): Qualitative Interviews mit Jugendlichen führen. Ein Leitfaden. München: Oldenbourg

Reiser, Helmut (2006): Psychoanalytisch-systemische Pädagogik. Erziehung auf der Grundlage der Themenzentrierten Interaktion. Stuttgart: Kohlhammer

Rosenthal, Gabriele (1995): Erlebte und erzählte Lebensgeschichte. Gestalt und Struktur biographischer Selbstbeschreibungen. Frankfurt am Main; New York: Campus

Rosenthal, Gabriele (2005): Interpretative Sozialforschung. Eine Einführung. Weinheim; München: Juventa

Silkenbeumer, Mirja (2007): Biographische Selbstentwürfe und Weiblichkeitskonzepte aggressiver Mädchen und junger Frauen. Berlin: LIT

Steinke, Ines (2005): Gütekriterien qualitativer Forschung. In: Dies., Flick, Uwe & von Kardoff, Ernst (Hrsg.): Qualitative Forschung. Ein Handbuch. Reinbeck: Rowohlt, 319-331

Strauss, Anselm/Corbin, Juliet (1996): Grundlagen Qualitativer Sozialforschung. Weinheim: Beltz

Thiersch, Hans (1992): Lebensweltorientierte Soziale Arbeit. Aufgaben der Praxis im sozialen Handeln. Weinheim; München: Juventa

Trapper, Thomas (1996): Heimerziehung von Gestern: Erfahrungen und Impulse für kollektive Erziehung von Heute und Morgen. Hamburg: Kovac

Von Wolffersdorff, Christian/Sprau-Kuhlen, Vera (1990): Geschlossene Unterbringung in Heimen. Kapitulation der Jugendhilfe? München: DJI

Wiesner, Reinhard (2004): Rechtliche Grundlagen der Kinder- und Jugendhilfe. In: Fegert, Jörg/Schrapper, Christian (Hrsg.): Handbuch Jugendhilfe-Jugendpsychiatrie. Interdisziplinäre Kooperation. Weinheim; München: Juventa, 49-57

Witzel, Andreas (1982): Verfahren der qualitativen Sozialforschung: Überblick und Alternativen. Frankfurt am Main; New York: Campus

Witzel, Andreas (1996): Auswertung problemzentrierter Interviews. Grundlagen und Erfahrungen. In: Strobl, Rainer & Böttger, Andreas (Hrsg.): Wahre Geschichten? Zu Theorie und Praxis qualitativer Interviews. Baden-Baden: Nomos, 49-75

Witzel, Andreas (2000, Januar). Das problemzentrierte Interview [26 Absätze]. Forum Qualitative Sozialforschung/Forum: Qualitative Social Research [On-line Journal], 1(1), Abrufbar über: http://qualitative-research.net/fqs [Zugriff: 20.12.2006)

Wolf, Ernest (1998): Theorie und Praxis der psychoanalytischen Selbstpsychologie. Frankfurt am Main: Suhrkamp

Wolf, Klaus (1993): Entwicklungen in der Heimerziehung. Münster: Votum

Wolf, Willi (1995): Qualitative versus quantitative Forschung. In: König, Eckard & Zedler, Peter (Hrsg.): Bilanz qualitativer Forschung. Band 1: Grundlagen qualitativer Forschung. Weinheim: Deutscher Studien Verlag, 309-329

Zimbardo, Philip G./Gerrig, Richard J. (1999): Psychologie: Springer (7., neu übersetzte und bearbeitete Auflage)

8. Anhang

Transkriptionszeichen (vgl. Bohnsack 2008, 235)

I:	Interviewerin
E:	Erzählerin
(.)	Pause bis zu einer Sekunde
(2)	Anzahl der Sekunden, die eine Pause dauert
Wort	betont
°Wort°	In Relation zur sonstigen Lautstärke leise gesprochen
°°Wort°°	Sehr leise
Wort	In Relation zur sonstigen Lautstärke laut gesprochen
@Wort@	Lachend gesprochen
@(.)@	Kurzes Auflachen
Wor-	Abbruch eines Wortes
Oh=nee	Wortverschleifung
Wo:::rt	Dehnung, die Häufigkeit von : entspricht der Länge der Dehnung
(Wort)	Unsicherheit, schwer verständlich
( )	Unverständliche Textpassage
[ ]	Sonstige Anmerkungen
&	Auffällig schneller Anschluss
E: das war so I: mhm	Überlappung von Redebeiträgen
((stöhnt))	Kommentare bzw. Anmerkungen zu parasprachlichen, nicht-verbalen oder gesprächsexternen Ereignissen; die Länge der Klammer entspricht im Falle der Kommentierung parasprachlicher Äußerungen (z.B. stöhnen) etwa der Dauer der Äußerung.
@(3)@	3 Sek. Lachen
/ /	Stockend, stotternd, abgehackt, zittrig
{,}	Stimme geht runter
{„}	Stimme geht hoch
+Wort+	In Relation zur sonstigen Sprechweise wurde schnell gesprochen.
-Wort-	In Relation zur sonstigen Sprechweise wurde langsam gesprochen.
> >	Traurige Stimmfärbung
< <	Fröhliche Stimmfärbung

***ibidem*-Verlag**
Melchiorstr. 15
D-70439 Stuttgart
info@ibidem-verlag.de

www.ibidem-verlag.de
www.ibidem.eu
www.edition-noema.de
www.autorenbetreuung.de

Zeitfracht Medien GmbH
Ferdinand-Jühlke-Straße 7
99095 Erfurt, Deutschland
produktsicherheit@kolibri360.de